COLLECTION POÉSIE

VICTOR HUGO

L'Année terrible

*Édition présentée,
établie et annotée
par Yves Gohin*
Maître de conférences
à l'Université de Paris VII

AVEC DES EXTRAITS DE

Actes et paroles
1870-1871-1872

GALLIMARD

PRÉFACE

On dirait que Dieu se décourage.

L'Année terrible, p. 57

Si Les Contemplations, *selon le désir de leur auteur, doivent être lues « comme on lirait le livre d'un mort », ne faudrait-il pas lire* L'Année terrible *comme le livre d'un fantôme ? « La densité manque », observait justement Flaubert. Il se hâtait malheureusement de recouvrir ce défaut, cette défaillance : « N'importe ! quelle mâchoire il vous a encore, ce vieux lion-là ! » Et d'admirer la vertu de ses haines. Pourtant, ni la concentration vigoureuse des* Châtiments, *ni leur violence par avance triomphante ne font la force de cette œuvre-ci : on la verra plutôt dans sa faiblesse même, dans ses blessures, ses désarrois, ses discordances, les marques sur le corps des poèmes qu'elle assemble des défaites qu'ils devaient conjurer. Tel, blême, égaré, meurtri, associé à une histoire dont il subit les coups et ne soutint que l'espérance, porteur d'une parole qui le situa solitairement du côté des vaincus, le vieil Hugo, roi Lear du siècle dernier, pourrait venir hanter la fin du nôtre.*

Dans son ordre chronologique, depuis l'été honteux de 70 jusqu'au printemps sanglant de 71, ce recueil ne fait qu'enregistrer une succession d'effondrements. La renaissance de la République en France, le retour de l'exilé dans Paris n'y sont salués d'aucune fanfare. De l'Empire tombé à Sedan ne resterait à dire que l'ultime abjection, si la catastrophe prédite par le poète n'avait dépassé, contredit finalement son attente et son vœu. L'issue de la guerre ne justifiera pas ses horreurs :

À quoi sers-tu, géante, à quoi sers-tu, fumée, [...]
Si tu ne sais, dans l'ombre où ton hasard se vautre,
Défaire un empereur que pour en faire un autre ?

(P. 90.)

Allant symboliquement d'août à juillet, « l'année terrible » com-
mence au mois d'Auguste pour aboutir à celui de César. Et peut-
on même la dire « géante », cette guerre de pillages, de ruses, de
trahisons, de désastres sans honneur et de succès sans gloire ? Les
discours qui s'en indignent sont comme prisonniers de leur acca-
blement. Pas plus que la clameur prophétique, l'appel aux armes
ne retrouve ici la vivacité inventive des Châtiments *; bien peu de*
poèmes se donnent les élans et les éclats de la strophe ; la plupart
se soutiennent seulement de la basse continue des alexandrins ;
l'apostrophe, l'invective même ne se déploient que dans la mélo-
pée. L'esprit et la poésie de Hugo, funèbrement, s'identifient à la
France envahie :

Temps affreux ! ma pensée est, dans ce morne espace
Où l'imprévu surgit, où l'inattendu passe,
Une plaine livrée à tous les pas errants.

(P. 130.)

À défaut d'avoir l'allure d'une épopée, le conflit franco-alle-
mand prend l'aspect d'une tragédie, dont ce recueil constituerait
le chœur. S'y élève la voix de la nation abattue, piétinée, aban-
donnée du monde dont elle fut le guide, mais vivante, méprisant
ceux qui l'outragent, défiant ceux qui prétendent l'asservir. Par
ses ombres même, le passé qu'elle ranime l'éclaire et l'ennoblit.
Les passions des cités grecques, les vertus de la Rome antique,
l'héroïsme des peuples d'Europe face à la tyrannie des empires, la
fraternité des Germains et des Celtes, le crime de Caïn toujours
recommencé, drapent de leurs grandeurs mythiques la nudité
brutale ou la marche sournoise des événements. Plus directement
poignants à ce moment de l'histoire le repliement personnel du
poète sur sa patrie, l'affirmation de son appartenance à sa réalité
charnelle, le choix qu'il proclame de sa terre et de ses morts. On le
verrait là s'apparenter à un Déroulède ou à un Barrès, si l'on n'y
entendait le cri tragique d'une âme déracinée de l'avenir où elle
respirait, et qui ne reprend vie qu'à se sentir solidaire d'un peu-
ple prêt à mourir pour en maintenir l'espérance.

Peuple de citoyens, peuple de la « capitale des peuples » à laquelle ce recueil est dédié. Dans la ville dont seuls, depuis dix-neuf ans, le silence et l'oppression le tenaient éloigné, dès le début de la guerre Hugo se montre impatient de revenir, pour retrouver cette cité debout dans l'épreuve et s'y retrouver lui-même, un parmi tous, tel qu'il s'est toujours rêvé. Mais Paris accueille en lui son poète; et comme tel, le rôle qu'il est porté à tenir ne s'accorde pas avec l'image du combattant quelconque (encore que sans arme) qu'il aurait souhaité y donner de lui-même, selon un mythe à vrai dire singulier et en soi déjà contradictoire. Bientôt se multiplient sur les scènes parisiennes les lectures de son œuvre, des Châtiments *surtout. Étrangement, c'est comme le héros d'un autre combat que Hugo intervient dans l'actualité de la guerre; sa voix sort de son passé, de la solitude de son exil insulaire, pour venir exalter la résistance de la ville assiégée. Sa présence de poète est le verso d'une absence dont elle perpétue la signification. Vivant en son œuvre, comme transsubstantié en elle, il se donne à tous ceux qui la lisent et il tend à devenir leur esprit, leur volonté, leur énergie: hostie poétique de l'héroïsme. En ce sens peut s'entendre l'allégorie singulièrement baroque, grotesque et sublime à la fois, où il se représente faisant l'offrande de son livre furieux à la ville affamée:*

Mange mon cœur, ton aile en croîtra d'un empan.

(P. 52.)

Cette métamorphose de l'auteur à travers sa création se poursuit, d'une façon moins religieuse, plus guerrière, lorsque les recettes des lectures publiques des Châtiments *sont consacrées à la fonte de canons dont l'un portera son nom; il s'adresse à lui comme à son double, le bénit comme son fils, et confie à cette bouche de bronze, transmutation de sa poésie, le devoir de sa violence.*

Effectivement, même en prose il reste silencieux durant les trois derniers mois de 1870, après ses appels successifs, aux Allemands pour qu'ils cessent une guerre fratricide, aux Français pour qu'ils se lèvent en masse, aux Parisiens pour qu'ils s'unissent.

Dans ce siège allemand et dans cet hiver russe,
Je n'étais, j'en conviens, qu'un vieillard désarmé,
Heureux d'être en Paris avec tous enfermé,
Profitant quelquefois d'une nuit de mitraille
Et d'ombre, pour monter sur la grande muraille,
Pouvant dire Présent, mais non pas Combattant,
Bon à rien...

(P. 191.)

Bon à rien, sauf à réfléchir sa présence dans des poèmes qui deviennent progressivement plus concrets, plus proches du quotidien, et recueillent une vision d'ensemble de l'histoire au plus vif des choses vues. Plusieurs poèmes se concentrent sur une impression, une scène de la vie collective ; la personnalité propre, la sensibilité même de Hugo se fond dans l'intensité d'une émotion commune : exaltation d'entendre soudain tonner les forts qui veillent autour de Paris assoupi, élan du passant sur les pas des soldats-citoyens en marche pour une sortie, escortés de leurs femmes et de leurs enfants, dans la clarté douteuse de l'aube. Ces croquis, d'une tonalité grave, austère, sont dominés par la fresque d'allure spontanée, vive et même joyeuse, de la Lettre à une femme (Janvier, II). La fiction du genre épistolaire s'accorde ici à la réalité de la situation : à l'extérieur de la capitale l'attente des nouvelles ; à l'intérieur le désir d'affirmer une détermination intrépide, surtout à l'instant précis où ce texte est écrit, à l'approche d'un dénouement encore incertain. La disette, le froid, les bombardements, ces épreuves partagées apparaissent comme détails cocasses d'une immense aventure ; l'unanimité des Parisiens se traduit par l'emploi du pronom impersonnel « on » héroïque et familier, qui se concrétise dans le « nous », et que particularise par moments, avec humour, le « je » de l'écrivain :

> On vit de rien, on vit de tout, on est content.
> Sur nos tables sans nappe, où la faim nous attend,
> Une pomme de terre arrachée à sa crypte
> Est reine, et les oignons sont dieux comme en Égypte.
> Nous manquons de charbon, mais notre pain est noir.
> Plus de gaz ; Paris dort sous un large éteignoir ;
> À six heures du soir, ténèbres. Des tempêtes
> De bombes font un bruit monstrueux sur nos têtes.
> D'un bel éclat d'obus j'ai fait mon encrier.

(P. 88.)

L'esprit de Gavroche se ravive dans le Hugo de Paris en guerre. Son képi et son caban, uniforme indécis de garde national dont il s'est fait un déguisement vrai, lui donnent à cette époque une allure de prolétaire plutôt que de bourgeois. La rue est son domaine ; il aime y côtoyer la foule qui murmure ou qui gronde ; grand-père bonhomme, il traverse la ville en portant pour Georges et Jeanne, au nouvel an, « des tas de jouets, de poupées, /Et de pantins faisant mille gestes bouffons » ; l'aurore de son enfance s'y ranime en ses rêves, quand une bombe explose sur les pavés dont le Second Empire a couvert le jardin des Feuillantines.

Entouré, respecté, consulté même, il reste en dehors du pouvoir. Il apporte un ferme soutien au gouvernement « de la Défense nationale », dont il approuve le programme et les déclarations, mais dont les manœuvres lui échappent. L'inquiétude qu'il pourrait éprouver devant les démarches diplomatiques de Thiers et de Jules Favre, leurs intrigues contre l'action de Gambetta, n'a pas de place dans sa vision d'une France tout entière lumineuse et fulgurante en face des hordes noires de la barbarie. Il s'étonne, il s'indigne pourtant du peu d'énergie du gouvernement à rompre l'encerclement de Paris. Mais il n'en accuse que son chef nominal, le triste général Trochu ; et l'inertie de celui-ci, il l'impute à son propre caractère, à son esprit faible et dévot, « enclin à charger/Les saints du ciel du soin d'écarter le danger » (p.92). Que ce pieux soldat soit aussi un monarchiste de cœur, horrifié par la possibilité d'une levée en masse du peuple parisien, il voudrait n'y voir qu'un archaïsme dérisoire au moment de la renaissance invincible de la Révolution. Tout de même, il faut bien finalement qu'il s'interroge :

> Où donc a-t-on été chercher ce guide-là ?
> Qui donc à nos destins terribles le mêla ?
> (P. 102.)

Mais il se garde de publier immédiatement cette implicite accusation. Il a pris le parti de ne rien faire qui puisse aller contre l'union nationale — ce qui le réduit dans la réalité du conflit politique à ne rien faire du tout :

> ... nous voulons
> La colère plus prompte et les discours moins longs ;
> Et je l'irais demain dire à l'hôtel de ville
> Si je ne sentais poindre une guerre civile...
> (P. 64.)

Ce « nous » le place en fait du côté des Comités républicains, des Bellevillois, de l'Internationale ouvrière elle-même, qui réclament l'élection d'une Commune de Paris et les mesures d'égalité sociale nécessaires à un véritable effort de guerre. Mais son « je » se replie sur un idéal de concorde : il en appelle à la France de 92 et de 93 en l'épurant de ses antagonismes ; il rêve d'un Paris « terrible »... sans la Terreur. Politiquement, ni conservateur ni insurgé, il est bien le poète qui a « les yeux ailleurs » : en deçà ou au-delà de ce temps, de ce peuple dont le mythe seul l'anime. Symptomatique le fait que de tout le siège l'unique poème qu'il publie soit une fable, qui transmue entièrement l'actualité en allégorie : le « lion du midi » — la France — et « l'ours polaire » — l'Allemagne —, qu'un « nommé Néron » — alias Guillaume — fait s'entre-tuer pour son plaisir, devraient plutôt s'entendre pour « manger l'empereur » (p. 99). Juste une semaine après cette exhortation, Jules Favre et Bismarck entament les pourparlers qui aboutissent en quelques jours à l'armistice. C'est-à-dire à la capitulation de Paris. Plein de la stupeur de cette honte, le poème sur lequel s'achève Janvier 1871 *dit le dernier mot d'un combat dont les poèmes précédents attesteront désormais toutes les illusions.*

Comme dans Les Contemplations, *un effondrement creuse au centre du recueil une faille que sa seconde partie — les six autres mois de* L'Année terrible — *ne cessera d'élargir. Mais seuls « les luttes et les rêves » ont ici précédé le temps du deuil et de l'exil — morne reflet dans ce livre de l'itinéraire des* Contemplations *: Hugo n'en peut plus maîtriser le sens, ni s'y engager volontairement à la quête de découvertes décisives. En mars 1871, la mort de son fils aîné, à Bordeaux, concorde avec sa démission de l'Assemblée, avec l'étouffement de sa parole ; l'enterrement à Paris, le premier jour de l'insurrection, s'entoure de la gravité tragique de la cité, debout devant son propre abîme. De sa patrie déchirée, le poète s'éloigne, s'absente. Retranché dans ses responsabilités familiales, il retourne à Bruxelles non pour y mener un nouveau combat comme en 1851, mais parce qu'il ne veut être d'aucun côté dans celui qui s'annonce.*

Refus commode, refuge d'une belle âme, pourrait-on penser, si l'on ne voyait qu'en soutenant son « droit à l'innocence » Hugo s'expose à l'hostilité de tous et s'impose en fait l'entreprise solitaire de sa protestation. Refus tourmenté, peut-on croire, quand on observe qu'en dénonçant la peur et l'hostilité de l'Assemblée à l'égard de Paris, il avait presque justifié par avance le soulèvement de la capitale. Ce n'est pas après sa défaite, mais dès ses débuts, qu'il se montre enclin à comprendre la colère de cette « mère qui défend son petit » (l'avenir) contre toutes les coalitions réactionnaires, enclin à partager la protestation de ce peuple qui « veut être libre », et dont on va écraser ou dévoyer la

révolte. Et pas un seul instant, même au comble de son indigna-
tion devant les violences des insurgés (telles que les présente une
information partisane), il ne partage la haine de tous les bien-
pensants, ni même ne formule le moindre vœu pour la victoire
des forces de l'ordre. Il est vrai qu'il ne souhaite pas non plus
celle des fédérés. Mais comment, attaché à l'avenir immédiat de
la démocratie, aurait-il pu choisir entre le droit — *même celui*
de Paris, celui de la « commune » comme principe — et la loi —
même celle de Versailles, celle de la « paroisse » comme réalité
—, *comment aurait-il pu accepter de les opposer, alors qu'il était*
convaincu que tout progrès était de tendre à les accorder ? Cette
perspective risque de ne pas transparaître toujours clairement
pour le lecteur d'aujourd'hui à travers ses appels insistants à
l'union nationale, comme à l'unique devoir au lendemain de la
défaite et en présence de l'ennemi ; mais ce langage d'un patrio-
tisme plus moral que politique était sans doute le seul qu'il pût
lui-même tenir, particulièrement à cette époque, et avec quelques
chances d'être entendu, s'adressant simultanément aux deux
camps de la guerre civile. On peut encore être étonné , voire
scandalisé, qu'il en vienne à considérer comme le pire de cette
guerre la destruction ou la mutilation de quelques monuments de
Paris ; que son plus grand tourment dans la première quinzaine
de mai soit la démolition de la colonne Vendôme. Autant qu'en ce
qui concerne le « décret des otages », il faut bien reconnaître là
une émotion générale, développée par une propagande assez habi-
le et efficace déjà dans l'exploitation du spectaculaire. À quoi
s'ajoute la passion de ce Parisien, et de ce poète amoureux d'ar-
chitecture, pour sa ville, pour ses édifices glorieux, pour son corps
de pierre. Mais la véhémence propre de sa réaction a un sens plus
large, et, dans sa représentation de l'histoire, plus politique qu'il
n'y paraît. Ce que l'on détruit, ce sont au fond des symboles — les
témoignages d'un passé révolutionnaire, les signes de la pérennité
d'un peuple qui a répandu en Europe le message de sa délivran-
ce. Si d'un côté, celui de la Commune, on veut les effacer, ce ne
peut être que par ignorance, incompréhension, ou, chose plus tra-
gique encore, par désespoir. Et de l'autre côté, on contribue sans
regret à une dévastation que l'on feint de déplorer, on se réjouit
de voir disparaître en fumée la cité des lumières.

Paroxysme du mythe, que ne dément pas le triomphe des
« conservateurs de l'antique souffrance » (p. 157.) : la fureur

meurtrière de ces massacreurs justifie l'éloignement de Hugo
devant un combat dont elle était l'aboutissement inévitable. Sa
non-violence prend tout son sens de devenir maintenant, indisso-
ciable de sa poésie, la seule action possible de l'humanité contre
ses oppresseurs. En offrant asile et protection, avant même l'ex-
trême fin de la « semaine sanglante », aux communards exter-
minés en France et repoussés par la Belgique, il provoque délibé-
rément la mesure d'expulsion qui va le frapper, il fait apparaître,
à Bruxelles, l'iniquité de l'ordre qui se rétablit dans Paris. La
manifestation organisée devant chez lui par quelques fils de bon-
ne famille reproduit même, toute proportion gardée, la sauvagerie
systématique des Versaillais. Ce qu'il met alors d'ironie à décrire
l'incident souligne la différence, mais correspond aussi à l'espèce
de délivrance qu'il éprouve à se trouver, comme physiquement,
dans la situation des victimes dont il se proclame solidaire.

De son nouvel exil, la fin de L'Année terrible ne reflétera
guère les charmes champêtres, le bonheur d'une intimité patriar-
cale. L'actualité s'y répercute par les témoignages directs qu'il en
reçoit. Aux grandes visions symboliques du conflit s'ajoutent
alors des scènes exemplaires de la répression : la prisonnière bles-
sée que la foule outrage et torture, la mère qui enterre de ses
mains sa petite fille, l'enfant insurgé qui revient s'offrir au pelo-
ton des fusilleurs — « petites épopées » où en quelques traits
aigus se trace pour l'histoire la grandeur des victimes. Cependant
« l'année terrible » n'est pas close. Elle se prolonge dans une
méditation rétrospective — efforts d'une âme solitaire pour res-
saisir sa foi au fond de l'horreur qui l'obscurcit —, et dans les
luttes nouvelles qu'elle impose : contre la réaction monarchiste et
cléricale qui triomphe ; pour une république véritable, qui relève-
ra « ceux qu'on foule aux pieds », qui les rendra à la commu-
nauté humaine et aux lents progrès de sa fraternité.

★

L'Année terrible est essentiellement un livre religieux : re-
cueil de prières dans l'épreuve. Les catastrophes collectives y
retentissent comme menaces d'effondrement spirituel. Toutes les
vacillations des croyances du poète y restent inscrites, en désac-
cord apparent avec son repentir final :

Dans ces pages de deuil, de bataille et d'effroi,
Si la clameur d'angoisse éclata malgré moi,
Si j'ai laissé tomber le mot de la souffrance,
Une négation quelconque d'espérance,
J'efface ce sanglot obscur qui se perd ;
Ce mot, je le rature et je ne l'ai pas dit.

(P. 215.)

Ce démenti prend toute sa valeur du fait qu'il n'est qu'un vœu pieux. Dès le Prologue, puis de poème en poème, voire à l'intérieur d'une même pièce, le oui et le non se succèdent, porteurs l'un comme l'autre de sens contraires, signes de la tension permanente d'un esprit guidé en ses refus par l'évidence de sa lumière, assailli en ses affirmations — comme la ville assiégée — par les forces de la nuit.

La pensée de la mort le domine. Elle pénètre même son refuge auprès des enfants, son retour à « l'âme en fleur » incarnée en la petite Jeanne (cf. p. 213). Il voit cette aube s'associer à son propre crépuscule. Cette existence à peine commencée est déjà tissée de disparitions :

... le temps mêle
À la Jeanne d'hier la Jeanne d'aujourd'hui.
À chaque pas qu'il fait, l'enfant derrière lui
Laisse plusieurs petits fantômes de lui-même.

(P. 101.)

À travers ces métamorphoses, et pâlissant dans l'« air étouffant » de la cité que son sourire semblait bénir, Jeanne pourrait n'y être que passagère, ange destiné à emmener hors de ce monde le vieux poète qui l'y contemple avec tendresse.

La mort est ambivalente : le discours qu'elle provoque oscille entre l'attirance de l'au-delà et l'horreur de la destruction. L'attachement à la vie apparaît comme force aveugle, parti pris d'une finitude, soumission des êtres aux fatalités d'une jouissance éphémère. Le prologue stigmatise la dégradation des peuples en populaces, lorsqu'ils renoncent à l'avenir de leur liberté pour le présent de leur servitude ; vers la conclusion, la « voix haute » de la conscience proteste contre la « voix sage » des nécessités tristes et des médiocrités heureuses. Les Versaillais vainqueurs reproduisent l'Empire... et l'empereur auquel ils succèdent : ces « tueurs souriants » sont des « viveurs féroces » (p. 166). Le mot suprême de Sedan, où plus héroïquement qu'à Waterloo

Tous avaient de mourir la tragique espérance,

c'est Napoléon-le-petit qui le prononce en élevant seul ce « cri monstrueux : Je veux vivre ! » (p. 41).

Hugo n'imagine pas d'héroïsme qui n'aille jusqu'au sacrifice de soi : unique attestation dans l'histoire d'un idéal absolu, c'est aussi, en sens inverse mais corollaire, une sorte de suicide, une évasion que même sans espérance le héros accomplit sans regret

Ayant plus de dégoût des hommes que des vers.

(P. 30.)

Les Parisiens auraient préféré la « liberté dans la tombe » à la capitulation qu'on leur a imposée (p. 65) ; les vaincus de la Commune se laissent exécuter avec une sombre satisfaction :

Il semble que leur mort à peine les effleure,
Qu'ils ont hâte de fuir un monde âpre, incomplet,
Triste, et que cette mise en liberté leur plaît.
[...] Être avec nous, cela les étouffait.

(P. 177, 178.)

*Proche de leur révolte qui lui inspire la prophétie d'un nouveau déluge (*Épilogue*), « étouffé » lui aussi par la recrudescence des misères (p. 181), Hugo se penche vers sa mort et rêve de l'espace que lui ouvre l'exil :*

[...] ô joie ! ô gouffre ! ô liberté !
Domptant le sort, bravant le mal, perçant les voiles,
Par les hommes chassé, s'enfuir dans les étoiles !

(P. 164.)

Joyeuse issue de la mort lorsqu'elle accomplit un désir, qui s'avère désir de la vraie vie, aspiration à l'immensité de l'être. Lugubre en revanche la mort comme fatalité que l'humanité redouble : oppression, loi d'un silence qui étend sans fin sur l'avenir l'ombre des armées, le sang des massacres. Les mêlées de l'an terrible ne sont qu'un absurde chaos. Étrangère ou civile, la guerre suscite finalement la même déploration, le même cri presque désespéré :

Batailles ! ô drapeaux, ô linceuls ! noirs lambeaux !
Ouverture hâtive et sombre des tombeaux !
Dieu puissant ! quand la mort sera-t-elle tuée ?

(P. 200.)

La dualité du deuil éclate dans le choc de ces deux termes, d'autant plus qu'il est contredit, retourné par un autre paradoxe :

> Hélas ! que saurait-on si l'on ne savait point
> 　　Que la mort est vivante !
> Un paradis, où l'ange à l'étoile se joint,
> 　　Rit dans cette épouvante.
>
> 　　　　　　　　　　　(P. 212.)

*Sans rapport immédiat avec les événements, Hugo introduit dans ce journal de deux guerres un exposé de son déisme (*Novembre, IX*) : il était indispensable à son témoignage. Sa profession de foi est d'abord négative : il tourne en dérision le « bon Dieu » tyrannique dont les prêtres assurent le pouvoir ; il n'affirme quant à lui que l'unité de l'infini, moi sans contour et sans visage, « prodige immanent », dit-il, « que, faute d'un nom plus grand, j'appelle Dieu ». Au regard du dogme chrétien il n'hésite pas à se déclarer athée. Sa foi ne repose pas sur une révélation historique. L'Être qu'il sent vivre « plus que nous ne vivons » est l'essence de toutes les forces qui forment l'univers. Sa manifestation est la simultanéité, la corrélation continue de tous les phénomènes, elle n'a pas d'équivalent dans le devenir des hommes. L'action de Dieu ne peut être vue en ces péripéties que si l'on projette sur leur fin l'image d'une infaillible aurore. Tout au long de* L'Année terrible, *le recours rituel à la magie de ce mot accuse l'écart qu'il voudrait annuler : entre la présence éclatante de Dieu dans la nature, où le prodige de la vie s'accomplit en permanence, et son occultation dans l'histoire, où s'opposent à ce prodige le mal, le meurtre, les monstrueux enchaînements de la haine.*

La notion de progrès est dans la pensée religieuse de Hugo une exigence aussi impérieuse que contradictoire. Puisque rien n'est hors de l'Être, le devenir de l'humanité y est inclus et doit avoir pour sens de rassembler tous les hommes dans l'unité de la création ; mais les voies et les lois de ce destin sont la négation de cette fin. L'antinomie s'atténuerait si le progrès était bien une progression, l'accomplissement continu, ou du moins par degrés, de cette « ascension vers la lumière » à laquelle Hugo a toujours voulu croire. Au moment où il élaborait La Légende des siècles, *il avait en ce sens, dans un poème intitulé* Le Verso de la page, *relativement justifié les moyens extrêmes de la Révolution française, afin d'en exorciser absolument le retour :*

Ce grand Quatrevingt-treize a fait ce qu'il dut faire ;
Mais nous qui respirons l'idéale atmosphère,
Nous sommes d'autres cœurs ; les temps fatals sont clos ; [...]
Toute l'œuvre tragique et farouche est finie.
L'ère d'apaisement suit l'ère de terreur.

*Cette certitude sereine n'avait plus sa place dans l'année 71.
Mais le poète de la nouvelle « année terrible » (vingt ans plus tôt
il désignait ainsi 93) a constitué le* Prologue, *puis le poème central de son recueil (sous le titre d'apparence objective :* Loi de
formation du progrès*), avec les passages les plus tourmentés du*
Verso de la page *: inversion du retournement qu'il y opérait. Le
temps dont il fixe les phases se caractérise, et dans son propre
déroulement et par rapport au passé, comme temps du recommencement. Et ses répétitions sont des aggravations : puisque la
fatalité n'est décidément pas vaincue, la Providence semble de
plus en plus défaillir.* « On dirait que Dieu se décourage »
(p. 57). À l'extrémité de L'Année terrible, *Hugo reconnaît
même la fragilité de sa foi :*

> Je sais que Dieu semble incertain
> Vu par la claire-voie affreuse du destin.
>
> (P. 220.)

*Mais à ce doute il oppose fermement la dette que Dieu a
contractée dans sa création :*

> La nature s'engage envers la destinée ;
> L'aube est une parole éternelle donnée.
>
> (P. 222.)

*Il faut et il suffit pour que cette promesse s'accomplisse qu'un seul
être la recueille et exige qu'elle soit tenue. Hugo croyant en appellerait contre Dieu même à l'univers entier, si Dieu, en l'intime de
sa conscience, le trompait. Dans le « chaos furieux et fou des
destinées » (p. 222), le poète, ce « précurseur », ce grand cœur
« en qui Dieu se crée » (p. 128), est à lui-même son point d'appui : sujet de la parole généreuse, il fait apparaître l'esprit
humain comme lieu et acte de l'immanence divine ; appelé parmi
tous à être le témoin de l'histoire, parce qu'il tient ce rôle de
témoin dans l'histoire. Aussi, qu'il s'oppose ou se joigne aux
acteurs de « l'année terrible », Hugo s'en distingue toujours,
comme voix qui les exhorte, conscience qui les interpelle, verbe*

*qui élève au-dessus d'eux-mêmes leurs souffrances et leurs colè-
res ; ses débats intérieurs reforment inlassablement, contre les
fracas du meurtre et les silences de la mort, les symboles qu'il
destine au dialogue des vivants.*

*Ces symboles convergent dans le mythe de Paris. Hugo n'en est
certes pas le créateur, mais il le porte ici à une hauteur, à un
degré d'incandescence extraordinaires même en son temps. Les
idéaux post-révolutionnaires du XIXe siècle sont maintenant si
refroidis que le lecteur aura peut-être peine à partager une exal-
tation qui risque de lui apparaître comme le délire extrême d'une
idéologie déclinante. De ce point de vue, elle garde au moins
valeur de témoignage. Et son intensité se comprend mieux, si l'on
voit que les métaphores de Paris comme foyer de tous les progrès
sont devenues chez Hugo, surtout au moment le plus critique de
son siècle, les figures et les armes d'une mystique qui lui était
nécessaire. Il fallait qu'à l'intérieur de l'histoire, hors de son
« je » prophétique, un être collectif fût le support de ses espéran-
ces, la forme laïque de l'incarnation de Dieu. Les dernières
épreuves de Paris, se liant à son passé, attestent pour lui plus que
jamais que la cité qui se trouve à la croisée des actions humaines
est le vrai Messie de l'avenir. La pérennité des monuments de la
capitale, la survie de sa population ont été l'enjeu des combats de
l'an terrible. Elle s'est trouvée menacée de mort alors qu'en son
essence elle est indestructible. Car, à l'extrême du mythe, ce ne
sont pas ses pierres et ses hommes qui constituent Paris, c'est
Paris qui se concrétise dans ses hommes et dans ses pierres : subs-
tance dont ces réalités seraient les apparences. Textuellement, la
foi de Hugo en l'éternité de la Ville se déploie sans problème au
cœur de ses paradoxes, appuyée sur la communauté charnelle
qu'illustrent* Les Misérables, *aimantée par l'idéal que définit, à
l'apogée de son utopie, l'introduction qu'il rédige pour le Paris-
Guide de 1867. Poétiquement, elle se retrempe en une irrempla-
çable désignation : nommer Paris est l'acte essentiel des énoncés
qui le glorifient ; le discours mystique tourne à la litanie ;* L'An-
née terrible *s'illumine d'un vocable sacré.*

*Jamais Hugo n'a plus manifestement tenté de réintégrer le
politique dans le religieux. Au rebours de la pensée de notre
temps ? Peut-être pas, puisque la « cité de lumière » associe
l'immanence cosmique, étant centre de rayonnement des forces
créatrices, à l'immanence humaine, étant carrefour des nations,*

creuset de la fusion des peuples, garantie pour l'humanité d'une sublimation qui ne peut être personnelle que si elle est universelle.

Déjà l'accord entre la parole de Paris et celle du poète préfigure cet accomplissement. Mère de l'avenir, la Ville accouche dans la douleur, élève au-dessus des férocités du passé l'impérissable enfant. Sa passion qui fut lave jaillissant du gouffre des misères s'éternise en statue. Ainsi peut-elle encore se dresser devant nous, conjuguée à l'effigie que Rimbaud, frère du patriarche, a fixée en ce printemps lointain : celle de la cité douloureuse, quasi morte, mais retenant dans ses prunelles claires

Un peu de la bonté du fauve renouveau.

Yves Gohin

L'Année terrible

À
PARIS
CAPITALE DES PEUPLES

V. H.

Prologue

LES 7 500 000 OUI

(PUBLIÉ EN MAI 1870[1])

Quant à flatter la foule, ô mon esprit, non pas !

Ah ! le peuple est en haut, mais la foule est en bas.
La foule, c'est l'ébauche à côté du décombre ;
C'est le chiffre, ce grain de poussière du nombre ;
C'est le vague profil des ombres dans la nuit ;
La foule passe, crie, appelle, pleure, fuit ;
Versons sur ses douleurs la pitié fraternelle.
Mais quand elle se lève, ayant la force en elle,
On doit à la grandeur de la foule, au péril,
Au saint triomphe, au droit, un langage viril ;
Puisqu'elle est la maîtresse, il sied qu'on lui rappelle
Les lois d'en haut que l'âme au fond des cieux épelle,
Les principes sacrés, absolus, rayonnants ;
On ne baise ses pieds que nus, froids et saignants.
Ce n'est point pour ramper qu'on rêve aux solitudes.
La foule et le songeur ont des rencontres rudes ;
C'était avec un front où la colère bout
Qu'Ézéchiel criait aux ossements : Debout !
Moïse était sévère en rapportant les tables ;
Dante grondait. L'esprit des penseurs redoutables,
Grave, orageux, pareil au mystérieux vent
Soufflant du ciel profond dans le désert mouvant
Où Thèbes s'engloutit comme un vaisseau qui sombre,
Ce fauve esprit, chargé des balaiements de l'ombre,
A, certes, autre chose à faire que d'aller
Caresser, dans la nuit trop lente à s'étoiler,
Ce grand monstre de pierre accroupi qui médite,

Ayant en lui l'énigme adorable ou maudite ;
L'ouragan n'est pas tendre aux colosses émus ;
Ce n'est pas d'encensoirs que le sphinx est camus.
La vérité, voilà le grand encens austère
Qu'on doit à cette masse où palpite un mystère,
Et qui porte en son sein qu'un ventre appesantit
Le droit juste mêlé de l'injuste appétit.

Ô genre humain ! lumière et nuit ! chaos des âmes.

La multitude peut jeter d'augustes flammes.
Mais qu'un vent souffle, on voit descendre tout à coup
Du haut de l'honneur vierge au plus bas de l'égout
La foule, cette grande et fatale orpheline ;
Et cette Jeanne d'Arc se change en Messaline.
Ah ! quand Gracchus se dresse aux rostres foudroyants,
Quand Cynégire mord les navires fuyants,
Quand avec les Trois-cents, hommes faits ou pupilles,
Léonidas s'en va tomber aux Thermopyles,
Quand Botzaris surgit, quand Schwitz confédéré
Brise l'Autriche avec son dur bâton ferré,
Quand l'altier Winkelried, ouvrant ses bras épiques,
Meurt dans l'embrassement formidable des piques,
Quand Washington combat, quand Bolivar paraît,
Quand Pélage rugit au fond de sa forêt,
Quand Manin, réveillant les tombes, galvanise
Ce vieux dormeur d'airain, le lion de Venise,
Quand le grand paysan chasse à coups de sabot
Lautrec de Lombardie et de France Talbot,
Quand Garibaldi, rude au vil prêtre hypocrite,
Montre un héros d'Homère aux monts de Théocrite,
Et fait subitement flamboyer à côté
De l'Etna ton cratère, ô sainte Liberté[2] !
Quand la Convention impassible tient tête
À trente rois, mêlés dans la même tempête,
Quand, liguée et terrible et rapportant la nuit,
Toute l'Europe accourt, gronde et s'évanouit,
Comme aux pieds de la digue une vague écumeuse,
Devant les grenadiers pensifs de Sambre-et-Meuse,
C'est le peuple ; salut, ô peuple souverain !

Mais quand le lazzarone ou le transteverin
De quelque Sixte-Quint baise à genoux la crosse,
Quand la cohue inepte, insensée et féroce,
Étouffe sous ses flots, d'un vent sauvage émus,
L'honneur dans Coligny, la raison dans Ramus,
Quand un poing monstrueux, de l'ombre où l'horreur flotte,
Sort, tenant aux cheveux la tête de Charlotte
Pâle du coup de hache et rouge du soufflet,
C'est la foule ; et ceci me heurte et me déplaît ;
C'est l'élément aveugle et confus ; c'est le nombre ;
C'est la sombre faiblesse et c'est la force sombre.
Et que de cette tourbe il nous vienne demain
L'ordre de recevoir un maître de sa main,
De souffler sur notre âme et d'entrer dans la honte,
Est-ce que vous croyez que nous en tiendrons compte ?
Certes, nous vénérons Sparte, Athènes, Paris,
Et tous les grands forums d'où partent les grands cris ;
Mais nous plaçons plus haut la conscience auguste.
Un monde, s'il a tort, ne pèse pas un juste ;
Tout un océan fou bat en vain un grand cœur.
Ô multitude, obscure et facile au vainqueur,
Dans l'instinct bestial trop souvent tu te vautres,
Et nous te résistons ! Nous ne voulons, nous autres,
Ayant Danton pour père et Hampden pour aïeul,
Pas plus du tyran Tous que du despote Un Seul[3].

Voici le peuple : il meurt, combattant magnifique,
Pour le progrès ; voici la foule : elle en trafique ;
Elle mange son droit d'aînesse en ce plat vil
Que Rome essuie et lave avec Ainsi-soit-il !
Voici le peuple : il prend la Bastille, il déplace
Toute l'ombre en marchant ; voici la populace :
Elle attend au passage Aristide, Jésus,
Zénon, Bruno, Colomb, Jeanne, et crache dessus.
Voici le peuple avec son épouse, l'idée ;
Voici la populace avec son accordée,
La guillotine. Eh bien, je choisis l'idéal.
Voici le peuple : il change avril en Floréal,
Il se fait république, il règne et délibère.

Voici la populace : elle accepte Tibère.
Je veux la république et je chasse César.

L'attelage ne peut amnistier le char.

Le droit est au-dessus de Tous ; nul vent contraire
Ne le renverse ; et Tous ne peuvent rien distraire
Ni rien aliéner de l'avenir commun.
Le peuple souverain de lui-même, et chacun
Son propre roi ; c'est là le droit. Rien ne l'entame.
Quoi ! l'homme que voilà, qui passe, aurait mon âme !
Honte ! il pourrait demain, par un vote hébété,
Prendre, prostituer, vendre ma liberté !
Jamais. La foule un jour peut couvrir le principe ;
Mais le flot redescend, l'écume se dissipe,
La vague en s'en allant laisse le droit à nu.
Qui donc s'est figuré que le premier venu
Avait droit sur mon droit ! qu'il fallait que je prisse
Sa bassesse pour joug, pour règle son caprice !
Que j'entrasse au cachot s'il entre au cabanon !
Que je fusse forcé de me faire chaînon
Parce qu'il plaît à tous de se changer en chaîne !
Que le pli du roseau devînt la loi du chêne !

Ah ! le premier venu, bourgeois ou paysan,
L'un égoïste et l'autre aveugle, parlons-en !
Les révolutions, durables, quoi qu'il fasse,
Ont pour cet inconnu qui jette à leur surface
Tantôt de l'infamie et tantôt de l'honneur,
Le dédain qu'a le mur pour le badigeonneur.
Voyez-le, ce passant de Carthage ou d'Athènes
Ou de Rome, pareil à l'eau qui des fontaines
Tombe aux pavés, s'en va dans le ruisseau fatal,
Et devient boue après avoir été cristal.
Cet homme étonne, après tant de jours beaux et rudes,
Par son indifférence au fond des turpitudes,
Ceux mêmes qu'ont d'abord éblouis ses vertus ;
Il est Falstaff après avoir été Brutus ;
Il entre dans l'orgie en sortant de la gloire ;
Allez lui demander s'il sait sa propre histoire,
Ce qu'était Washington ou ce qu'a fait Barra,

Son cœur mort ne bat plus aux noms qu'il adora.
Naguère il restaurait les vieux cultes, les bustes
De ses héros tombés, de ses aïeux robustes,
Phocion expiré, Lycurgue enseveli,
Riego mort, et voyez maintenant quel oubli !
Il fut pur, et s'en lave ; il fut saint, et l'ignore ;
Il ne s'aperçoit pas même qu'il déshonore
Par l'œuvre d'aujourd'hui son ouvrage d'hier ;
Il devient lâche et vil, lui qu'on a vu si fier ;
Et, sans que rien en lui se révolte et proteste,
Barbouille une taverne immonde avec le reste
De la chaux dont il vient de blanchir un tombeau.
Son piédestal souillé se change en escabeau ;
L'honneur lui semble lourd, rouillé, gothique ; il raille
Cette armure sévère, et dit : Vieille ferraille !
Jadis des fiers combats il a joué le jeu ;
Duperie. Il fut grand, et s'en méprise un peu.
Il est sa propre insulte et sa propre ironie.
Il est si bien esclave à présent qu'il renie,
Indigné, son passé, perdu dans la vapeur ;
Et quant à sa bravoure ancienne, il en a peur.

Mais quoi, reproche-t-on à la mer qui s'écroule
L'onde, et ses millions de têtes à la foule ?
Que sert de chicaner ses erreurs, son chemin,
Ses retours en arrière, à ce nuage humain,
À ce grand tourbillon des vivants, incapable,
Hélas ! d'être innocent comme d'être coupable ?
À quoi bon ? Quoique vague, obscur, sans point d'appui,
Il est utile ; et, tout en flottant devant lui,
Il a pour fonction, à Paris comme à Londre,
De faire le progrès, et d'autres d'en répondre ;
La république anglaise expire, se dissout,
Tombe, et laisse Milton derrière elle debout ;
La foule a disparu, mais le penseur demeure ;
C'est assez pour que tout germe et que rien ne meure.
Dans les chutes du droit rien n'est désespéré.
Qu'importe le méchant heureux, fier, vénéré ?
Tu fais des lâchetés, ciel profond ; tu succombes,
Rome ; la liberté va vivre aux catacombes ;

Les dieux sont au vainqueur, Caton reste aux vaincus.
Kosciusko surgit des os de Galgacus.
On interrompt Jean Huss ; soit ; Luther continue.
La lumière est toujours par quelque bras tenue ;
On mourra, s'il le faut, pour prouver qu'on a foi ;
Et volontairement, simplement, sans effroi,
Des justes sortiront de la foule asservie,
Iront droit au sépulcre et quitteront la vie,
Ayant plus de dégoût des hommes que des vers.
Oh ! ces grands Régulus, de tant d'oubli couverts,
Arria, Porcia, ces héros qui sont femmes,
Tous ces courages purs, toutes ces fermes âmes,
Curtius, Adam Lux, Thraséas calme et fort,
Ce puissant Condorcet, ce stoïque Chamfort,
Comme ils ont chastement quitté la terre indigne !
Ainsi fuit la colombe, ainsi plane le cygne,
Ainsi l'aigle s'en va du marais des serpents.
Léguant l'exemple à tous, aux méchants, aux rampants,
À l'égoïsme, au crime, aux lâches cœurs pleins d'ombre,
Ils se sont endormis dans le grand sommeil sombre ;
Ils ont fermé les yeux ne voulant plus rien voir ;
Ces martyrs généreux ont sacré le devoir,
Puis se sont étendus sur la funèbre couche ;
Leur mort à la vertu donne un baiser farouche.

Ô caresse sublime et sainte du tombeau
Au grand, au pur, au bon, à l'idéal, au beau !
En présence de ceux qui disent : Rien n'est juste !
Devant tout ce qui trouble et nuit, devant Locuste,
Devant Pallas, devant Carrier, devant Sanchez,
Devant les appétits sur le néant penchés,
Les sophistes niant, les cœurs faux, les fronts vides,
Quelle affirmation que ces grands suicides !
Ah ! quand tout paraît mort dans le monde vivant,
Quand on ne sait s'il faut avancer plus avant,
Quand pas un cri du fond des masses ne s'élance,
Quand l'univers n'est plus qu'un doute et qu'un silence,
Celui qui dans l'enceinte où sont les noirs fossés
Ira chercher quelqu'un de ces purs trépassés
Et qui se collera l'oreille contre terre,

Et qui demandera : Faut-il croire, ombre austère ?
Faut-il marcher, héros sous la cendre enfoui ?
Entendra ce tombeau dire à voix haute : Oui.

Oh ! qu'est-ce donc qui tombe autour de nous dans l'ombre ?
Que de flocons de neige ! En savez-vous le nombre ?
Comptez les millions et puis les millions !
Nuit noire ! on voit rentrer au gîte les lions ;
On dirait que la vie éternelle recule ;
La neige fait, niveau hideux du crépuscule,
On ne sait quel sinistre abaissement des monts ;
Nous nous sentons mourir si nous nous endormons ;
Cela couvre les champs, cela couvre les villes ;
Cela blanchit l'égout masquant ses bouches viles ;
La lugubre avalanche emplit le ciel terni ;
Sombre épaisseur de glace ! Est-ce que c'est fini ?
On ne distingue plus son chemin ; tout est piège.
Soit.

Que restera-t-il de toute cette neige,
Voile froid de la terre au suaire pareil,
Demain, une heure après le lever du soleil[4] ?

J'entreprends de conter l'année épouvantable,
Et voilà que j'hésite, accoudé sur ma table.
Faut-il aller plus loin ? dois-je continuer ?
France ! ô deuil ! voir un astre aux cieux diminuer !
Je sens l'ascension lugubre de la honte.
Morne angoisse ! un fléau descend, un autre monte.
N'importe. Poursuivons. L'histoire en a besoin.
Ce siècle est à la barre et je suis son témoin[1].

Août 1870

SEDAN[1]

I

Toulon, c'est peu ; Sedan, c'est mieux.

                              L'homme tragique,
Saisi par le destin qui n'est que la logique,
Captif de son forfait, livré les yeux bandés
Aux noirs événements qui le jouaient aux dés,
Vint s'échouer, rêveur, dans l'opprobre insondable.
Le grand regard d'en haut lointain et formidable
Qui ne quitte jamais le crime, était sur lui ;
Dieu poussa ce tyran, larve et spectre aujourd'hui,
Dans on ne sait quelle ombre où l'histoire frissonne,
Et qu'il n'avait encore ouverte pour personne ;
Là, comme au fond d'un puits sinistre, il le perdit.
Le juge dépassa ce qu'on avait prédit.

Il advint que cet homme un jour songea : — Je règne.
Oui. Mais on me méprise, il faut que l'on me craigne
J'entends être à mon tour maître du monde, moi.
Terre, je vaux mon oncle, et j'ai droit à l'effroi.
Je n'ai pas d'Austerlitz, soit, mais j'ai mon Brumaire.
Il a Machiavel tout en ayant Homère,
Et les tient attentifs tous deux à ce qu'il fait ;
Machiavel à moi me suffit. Galifet
M'appartient, j'eus Morny, j'ai Rouher et Devienne.
Je n'ai pas encor pris Madrid, Lisbonne, Vienne,

Naples, Dantzick, Munich, Dresde, je les prendrai.
J'humilierai sur mer la croix de Saint-André,
Et j'aurai cette vieille Albion pour sujette.
Un voleur qui n'est pas le roi des rois, végète.
Je serai grand. J'aurai pour valets, moi forban,
Mastaï sous sa mitre, Abdul sous son turban,
Le czar sous sa peau d'ours et son bonnet de martre ;
Puisque j'ai foudroyé le boulevard Montmartre,
Je puis vaincre la Prusse ; il est aussi malin
D'assiéger Tortoni que d'assiéger Berlin ;
Quand on a pris la Banque on peut prendre Mayence.
Pétersbourg et Stamboul sont deux chiens de fayence ;
Pie et Galantuomo sont à couteaux tirés ;
Comme deux boucs livrant bataille dans les prés,
L'Angleterre et l'Irlande à grand bruit se querellent ;
D'Espagne sur Cuba les coups de fusil grêlent ;
Joseph, pseudo-César, Wilhelm, piètre Attila,
S'empoignent aux cheveux ; je mettrai le holà ;
Et moi, l'homme éculé d'autrefois, l'ancien pitre,
Je serai, par-dessus tous les sceptres, l'arbitre ;
Et j'aurai cette gloire, à peu près sans débats,
D'être le Tout-Puissant et le Très-Haut d'en bas.
De faux Napoléon passer vrai Charlemagne,
C'est beau. Que faut-il donc pour cela ? prier Magne
D'avancer quelque argent à Lebœuf, et choisir,
Comme Haroun escorté le soir par son vizir,
L'heure obscure où l'on dort, où la rue est déserte,
Et brusquement tenter l'aventure ; on peut, certe,
Passer le Rhin ayant passé le Rubicon.
Piétri me jettera des fleurs de son balcon.
Magnan est mort, Frossard le vaut ; Saint-Arnaud manque,
J'ai Bazaine. Bismarck me semble un saltimbanque ;
Je crois être aussi bon comédien que lui.
Jusqu'ici j'ai dompté le hasard ébloui ;
J'en ai fait mon complice, et la fraude est ma femme.
J'ai vaincu, quoique lâche, et brillé, quoique infâme.
En avant ! j'ai Paris, donc j'ai le genre humain.
Tout me sourit, pourquoi m'arrêter en chemin ?
Il ne me reste plus à gagner que le quine.
Continuons, la chance étant une coquine.

L'univers m'appartient, je le veux, il me plaît ;
Ce noir globe étoilé tient sous mon gobelet.
J'escamotai la France, escamotons l'Europe.
Décembre est mon manteau, l'ombre est mon enveloppe ;
Les aigles sont partis, je n'ai que les faucons ;
Mais n'importe ! Il fait nuit. J'en profite. Attaquons.

Or il faisait grand jour. Jour sur Londres, sur Rome,
Sur Vienne, et tous ouvraient les yeux, hormis cet homme ;
Et Berlin souriait et le guettait sans bruit
Comme il était aveugle il crut qu'il faisait nuit.
Tous voyaient la lumière et seul il voyait l'ombre.

Hélas ! sans calculer le temps, le lieu, le nombre,
À tâtons, se fiant au vide, sans appui,
Ayant pour sûreté ses ténèbres à lui,
Ce suicide prit nos fiers soldats, l'armée
De France devant qui marchait la renommée,
Et sans canons, sans pain, sans chefs, sans généraux,
Il conduisit au fond du gouffre les héros.
Tranquille, il les mena lui-même dans le piège.

— Où vas-tu ? dit la tombe. Il répondit : Que sais-je ?

II

Que Pline aille au Vésuve, Empédocle à l'Etna,
C'est que dans le cratère une aube rayonna,
Et ces grands curieux ont raison ; qu'un brahmine
Se fasse à Benarès manger par la vermine,
C'est pour le paradis et cela se comprend ;
Qu'à travers Lipari de laves s'empourprant,
Un pêcheur de corail vogue en sa coraline,
Frêle planche que lèche et mord la mer féline,
Des caps de Corse aux rocs orageux de Corfou ;
Que Socrate soit sage et que Jésus soit fou,
L'un étant raisonnable et l'autre étant sublime ;

Que le prophète noir crie autour de Solime
Jusqu'à ce qu'on le tue à coups de javelots ;
Que Green se livre aux airs et Lapeyrouse aux flots,
Qu'Alexandre aille en Perse ou Trajan chez les Daces,
Tous savent ce qu'ils font ; ils veulent : leurs audaces
Ont un but ; mais jamais les siècles, le passé,
L'histoire n'avaient vu ce spectacle insensé,
Ce vertige, ce rêve, un homme qui lui-même,
Descendant d'un sommet triomphal et suprême,
Tirant le fil obscur par où la mort descend,
Prend la peine d'ouvrir sa fosse, et, se plaçant
Sous l'effrayant couteau qu'un mystère environne,
Coupe sa tête afin d'affermir sa couronne !

III

Quand la comète tombe au puits des nuits, du moins
A-t-elle en s'éteignant les soleils pour témoins ;
Satan précipité demeure grandiose,
Son écrasement garde un air d'apothéose ;
Et sur un fier destin, farouche vision,
La haute catastrophe est un dernier rayon.
Bonaparte jadis était tombé ; son crime,
Immense, n'avait pas déshonoré l'abîme ;
Dieu l'avait rejeté, mais sur ce grand rejet
Quelque chose de vaste et d'altier surnageait ;
Le côté de clarté cachait le côté d'ombre ;
De sorte que la gloire aimait cet homme sombre,
Et que la conscience humaine avait un fond
De doute sur le mal que les colosses font.

Il est mauvais qu'on mette un crime dans un temple,
Et Dieu vit qu'il fallait recommencer l'exemple.

Lorsqu'un titan larron a gravi les sommets,
Tout voleur l'y veut suivre ; or il faut désormais
Que Sbrigani ne puisse imiter Prométhée ;
Il est temps que la terre apprenne épouvantée

À quel point le petit peut dépasser le grand,
Comment un ruisseau vil est pire qu'un torrent,
Et de quelles stupeurs la main du sort est pleine,
Même après Waterloo, même après Sainte-Hélène !
Dieu veut des astres noirs empêcher le lever.
Comme il était utile et juste d'achever
Brumaire et ce Décembre encor couvert de voiles
Par une éclaboussure allant jusqu'aux étoiles
Et jusqu'aux souvenirs énormes d'autrefois,
Comme il faut au plateau jeter le dernier poids,
Celui qui pèse tout voulut montrer au monde,
Après la grande fin, l'écroulement immonde,
Pour que le genre humain reçût une leçon,
Pour qu'il eût le mépris ayant eu le frisson,
Pour qu'après l'épopée on eût la parodie,
Et pour que nous vissions ce qu'une tragédie
Peut contenir d'horreur, de cendre et de néant
Quand c'est un nain qui fait la chute d'un géant.

Cet homme étant le crime, il était nécessaire
Que tout le misérable eût toute la misère,
Et qu'il eût à jamais le deuil pour piédestal ;
Il fallait que la fin de cet escroc fatal
Par qui le guet-apens jusqu'à l'empire monte
Fût telle que la boue elle-même en eût honte,
Et que César, flairé des chiens avec dégoût,
Donnât, en y tombant, la nausée à l'égout.

                          IV

Azincourt est riant. Désormais Ramillies,
Trafalgar, plaisent presque à nos mélancolies ;
Poitiers n'est plus le deuil, Blenheim n'est plus l'affront,
Crécy n'est plus le champ où l'on baisse le front,
Le noir Rosbach nous fait l'effet d'une victoire.
France, voici le lieu hideux de ton histoire,
Sedan. Ce nom funèbre, où tout vient s'éclipser,
Crache-le, pour ne plus jamais le prononcer.

V

Plaine ! affreux rendez-vous ! Ils y sont, nous y sommes.

Deux vivantes forêts, faites de têtes d'hommes,
De bras, de pieds, de voix, de glaives, de fureur,
Marchent l'une sur l'autre et se mêlent. Horreur !
Cris ! Est-ce le canon ? sont-ce des catapultes ?
Le sépulcre sur terre a parfois des tumultes,
Nous appelons cela hauts faits, exploits ; tout fuit,
Tout s'écroule, et le ver dresse la tête au bruit.
Des condamnations sont par les rois jetées
Et sont par l'homme, hélas ! sur l'homme exécutées ;
Avoir tué son frère est le laurier qu'on a.
Après Pharsale, après Hastings, après Iéna,
Tout est chez l'un triomphe et chez l'autre décombre.
Ô Guerre ! le hasard passe sur un char d'ombre
Par d'effrayants chevaux invisibles traîné.

La lutte était farouche. Un carnage effréné
Donnait aux combattants des prunelles de braise ;
Le fusil Chassepot bravait le fusil Dreyse ;
À l'horizon hurlaient des méduses, grinçant
Dans un obscur nuage éclaboussé de sang,
Couleuvrines d'acier, bombardes, mitrailleuses ;
Les corbeaux se montraient de loin ces travailleuses ;
Tout festin est charnier, tout massacre est banquet.
La rage emplissait l'ombre, et se communiquait,
Comme si la nature entrait dans la bataille,
De l'homme qui frémit à l'arbre qui tressaille ;
Le champ fatal semblait lui-même forcené.
L'un était repoussé, l'autre était ramené ;
Là c'était l'Allemagne et là c'était la France.
Tous avaient de mourir la tragique espérance
Ou le hideux bonheur de tuer, et pas un
Que le sang n'enivrât de son âcre parfum,
Pas un qui lâchât pied, car l'heure était suprême.

Cette graine qu'un bras épouvantable sème,
La mitraille, pleuvait sur le champ ténébreux ;
Et les blessés râlaient, et l'on marchait sur eux,
Et les canons grondants soufflaient sur la mêlée
Une fumée immense aux vents échevelée.
On sentait le devoir, l'honneur, le dévouement,
Et la patrie, au fond de l'âpre acharnement.
Soudain, dans cette brume, au milieu du tonnerre,
Dans l'ombre énorme où rit la mort visionnaire,
Dans le chaos des chocs épiques, dans l'enfer
Du cuivre et de l'airain heurtés contre le fer,
Et de ce qui renverse écrasant ce qui tombe,
Dans le rugissement de la fauve hécatombe,
Parmi les durs clairons chantant leur sombre chant,
Tandis que nos soldats luttaient, fiers et tâchant
D'égaler leurs aïeux que les peuples vénèrent,
Tout à coup, les drapeaux hagards en frissonnèrent,
Tandis que, du destin subissant le décret,
Tout saignait, combattait, résistait ou mourait,
On entendit ce cri monstrueux : Je veux vivre !

Le canon stupéfait se tut, la mêlée ivre
S'interrompit... — le mot de l'abîme était dit.

Et l'aigle noire ouvrant ses griffes attendit.

VI

Alors la Gaule, alors la France, alors la gloire,
Alors Brennus, l'audace, et Clovis, la victoire,
Alors le vieux titan celtique aux cheveux longs,
Alors le groupe altier des batailles, Châlons,
Tolbiac la farouche, Arezzo la cruelle,
Bovines, Marignan, Beaugé, Mons-en-Puelle,
Tours, Ravenne, Agnadel sur son haut palefroi,
Fornoue, Ivry, Coutras, Cérisolles, Rocroy,
Denain et Fontenoy, toutes ces immortelles
Mêlant l'éclair du front au flamboiement des ailes,

Jemmape, Hohenlinden, Lodi, Wagram, Eylau,
Les hommes du dernier carré de Waterloo,
Et tous ces chefs de guerre, Héristal, Charlemagne,
Charles-Martel, Turenne, effroi de l'Allemagne,
Condé, Villars, fameux par un si fier succès,
Cet Achille, Kléber, ce Scipion, Desaix,
Napoléon, plus grand que César et Pompée,
Par la main d'un bandit rendirent leur épée.

Septembre

I

CHOIX ENTRE LES DEUX NATIONS

À L'ALLEMAGNE

Aucune nation n'est plus grande que toi ;
Jadis, toute la terre étant un lieu d'effroi,
Parmi les peuples forts tu fus le peuple juste.
Une tiare d'ombre est sur ton front auguste ;
Et pourtant comme l'Inde, aux aspects fabuleux,
Tu brilles ; ô pays des hommes aux yeux bleus,
Clarté hautaine au fond ténébreux de l'Europe,
Une gloire âpre, informe, immense, t'enveloppe ;
Ton phare est allumé sur le mont des Géants ;
Comme l'aigle de mer qui change d'océans,
Tu passas tour à tour d'une grandeur à l'autre ;
Huss le sage a suivi Crescentius l'apôtre ;
Barberousse chez toi n'empêche pas Schiller ;
L'empereur, ce sommet, craint l'esprit, cet éclair.
Non, rien ici-bas, rien ne t'éclipse, Allemagne.
Ton Vitikind tient tête à notre Charlemagne,
Et Charlemagne même est un peu ton soldat.
Il semblait par moments qu'un astre te guidât ;
Et les peuples t'ont vue, ô guerrière féconde,
Rebelle au double joug qui pèse sur le monde,
Dresser, portant l'aurore entre tes poings de fer,
Contre César Hermann, contre Pierre Luther[1].
Longtemps, comme le chêne offrant ses bras au lierre,
Du vieux droit des vaincus tu fus la chevalière ;
Comme on mêle l'argent et le plomb dans l'airain,
Tu sus fondre en un peuple unique et souverain

Vingt peuplades, le Hun, le Dace, le Sicambre ;
Le Rhin te donne l'or et la Baltique l'ambre ;
La musique est ton souffle ; âme, harmonie, encens,
Elle fait alterner dans tes hymnes puissants
Le cri de l'aigle avec le chant de l'alouette ;
On croit voir sur tes burgs croulants la silhouette
De l'hydre et du guerrier vaguement aperçus
Dans la montagne, avec le tonnerre au-dessus ;
Rien n'est frais et charmant comme tes plaines vertes ;
Les brèches de la brume aux rayons sont ouvertes,
Le hameau dort, groupé sous l'aile du manoir,
Et la vierge, accoudée aux citernes le soir,
Blonde, a la ressemblance adorable des anges.
Comme un temple exhaussé sur des piliers étranges
L'Allemagne est debout sur vingt siècles hideux,
Et sa splendeur qui sort de leurs ombres, vient d'eux.
Elle a plus de héros que l'Athos n'a de cimes.
La Teutonie, au seuil des nuages sublimes
Où l'étoile est mêlée à la foudre, apparaît ;
Ses piques dans la nuit sont comme une forêt ;
Au-dessus de sa tête un clairon de victoire
S'allonge, et sa légende égale son histoire ;
Dans la Thuringe, où Thor tient sa lance en arrêt,
Ganna, la druidesse échevelée, errait ;
Sous les fleuves, dont l'eau roulait de vagues flammes,
Les sirènes chantaient, monstres aux seins de femmes,
Et le Harz que hantait Velléda, le Taunus
Où Spillyre essuyait dans l'herbe ses pieds nus,
Ont encor toute l'âpre et divine tristesse
Que laisse dans les bois profonds la prophétesse ;
La nuit, la Forêt-Noire est un sinistre éden ;
Le clair de lune, aux bords du Neckar, fait soudain
Sonores et vivants les arbres pleins de fées.
Ô Teutons, vos tombeaux ont des airs de trophées ;
Vos aïeux n'ont semé que de grands ossements ;
Vos lauriers sont partout ; soyez fiers, Allemands.
Le seul pied des titans chausse votre sandale.
Tatouage éclatant, la gloire féodale
Dore vos morions, blasonne vos écus ;
Comme Rome Coclès vous avez Galgacus[2],

Vous avez Beethoven comme la Grèce Homère ;
L'Allemagne est puissante et superbe.

À LA FRANCE

                                        Ô ma mère !

II
À PRINCE PRINCE ET DEMI

L'empereur fait la guerre au roi.

                                  Nous nous disions :
— Les guerres sont le seuil des révolutions. —
Nous pensions : — C'est la guerre. Oui, mais la guerre
L'enfer veut un laurier ; la mort veut une offrande ;   [grande.
Ces deux rois ont juré d'éteindre le soleil ;
Le sang du globe va couler, vaste et vermeil,
Et les hommes seront fauchés comme des herbes ;
Et les vainqueurs seront infâmes, mais superbes. —
Et nous qui voulons l'homme en paix, nous qui donnons
La terre à la charrue et non pas aux canons,
Tristes, mais fiers pourtant, nous disions : « France et Prusse !
Qu'importe ce Batave[1] attaquant ce Borusse !
Laissons faire les rois ; ensuite Dieu viendra. »
Et nous rêvions le choc de Vishnou contre Indra,
Un avatar couvé par une apocalypse,
Le flamboiement trouant de toutes parts l'éclipse,
Nous rêvions les combats énormes de la nuit ;
Nous rêvions ces chaos de colère et de bruit
Où l'ouragan s'attaque à l'océan, où l'ange,
Étreint par le géant, lutte, et fait un mélange
Du sang céleste avec le sang noir du titan ;
Nous rêvions Apollon contre Léviathan ;
Nous nous imaginions l'ombre en pleine démence ;
Nous heurtions, dans l'horreur d'une querelle immense,

Rosbach contre Iéna, Rome contre Alaric,
Le grand Napoléon et le grand Frédéric ;
Nous croyions voir vers nous, en hâte, à tire-d'ailes,
Les victoires voler comme des hirondelles
Et, comme l'oiseau court à son nid, aller droit
À la France, au progrès, à la justice, au droit ;
Nous croyions assister au choc fatal des trônes,
À la sinistre mort des vieilles Babylones,
Au continent broyé, tué, ressuscité
Dans une éclosion d'aube et de liberté,
Et voir peut-être, après de monstrueux désastres,
Naître un monde à travers des écroulements d'astres !

Ainsi nous songions. — Soit, disions-nous, ce sera
Comme Arbelle, Actium, Trasimène et Zara,
Affreux, mais grandiose. Un gouffre avec sa pente,
Et l'univers tout près du bord, comme à Lépante,
Comme à Tolbiac, comme à Tyr, comme à Poitiers.
La Colère, la Force et la Nuit, noirs portiers,
Vont ouvrir devant nous la tombe toute grande.
Il faudra que le Sud ou le Nord y descende ;
Il faudra qu'une race ou l'autre tombe au fond
De l'abîme où les rois et les dieux se défont.
Et pensifs, croyant voir venir vers nous la gloire,
Les chocs comme en ont vu les hommes de la Loire,
Wagram tonnant, Leipsick magnifique et hideux,
Cyrus, Sennachérib, César, Frédéric Deux,
Nemrod, nous frémissions de ces sombres approches... —

Tout à coup nous sentons une main dans nos poches.

☆

Il s'agit de ceci : Nous prendre notre argent.

Certe, on se disait bien : Bonaparte indigent
Fut un escroc, et doit avoir pour espérance
De voler l'Allemagne ayant volé la France ;
Il filouta le trône ; il est vil, fourbe et laid ;
C'est vrai ; mais nous faisions ce rêve qu'il allait

Rencontrer un vieux roi, fier de sa vieille race,
Ayant Dieu pour couronne et l'honneur pour cuirasse,
Et trouver devant lui, comme au temps des Dunois,
Un de ces paladins des antiques tournois
Dont on voit vaguement se modeler l'armure
Dans les nuages pleins d'aurore et de murmure.
Ô chute ! illusion ! changement de décor !
C'est le coup de sifflet et non le son du cor.
La nuit. Un hallier fauve où des sabres fourmillent.
Des canons de fusils entre les branches brillent ;
Cris dans l'ombre. Surprise, embuscade. Arrêtez !
Tout s'éclaire ; et le bois offre de tous côtés
Sa claire-voie où brille une lumière rouge.
Sus ! on casse la tête à tous si quelqu'un bouge.
La face contre terre et personne debout !
Et maintenant donnez votre argent — donnez tout.
Qu'il vous plaise ou non d'être à genoux dans la boue,
Qu'importe ! et l'on vous fouille, et l'on vous couche en
                                        [joue.
Nous sommes dix contre un, tous armés jusqu'aux dents.
Et si vous résistez, vous êtes imprudents.
Obéissez ! Ces voix semblent sortir d'un antre.
Que faire ? on tend sa bourse, on se met à plat ventre,
Et pendant que, le front par terre, on se soumet,
On songe à ces pays que jadis on nommait
La Pologne, Francfort, la Hesse, le Hanovre.
C'est fait ! relevez-vous ! on se retrouve pauvre
En pleine Forêt-Noire, et nous reconnaissons,
Nous point initiés aux fauves trahisons,
Nous ignorants dans l'art de régner, nous profanes,
Que Cartouche faisait la guerre à Schinderhannes[2].

III

DIGNES L'UN DE L'AUTRE[1]

Donc regardez : Ici le jocrisse du crime ;
Là, follement servi par tous ceux qu'il opprime,
L'ogre du droit divin, dévot, correct, moral,
Né pour être empereur et resté caporal.
Ici c'est le Bohême et là c'est le Sicambre.
Le coupe-gorge lutte avec le deux-décembre.
Le lièvre d'un côté, de l'autre le chacal.
Le ravin d'Ollioule et la maison Bancal
Semblent avoir fourni certains rois ; les Calabres
N'ont rien de plus affreux que ces traîneurs de sabres ;
Pillage, extorsion, c'est leur guerre ; un tel art
Charmerait Poulailler, mais troublerait Folard.
C'est l'arrestation nocturne d'un carrosse.

Oui, Bonaparte est vil, mais Guillaume est atroce,
Et rien n'est imbécile, hélas, comme le gant
Que ce filou naïf jette à ce noir brigand.
L'un attaque avec rien ; l'autre accepte l'approche
Et tire brusquement la foudre de sa poche ;
Ce tonnerre était doux et traître, et se cachait.
Leur empereur avait le nôtre pour hochet.
Il riait : Viens, petit ! Le petit vient, trébuche,
Et son piège le fait tomber dans une embûche.
Carnage, tas de morts, deuil, horreur, trahison,
Tumulte infâme autour du sinistre horizon ;
Et le penseur, devant ces attentats sans nombre,
Est pris d'on ne sait quel éblouissement sombre.
Que de crimes, ciel juste ! Oh ! l'affreux dénoûment !
Ô France ! un coup de vent dissipe en un moment
Cette ombre de césar et cette ombre d'armée.

Guerre où l'un est la flamme et l'autre la fumée.

IV

PARIS BLOQUÉ

Ô ville, tu feras agenouiller l'histoire.
Saigner est ta beauté, mourir est ta victoire.
Mais non, tu ne meurs pas. Ton sang coule, mais ceux
Qui voyaient César rire en tes bras paresseux,
S'étonnent : tu franchis la flamme expiatoire,
Dans l'admiration des peuples, dans la gloire,
Tu retrouves, Paris, bien plus que tu ne perds.
Ceux qui t'assiègent, ville en deuil, tu les conquiers.
La prospérité basse et fausse est la mort lente ;
Tu tombais folle et gaie, et tu grandis sanglante.
Tu sors, toi qu'endormit l'empire empoisonneur,
Du rapetissement de ce hideux bonheur.
Tu t'éveilles déesse et chasses le satyre.
Tu redeviens guerrière en devenant martyre ;
Et dans l'honneur, le beau, le vrai, les grandes mœurs,
Tu renais d'un côté quand de l'autre tu meurs.

V

À PETITE JEANNE

Vous eûtes donc hier un an, ma bien-aimée.
Contente, vous jasez, comme, sous la ramée,
Au fond du nid plus tiède ouvrant de vagues yeux,
Les oiseaux nouveau-nés gazouillent, tout joyeux
De sentir qu'il commence à leur pousser des plumes.
Jeanne, ta bouche est rose ; et dans les gros volumes
Dont les images font ta joie, et que je dois,
Pour te plaire, laisser chiffonner par tes doigts,
On trouve de beaux vers, mais pas un qui te vaille
Quand tout ton petit corps en me voyant tressaille ;

Les plus fameux auteurs n'ont rien écrit de mieux
Que la pensée éclose à demi dans tes yeux,
Et que ta rêverie obscure, éparse, étrange,
Regardant l'homme avec l'ignorance de l'ange.
Jeanne, Dieu n'est pas loin puisque vous êtes là.

Ah ! vous avez un an, c'est un âge cela !
Vous êtes par moments grave, quoique ravie ;
Vous êtes à l'instant céleste de la vie
Où l'homme n'a pas d'ombre, où dans ses bras ouverts,
Quand il tient ses parents, l'enfant tient l'univers ;
Votre jeune âme vit, songe, rit, pleure, espère
D'Alice votre mère à Charles votre père ;
Tout l'horizon que peut contenir votre esprit
Va d'elle qui vous berce à lui qui vous sourit ;
Ces deux êtres pour vous à cette heure première
Sont toute la caresse et toute la lumière ;
Eux deux, eux seuls, ô Jeanne ; et c'est juste ; et je suis,
Et j'existe, humble aïeul, parce que je vous suis ;
Et vous venez, et moi je m'en vais ; et j'adore,
N'ayant droit qu'à la nuit, votre droit à l'aurore.
Votre blond frère George et vous, vous suffisez
À mon âme, et je vois vos jeux, et c'est assez ;
Et je ne veux, après mes épreuves sans nombre,
Qu'un tombeau sur lequel se découpera l'ombre
De vos berceaux dorés par le soleil levant.

Ah ! nouvelle venue innocente, et rêvant,
Vous avez pris pour naître une heure singulière ;
Vous êtes, Jeanne, avec les terreurs familière ;
Vous souriez devant tout un monde aux abois ;
Vous faites votre bruit d'abeille dans les bois,
Ô Jeanne, et vous mêlez votre charmant murmure
Au grand Paris faisant sonner sa grande armure.
Ah ! quand je vous entends, Jeanne, et quand je vous vois
Chanter, et, me parlant avec votre humble voix,
Tendre vos douces mains au-dessus de nos têtes,
Il me semble que l'ombre où grondent les tempêtes
Tremble et s'éloigne avec des rugissements sourds,
Et que Dieu fait donner à la ville aux cent tours

Désemparée ainsi qu'un navire qui sombre,
Aux énormes canons gardant le rempart sombre,
À l'univers qui penche et que Paris défend,
Sa bénédiction par un petit enfant.

                              Paris, 30 septembre 1870.

Octobre

I

J'étais le vieux rôdeur sauvage de la mer,
Une espèce de spectre au bord du gouffre amer ;
J'avais dans l'âpre hiver, dans le vent, dans le givre,
Dans l'orage, l'écume et l'ombre, écrit un livre,
Dont l'ouragan, noir souffle aux ordres du banni,
Tournait chaque feuillet quand je l'avais fini ;
Je n'avais rien en moi que l'honneur imperdable ;
Je suis venu, j'ai vu la cité formidable ;
Elle avait faim, j'ai mis mon livre sous sa dent[1] ;
Et j'ai dit à ce peuple altier, farouche, ardent,
À ce peuple indigné, sans peur, sans joug, sans règle,
J'ai dit à ce Paris, comme le klephte à l'aigle :
Mange mon cœur, ton aile en croîtra d'un empan.

Quand le Christ expira, quand mourut le grand Pan,
Jean et Luc en Judée et dans l'Inde Épicure
Entendirent un cri d'inquiétude obscure ;
La terre tressaillit quand l'Olympe tomba ;
D'Ophir à Chanaan et d'Assur à Saba,
Comme un socle en ployant fait ployer la colonne,
Tout l'Orient pencha quand croula Babylone ;
La même horreur sacrée est dans l'homme aujourd'hui,
Et l'édifice sent fléchir le point d'appui ;
Tous tremblent pour Paris qu'étreint une main vile ;
On tuerait l'Univers si l'on tuait la Ville ;
C'est plus qu'un peuple, c'est le monde que les rois
Tâchent de clouer, morne et sanglant, sur la croix ;
Le supplice effrayant du genre humain commence.

Donc luttons. Plus que Troie et Tyr, plus que Numance,
Paris assiégé doit l'exemple. Soyons grands.
Affrontons les bandits conduits par les tyrans.
Les Huns reviennent comme au temps de Frédégaire ;
Laissons rouler vers nous les machines de guerre ;
Faisons front, tenons tête ; acceptons, seuls, trahis,
Sanglants, le dur travail de sauver ce pays.
Tomber, mais sans avoir tremblé, c'est la victoire.
Être la rêverie immense de l'histoire,
Faire que tout chercheur du vrai, du grand, du beau,
Met le doigt sur sa bouche en voyant un tombeau,
C'est aussi bien l'honneur d'un peuple que d'un homme,
Et Caton est trop grand s'il est plus grand que Rome ;
Rome doit l'égaler, Rome doit l'imiter ;
Donc Rome doit combattre et Paris doit lutter.
Notre labeur finit par être notre gerbe.
Combats, ô mon Paris ! aie, ô peuple superbe,
Criblé de flèches, mais sans tache à ton écu,
L'illustre acharnement de n'être pas vaincu.

II[1]

Et voilà donc les jours tragiques revenus !
On dirait, à voir tant de signes inconnus,
Que pour les nations commence une autre hégire.

Pâle Alighieri, toi, frère de Cynégire,
Ô sévères témoins, ô justiciers égaux,
Penchés, l'un sur Florence et l'autre sur Argos,
Vous qui fîtes, esprits sur qui l'aigle se pose,
Ces livres redoutés où l'on sent quelque chose
De ce qui gronde et luit derrière l'horizon,
Vous que le genre humain lit avec un frisson,
Songeurs qui pouvez dire en vos tombeaux : nous sommes,
Dieux par le tremblement mystérieux des hommes !
Dante, Eschyle, écoutez et regardez.

                                        Ces rois
Sous leur large couronne ont des fronts trop étroits.
Vous les dédaigneriez. Ils n'ont pas la stature
De ceux que votre vers formidable torture,
Ni du chef argien, ni du baron pisan ;
Mais ils sont monstrueux pourtant, convenez-en.
Des premiers rois venus ils ont l'aspect vulgaire ;
Mais ils viennent avec des légions de guerre.
Ils poussent sur Paris les sept peuples saxons.
Hideux, casqués, dorés, tatoués de blasons,
Il faut que chacun d'eux de meurtre se repaisse ;
Chacun de ces rois prend pour emblème une espèce
De bête fauve et fait luire à son morion
La chimère d'un rude et morne alérion,
Ou quelque impur dragon agitant sa crinière ;
Et le grand chef arbore à sa haute bannière,
Teinte des deux reflets du tombeau tour à tour,
Un aigle étrange, blanc la nuit et noir le jour.
Avec eux, à grand bruit, et sous toutes les formes,
Krupps, bombardes, canons, mitrailleuses énormes,
Ils traînent sous ce mur qu'ils nomment ennemi
Le bronze, ce muet, cet esclave endormi,
Qui, tout à coup hurlant lorsqu'on le démusèle,
Est pris d'on ne sait quel épouvantable zèle
Et se met à détruire une ville, sans frein,
Sans trêve, avec la joie horrible de l'airain,
Comme s'il se vengeait, sur ces tours abattues,
D'être employé par l'homme à d'infâmes statues ;
Et comme s'il disait : Peuple, contemple en moi
Le monstre avec lequel tu fais ensuite un roi !
Tout tremble, et les sept chefs dans la haine s'unissent.

Ils sont là, menaçant Paris. Ils le punissent.
De quoi ? D'être la France et d'être l'univers,
De briller au-dessus des gouffres entr'ouverts,
D'être un bras de géant tenant une poignée
De rayons, dont l'Europe est à jamais baignée ;
Ils punissent Paris d'être la liberté ;
Ils punissent Paris d'être cette cité

Où Danton gronde, où luit Molière, où rit Voltaire ;
Ils punissent Paris d'être âme de la terre,
D'être ce qui devient de plus en plus vivant,
Le grand flambeau profond que n'éteint aucun vent,
L'idée en feu perçant ce nuage, le nombre,
Le croissant du progrès clair au fond du ciel sombre ;
Ils punissent Paris de dénoncer l'erreur,
D'être l'avertisseur et d'être l'éclaireur,
De montrer sous leur gloire affreuse un cimetière,
D'abolir l'échafaud, le trône, la frontière,
La borne, le combat, l'obstacle, le fossé,
Et d'être l'avenir quand ils sont le passé.

Et ce n'est pas leur faute ; ils sont les forces noires.
Ils suivent dans la nuit toutes les sombres gloires,
Caïn, Nemrod, Rhamsès, Cyrus, Gengis, Timour.
Ils combattent le droit, la lumière, l'amour.
Ils voudraient être grands et ne sont que difformes.
Terre, ils ne veulent pas qu'heureuse, tu t'endormes
Dans les bras de la paix sacrée, et dans l'hymen
De la clarté divine avec l'esprit humain.
Ils condamnent le frère à dévorer le frère,
Le peuple à massacrer le peuple, et leur misère
C'est d'être tout-puissants, et que tous leurs instincts
Allumés pour l'enfer, soient pour le ciel éteints.
Rois hideux ! On verra, certe, avant que leur âme
Renonce à la tuerie, au glaive, au meurtre infâme,
Aux clairons, au cheval de guerre qui hennit,
L'oiseau ne plus savoir le chemin de son nid,
Le tigre épris du cygne, et l'abeille oublieuse
De sa ruche sauvage au creux noir de l'yeuse.

III

Sept. Le chiffre du mal. Le nombre où Dieu ramène,
Comme en un vil cachot, toute la faute humaine.
Sept princes. Wurtemberg et Mecklembourg, Nassau,

Saxe, Bade, Bavière et Prusse, affreux réseau.
Ils dressent dans la nuit leurs tentes sépulcrales.
Les cercles de l'enfer sont là, mornes spirales ;
Haine, hiver, guerre, deuil, peste, famine, ennui.
Paris a les sept nœuds des ténèbres sur lui.
Paris devant son mur a sept chefs comme Thèbe.

Spectacle inouï ! l'astre assiégé par l'Érèbe.

La nuit donne l'assaut à la lumière. Un cri
Sort de l'astre en détresse, et le néant a ri.
La cécité combat le jour ; la morne envie
Attaque le cratère auguste de la vie,
Le grand foyer central, l'astre aux astres uni.
Tous les yeux inconnus ouverts dans l'infini
S'étonnent ; qu'est-ce donc ? Quoi ! la clarté se voile !
Un long frisson d'horreur court d'étoile en étoile.
Sauve ton œuvre, ô Dieu, toi qui d'un souffle émeus
L'ombre où Léviathan tord ses bras venimeux !
C'en est fait. La bataille infâme est commencée.

Comme un phare jadis gardait la porte Scée[1],
Un flamboiement jaillit de l'astre, avertissant
Le ciel que l'enfer monte et que la nuit descend.
Le gouffre est comme un mur énorme de fumée
Où fourmille on ne sait quelle farouche armée ;
Nuage monstrueux où luisent des airains ;
Et les bruits infernaux et les bruits souterrains
Se mêlent, et, hurlant au fond de la géhenne,
Les tonnerres ont l'air de bêtes à la chaîne.
Une marée informe où grondent les typhons
Arrive, croît et roule avec des cris profonds,
Et ce chaos s'acharne à tuer cette sphère.
Lui frappe avec la flamme, elle avec la lumière ;
Et l'abîme a l'éclair et l'astre a le rayon.
L'obscurité, flot, brume, ouragan, tourbillon,
Tombant sur l'astre, encor, toujours, encore, encore,
Cherche à se verser toute en ce puits de l'aurore.
Qui l'emportera ? Crainte, espoir ! Frémissements !
La splendide rondeur de l'astre, par moments,

Sous d'affreux gonflements de ténèbres s'efface,
Et, comme vaguement tremble et flotte une face,
De plus en plus sinistre et pâle, il disparaît.
Est-ce que d'une étoile on prononce l'arrêt ?
Qui donc le peut ? Qui donc a droit d'ôter au monde
Cette lueur sacrée et cette âme profonde ?
L'enfer semble une gueule effroyable qui mord.
Et l'on ne voit plus l'astre. Est-ce donc qu'il est mort ?

Tout à coup un rayon sort par une trouée.
Une crinière en feu, par les vents secouée,
Apparaît... — Le voilà !

                C'est lui. Vivant, aimant,
Il condamne la Nuit à l'éblouissement,
Et, soudain reparu dans sa beauté première,
La couvre d'une écume immense de lumière.

Le chaos est-il donc vaincu ? Non. La noirceur
Redouble, et le reflux du gouffre envahisseur
Revient, et l'on dirait que Dieu se décourage.

De nouveau, dans l'horreur, dans la nuit, dans l'orage,
On cherche l'astre. Où donc est-il ? Quel guet-apens !
Et rien ne continue, et tout est en suspens ;
La création sent qu'elle est témoin d'un crime ;
Et l'univers regarde avec stupeur l'abîme
Qui, sans relâche, au fond du firmament vermeil,
Jette un vomissement d'ombre sur le soleil.

Novembre

I

DU HAUT DE LA MURAILLE DE PARIS

À LA NUIT TOMBANTE

L'Occident était blanc, l'Orient était noir ;
Comme si quelque bras sorti des ossuaires
Dressait un catafalque aux colonnes du soir,
Et sur le firmament déployait deux suaires.

Et la nuit se fermait ainsi qu'une prison.
L'oiseau mêlait sa plainte au frisson de la plante.
J'allais. Quand je levai mes yeux vers l'horizon,
Le couchant n'était plus qu'une lame sanglante.

Cela faisait penser à quelque grand duel
D'un monstre contre un dieu, tous deux de même taille ;
Et l'on eût dit l'épée effrayante du ciel
Rouge et tombée à terre après une bataille.

II

PARIS DIFFAMÉ À BERLIN[1]

Pour la sinistre nuit l'aurore est un scandale ;
Et l'Athénien semble un affront au Vandale.
Paris, en même temps qu'on t'attaque, on voudrait
Donner au guet-apens le faux air d'un arrêt ;
Le cuistre aide le reître ; ils font cette gageure,
Déshonorer la ville héroïque ; et l'injure

Pleut, mêlée à l'obus, dans le bombardement ;
Ici le soudard tue et là le rhéteur ment ;
On te dénonce au nom des mœurs, au nom du culte ;
C'est afin de pouvoir t'égorger qu'on t'insulte,
La calomnie ayant pour but l'assassinat.
Ô ville, dont le peuple est grand comme un sénat,
Combats, tire l'épée, ô cité de lumière
Qui fondes l'atelier, qui défends la chaumière,
Va, laisse, ô fier chef-lieu des hommes tous égaux,
Hurler autour de toi l'affreux tas des bigots,
Noirs sauveurs de l'autel et du trône, hypocrites
Par qui dans tous les temps les clartés sont proscrites,
Qui gardent tous les dieux contre tous les esprits,
Et dont nous entendons dans l'histoire les cris,
À Rome, à Thèbe, à Delphe, à Memphis, à Mycènes,
Pareils aux aboiements lointains des chiens obscènes.

III

À TOUS CES PRINCES

Rois teutons, vous avez mal copié vos pères.
Ils se précipitaient hors de leurs grands repaires,
Le glaive au poing, tâchant d'avoir ceci pour eux
D'être les plus vaillants et non les plus nombreux.
Vous, vous faites la guerre autrement.

                           On se glisse
Sans bruit, dans l'ombre, avec le hasard pour complice,
Jusque dans le pays d'à côté, doucement,
Un peu comme un larron, presque comme un amant ;
Baissant la voix, courbant le front, cachant sa lampe,
On se fait invisible au fond des bois, on rampe ;
Puis brusquement, criant vivat, hourrah, haro,
On tire un million de sabres du fourreau,
On se rue, et l'on frappe et d'estoc et de taille
Sur le voisin, lequel a, dans cette bataille,

Rien pour armée avec zéro pour général.
Vos aïeux, que Luther berçait de son choral,
N'eussent point accepté de vaincre de la sorte ;
Car la soif conquérante était en eux moins forte
Que la pudeur guerrière, et tous avaient au cœur
Le désir d'être grand plus que d'être vainqueur.
Vous, princes, vous semez, de Sedan à Versailles,
Dans votre route obscure à travers les broussailles,
Toutes sortes d'exploits louches et singuliers
Dont se fût indignée au temps des chevaliers
La magnanimité farouche de l'épée.

Rois, la guerre n'est pas digne de l'épopée
Lorsqu'elle est espionne et traître, et qu'elle met
Une cocarde au vol, à la fraude un plumet !
Guillaume est empereur, Bismarck est trabucaire ;
Charlemagne à sa droite assoit Robert-Macaire ;
On livre aux mameloucks, aux pandours, aux strélitz,
Aux reîtres, aux hulans, la France d'Austerlitz ;
On en fait son butin, sa proie et sa prébende.
Où fut la grande armée on est l'énorme bande.

☆

Ivres, ils vont au gouffre obscur qui les attend.
Ainsi l'ours, à vau-l'eau sur le glacier flottant,
Ne sent pas sous lui fondre et crouler la banquise.

Soit, princes. Vautrez-vous sur la France conquise.
De l'Alsace aux abois, de la Lorraine en sang,
De Metz qu'on vous vendit, de Strasbourg frémissant
Dont vous n'éteindrez pas la tragique auréole,
Vous aurez ce qu'on a des femmes qu'on viole,
La nudité, le lit, et la haine à jamais.

Oui, le corps souillé, froid, sinistre désormais,
Quand on les prend de force en des étreintes viles,
C'est tout ce qu'on obtient des vierges et des villes.

Moissonnez les vivants comme un champ de blé mûr,
Cernez Paris, jetez la flamme à ce grand mur,
Tuez à Châteaudun, tuez à Gravelotte,
Ô rois, désespérez la mère qui sanglote,
Poussez l'effrayant cri de l'ombre : Exterminons !
Secouez vos drapeaux et roulez vos canons ;
À ce bruit triomphal il manque quelque chose.
La porte de rayons dans les cieux reste close ;
Et sur la terre en deuil pas un laurier ne sent
La sève lui venir de tous ces flots de sang.
Là-haut au loin, le groupe altier des Renommées,
Immobile, indigné, les ailes refermées,
Tourne le dos, se tait, refuse de rien voir,
Et l'on distingue, au fond de ce firmament noir,
Le morne abaissement de leurs trompettes sombres.

Dire que pas un nom ne sort de ces décombres !
Ô gloire, ces héros comment s'appellent-ils ?
Quoi ! ces triomphateurs hautains, sanglants, subtils,
Quoi ! ces envahisseurs que tant de rage anime
Ne peuvent même pas sortir de l'anonyme,
Et ce comble d'affront sur nous s'appesantit
Que la victoire est grande et le vainqueur petit !

IV

BANCROFT[1]

Qu'est-ce que cela fait à cette grande France ?
Son tragique dédain va jusqu'à l'ignorance.
Elle existe, et ne sait ce que dit d'elle un tas
D'inconnus, chez les rois ou dans les galetas ;
Soyez un va-nu-pieds ou soyez un ministre,
Vous n'avez point du mal la majesté sinistre ;
Vous bourdonnez en vain sur son éternité.
Vous l'insultez. Qui donc avez-vous insulté ?
Elle n'aperçoit pas dans ses deuils ou ses fêtes

L'espèce d'ombre obscure et vague que vous êtes ;
Tâchez d'être quelqu'un, Tibère, Gengiskan,
Soyez l'homme fléau, soyez l'homme volcan,
On examinera si vous valez la peine
Qu'on vous méprise ; ayez quelque titre à la haine,
Et l'on verra. Sinon, allez-vous-en. Un nain
Peut à sa petitesse ajouter son venin
Sans cesser d'être un nain, et qu'importe l'atome ?
Qu'importe l'affront vil qui tombe de cet homme ?
Qu'importent les néants qui passent et s'en vont ?
Sans faire remuer la tête énorme, au fond
Du désert où l'on voit rôder le lynx féroce,
Le stercoraire peut prendre avec le colosse
Immobile à jamais sous le ciel étoilé,
Des familiarités d'oiseau vite envolé.

V

EN VOYANT FLOTTER SUR LA SEINE
DES CADAVRES PRUSSIENS

Oui, vous êtes venus et vous voilà couchés ;
Vous voilà caressés, portés, baisés, penchés,
Sur le souple oreiller de l'eau molle et profonde ;
Vous voilà dans les draps froids et mouillés de l'onde ;
C'est bien vous, fils du Nord, nus sur le flot dormant !
Vous fermez vos yeux bleus dans ce doux bercement.
Vous aviez dit : « — Allons chez la prostituée.
Babylone, aux baisers du monde habituée,
Est là-bas ; elle abonde en rires, en chansons ;
C'est là que nous aurons du plaisir ; ô Saxons,
Ô Germains, vers le sud tournons notre œil oblique,
Vite ! en France ! Paris, cette ville publique,
Qui pour les étrangers se farde et s'embellit,
Nous ouvrira ses bras... » — Et la Seine son lit.

VI

Prêcher la guerre après avoir plaidé la paix !
Sagesse, dit le sage, eh quoi, tu me trompais !
Ô sagesse, où sont donc les paroles clémentes ?
Se peut-il qu'on t'aveugle ou que tu te démentes ?
Et la fraternité, qu'en fais-tu ? te voilà
Exterminant Caïn, foudroyant Attila !
— Homme, je ne t'ai pas trompé, dit la sagesse.
Tout commence en refus et finit en largesse ;
L'hiver mène au printemps et la haine à l'amour.
On croit travailler contre et l'on travaille pour.
En se superposant sans mesure et sans nombre,
Les vérités parfois font un tel amas d'ombre
Que l'homme est inquiet devant leur profondeur ;
La Providence est noire à force de grandeur ;
Ainsi la nuit sinistre et sainte fait ses voiles
De ténèbres avec des épaisseurs d'étoiles.

VII[1]

Je ne sais si je vais sembler étrange à ceux
Qui pensent que devant le sort trouble et chanceux,
Devant Sedan, devant le flamboiement du glaive,
Il faut brûler un cierge à Sainte-Geneviève,
Qu'on serait sûr d'avoir le secours le plus vrai
En redorant à neuf Notre-Dame d'Auray,
Et qu'on arrête court l'obus, le plomb qui tonne,
Et la mitraille, avec une oraison bretonne ;
Je paraîtrai sauvage et fort mal élevé
Aux gens qui dans des coins chuchotent des Ave
Pendant que le sang coule à flots de notre veine,
Et qui contre un canon braquent une neuvaine ;

Mais je dis qu'il est temps d'agir et de songer
À la levée en masse, à l'abîme, au danger
Qui, lorsqu'autour de nous son cercle se resserre,
A ce mérite, étant hideux, d'être sincère,
D'être franchement fauve et sombre, et de t'offrir,
France, une occasion sublime de mourir ;
J'affirme que le camp monstrueux des barbares,
Que les ours de leur cage ayant brisé les barres,
Approchent, que d'horreur les peuples sont émus,
Que nous ne sommes plus au temps des oremus,
Que les hordes sont là, que Paris est leur cible,
Et que nous devons tous pousser un cri terrible !
Aux armes, citoyens ! aux fourches, paysans !
Jette là ton psautier pour les agonisants,
Général, et faisons en hâte une trouée !
La Marseillaise n'est pas encore enrouée,
Le cheval que montait Kléber n'est pas fourbu.
Tout le vin de l'audace immense n'est pas bu,
Et Danton nous en laisse assez au fond du verre
Pour donner à la Prusse une chasse sévère,
Et pour épouvanter le vieux monde aux abois
De la réception que nous faisons aux rois !
Dussions-nous succomber d'ailleurs, la mort est grande.
Quand un trop bon chrétien dans la cité commande,
Quand je crois qu'on a peur, quand je vois qu'on attend,
Qu'est-ce que vous voulez, je ne suis pas content.
Ce chef vers son curé tourne un œil trop humide ;
Je le vois soldat brave et général timide ;
Comme le vieil Entelle et le vieux d'Aubigné,
J'ai des frémissements, je frissonne indigné ;
Nous sommes dans Paris, volcan, fournaise d'âmes,
Près de deux millions d'hommes, d'enfants, de femmes,
Pas un n'entend céder, pas une ; et nous voulons
La colère plus prompte et les discours moins longs ;
Et je l'irais demain dire à l'hôtel de ville
Si je ne sentais poindre une guerre civile,
Ô patrie accablée, et si je ne craignais
D'ajouter cette corde affreuse à tes poignets,
Et de te voir traînée autour du mur en flamme,
Dans la fange et le sang, derrière un char infâme,

D'abord par tes vainqueurs, ensuite par tes fils !
Ces fiers Parisiens bravent tous les défis ;
Ils acceptent le froid, la faim, rien ne les dompte,
Ne trouvant d'impossible à porter que la honte ;
On mange du pain noir n'ayant plus de pain bis ;
Soit ; mais se laisser prendre ainsi que des brebis,
Ce n'est pas leur humeur, et tous veulent qu'on sorte,
Et nous voulons nous-même enfoncer notre porte,
Et, s'il le faut, le front levé vers l'orient,
Nous mettre en liberté dans la tombe, en criant :
Concorde ! en attestant l'avenir, l'espérance,
L'aurore ; et c'est ainsi qu'agonise la France !

C'est pourquoi je déclare en cette extrémité
Que l'homme a pour bien faire un cœur illimité,
Qu'il faut copier Sparte et Rome notre aïeule,
Et qu'un peuple est borné par sa lâcheté seule ;
J'écarte le mauvais exemple, ce lépreux ;
À cette heure il nous faut mieux que les anciens preux
Qui souvent s'attardaient trop longtemps aux chapelles ;
Je dis qu'à ton secours, France, tu nous appelles ;
Qu'un courage qui chante au lutrin est bâtard,
Qu'il sied de tout risquer, et qu'il est déjà tard !
C'est mon avis, devant les trompettes farouches,
Devant les ouragans gonflant leurs noires bouches,
Devant le Nord féroce attaquant le Midi,
Que nous avons besoin de quelqu'un de hardi ;
Et que, lorsqu'il s'agit de chasser les Vandales,
De refouler le flot des bandes féodales,
De délivrer l'Europe en délivrant Paris,
Et d'en finir avec ceux qui nous ont surpris,
Avec tant d'épouvante, avec tant de misère,
Il nous faut une épée et non pas un rosaire.

VIII

Qu'on ne s'y trompe pas, je n'ai jamais caché
Que j'étais sur l'énigme éternelle penché ;
Je sais qu'être à demi plongé dans l'équilibre
De la terre et des cieux, nous fait l'âme plus libre ;
Je sais qu'en s'appuyant sur l'inconnu, l'on sent
Quelque chose d'immense et de bon qui descend,
Et qu'on voit le néant des rois, et qu'on résiste
Et qu'on lutte et qu'on marche avec un cœur moins triste ;
Je sais qu'il est d'altiers prophètes qu'un danger
Tente, et que l'habitude auguste de songer,
De méditer, d'aimer, de croire, et d'être en somme
À genoux devant Dieu, met debout devant l'homme ;
Certes, je suis courbé sous l'infini profond.
Mais le ciel ne fait pas ce que les hommes font ;
Chacun a son devoir et chacun a sa tâche ;
Je sais aussi cela. Quand le destin est lâche,
C'est à nous de lui faire obstacle rudement,
Sans aller déranger l'éclair du firmament,
Et j'attends, pour le vaincre, un moins grand phénomène
Du tonnerre divin que de la foudre humaine.

IX

À L'ÉVÊQUE QUI M'APPELLE ATHÉE[1]

Athée ? entendons-nous, prêtre, une fois pour toutes.
M'espionner, guetter mon âme, être aux écoutes,
Regarder par le trou de la serrure au fond
De mon esprit, chercher jusqu'où mes doutes vont,
Questionner l'enfer, consulter son registre
De police, à travers son soupirail sinistre,
Pour voir ce que je nie ou bien ce que je crois,

Ne prends pas cette peine inutile. Ma foi
Est simple, et je la dis. J'aime la clarté franche :

S'il s'agit d'un bonhomme à longue barbe blanche,
D'une espèce de pape ou d'empereur, assis
Sur un trône qu'on nomme au théâtre un châssis,
Dans la nuée, ayant un oiseau sur sa tête,
À sa droite un archange, à sa gauche un prophète,
Entre ses bras son fils pâle et percé de clous,
Un et triple, écoutant des harpes, Dieu jaloux,
Dieu vengeur, que Garasse enregistre, qu'annote
L'abbé Pluche en Sorbonne et qu'approuve Nonotte ;
S'il s'agit de ce Dieu que constate Trublet,
Dieu foulant aux pieds ceux que Moïse accablait,
Sacrant tous les bandits royaux dans leurs repaires,
Punissant les enfants pour la faute des pères,
Arrêtant le soleil à l'heure où le soir naît,
Au risque de casser le grand ressort tout net,
Dieu mauvais géographe et mauvais astronome,
Contrefaçon immense et petite de l'homme,
En colère, et faisant la moue au genre humain,
Comme un Père Duchêne un grand sabre à la main ;
Dieu qui volontiers damne et rarement pardonne,
Qui sur un passe-droit consulte une madone,
Dieu qui dans son ciel bleu se donne le devoir
D'imiter nos défauts et le luxe d'avoir
Des fléaux, comme on a des chiens ; qui trouble l'ordre,
Lâche sur nous Nemrod et Cyrus, nous fait mordre
Par Cambyse, et nous jette aux jambes Attila,
Prêtre, oui, je suis athée à ce vieux bon Dieu-là.

Mais s'il s'agit de l'être absolu qui condense
Là-haut tout l'idéal dans toute l'évidence,
Par qui, manifestant l'unité de la loi,
L'univers peut, ainsi que l'homme, dire : Moi ;
De l'être dont je sens l'âme au fond de mon âme,
De l'être qui me parle à voix basse, et réclame
Sans cesse pour le vrai contre le faux, parmi
Les instincts dont le flot nous submerge à demi ;
S'il s'agit du témoin dont ma pensée obscure

A parfois la caresse et parfois la piqûre
Selon qu'en moi, montant au bien, tombant au mal,
Je sens l'esprit grandir ou croître l'animal ;
S'il s'agit du prodige immanent qu'on sent vivre
Plus que nous ne vivons, et dont notre âme est ivre
Toutes les fois qu'elle est sublime, et qu'elle va,
Où s'envola Socrate, où Jésus arriva,
Pour le juste, le vrai, le beau, droit au martyre,
Toutes les fois qu'au gouffre un grand devoir l'attire,
Toutes les fois qu'elle est dans l'orage alcyon,
Toutes les fois qu'elle a l'auguste ambition
D'aller, à travers l'ombre infâme qu'elle abhorre
Et de l'autre côté des nuits, trouver l'aurore ;
Ô prêtre, s'il s'agit de ce quelqu'un profond
Que les religions ne font ni ne défont,
Que nous devinons bon et que nous sentons sage,
Qui n'a pas de contour, qui n'a pas de visage,
Et pas de fils, ayant plus de paternité
Et plus d'amour que n'a de lumière l'été ;
S'il s'agit de ce vaste inconnu que ne nomme,
N'explique et ne commente aucun Deutéronome,
Qu'aucun Calmet ne peut lire en aucun Esdras,
Que l'enfant dans sa crèche et les morts dans leurs draps,
Distinguent vaguement d'en bas comme une cime,
Très-Haut qui n'est mangeable en aucun pain azime,
Qui parce que deux cœurs s'aiment, n'est point fâché,
Et qui voit la nature où tu vois le péché ;
S'il s'agit de ce Tout vertigineux des êtres
Qui parle par la voix des éléments, sans prêtres,
Sans bibles, point charnel et point officiel,
Qui pour livre a l'abîme et pour temple le ciel,
Loi, Vie, Âme, invisible à force d'être énorme,
Impalpable à ce point qu'en dehors de la forme
Des choses que dissipe un souffle aérien,
On l'aperçoit dans tout sans le saisir dans rien ;
S'il s'agit du suprême Immuable, solstice
De la raison, du droit, du bien, de la justice,
En équilibre avec l'infini, maintenant,
Autrefois, aujourd'hui, demain, toujours, donnant
Aux soleils la durée, aux cœurs la patience,

Qui, clarté hors de nous, est en nous conscience ;
Si c'est de ce Dieu-là qu'il s'agit, de celui
Qui toujours dans l'aurore et dans la tombe a lui,
Étant ce qui commence et ce qui recommence ;
S'il s'agit du principe éternel, simple, immense,
Qui pense puisqu'il est, qui de tout est le lieu,
Et que, faute d'un nom plus grand, j'appelle Dieu,
Alors tout change, alors nos esprits se retournent,
Le tien vers la nuit, gouffre et cloaque où séjournent
Les rires, les néants, sinistre vision,
Et le mien vers le jour, sainte affirmation,
Hymne, éblouissement de mon âme enchantée ;
Et c'est moi le croyant, prêtre, et c'est toi l'athée.

X

À L'ENFANT MALADE PENDANT LE SIÈGE

Si vous continuez d'être ainsi toute pâle
    Dans notre air étouffant,
Si je vous vois entrer dans mon ombre fatale,
    Moi vieillard, vous enfant ;

Si je vois de nos jours se confondre la chaîne,
    Moi qui sur mes genoux
Vous contemple, et qui veux la mort pour moi prochaine,
    Et lointaine pour vous ;

Si vos mains sont toujours diaphanes et frêles,
    Si, dans votre berceau,
Tremblante, vous avez l'air d'attendre des ailes
    Comme un petit oiseau ;

Si vous ne semblez pas prendre sur notre terre
    Racine pour longtemps,
Si vous laissez errer, Jeanne, en notre mystère
    Vos doux yeux mécontents ;

Si je ne vous vois pas gaie et rose et très forte,
    Si, triste, vous rêvez,
Si vous ne fermez pas derrière vous la porte
    Par où vous arrivez ;

Si je ne vous vois pas comme une belle femme
    Marcher, vous bien porter,
Rire, et si vous semblez être une petite âme
    Qui ne veut pas rester,

Je croirai qu'en ce monde où le suaire au lange
    Parfois peut confiner,
Vous venez pour partir, et que vous êtes l'ange
    Chargé de m'emmener.

Décembre

I

Ah ! c'est un rêve ! non ! nous n'y consentons point.
Dresse-toi, la colère au cœur, l'épée au poing,
France ! prends ton bâton, prends ta fourche, ramasse
Les pierres du chemin, debout, levée en masse !
France ! qu'est-ce que c'est que cette guerre-là ?
Nous refusons Mandrin, Dieu nous doit Attila.
Toujours, quand il lui plaît d'abattre un grand empire,
Un noble peuple, en qui le genre humain respire,
Rome ou Thèbes, le sort respectueux se sert
De quelque monstre auguste et fauve du désert.
Pourquoi donc cet affront ? c'est trop. Tu t'y résignes,
Toi, France ? non, jamais. Certes, nous étions dignes
D'être dévorés, peuple, et nous sommes mangés !
C'est trop de s'être dit : — Nous serons égorgés
Comme Athène et Memphis, comme Troie et Solime,
Grandement, dans l'éclair d'une lutte sublime ! —
Et de se sentir mordre, en bas, obscurément,
Dans l'ombre, et d'être en proie à ce fourmillement,
Les pillages, les vols, les pestes, les famines !
D'espérer les lions, et d'avoir les vermines !

II

Vision sombre ! un peuple en assassine un autre.

Et la même origine, ô Saxons, est la nôtre !
Et nous sommes sortis du même flanc profond !
La Germanie avec la Gaule se confond
Dans cette antique Europe où s'ébauche l'histoire.
Croître ensemble, ce fut longtemps notre victoire ;
Les deux peuples s'aidaient, couple heureux, triomphant,
Tendre, et Caïn petit aimait Abel enfant.
Nous étions le grand peuple égal au peuple Scythe ;
Et c'est de vous, Germains, et de nous, que Tacite
Disait : — Leur âme est fière. Un dieu fort les soutient.
Chez eux la femme pleure et l'homme se souvient. —
Si Rome osait risquer ses aigles dans nos landes,
Les Celtes entendaient l'appel guerrier des Vendes[1],
On battait le préteur, on chassait le consul,
Et Teutatès venait au secours d'Irmensul ;
On se donnait l'appui glorieux et fidèle
Tantôt d'un coup d'épée et tantôt d'un coup d'aile ;
Le même autel de pierre, étrange et plein de voix,
Faisait agenouiller sur l'herbe, au fond des bois,
Les Teutons de Cologne et les Bretons de Nante ;
Et quand la Walkyrie, ailée et frissonnante,
Traversait l'ombre, Hermann chez vous, chez nous Brennus,
Voyaient la même étoile entre ses deux seins nus.

Allemands, regardez au-dessus de vos têtes,
Dans le grand ciel, tandis qu'acharnés aux conquêtes,
Vous, Germains, vous venez poignarder les Gaulois,
Tandis que vous foulez aux pieds toutes les lois,
Plus souillés que grandis par des victoires traîtres,
Vous verrez vos aïeux saluer nos ancêtres.

III

LE MESSAGE DE GRANT[1]

Ainsi, peuple aux efforts prodigieux enclin,
Ainsi, terre de Penn, de Fulton, de Franklin,
Vivante aube d'un monde, ô grande république,
C'est en ton nom qu'on fait vers l'ombre un pas oblique !
Trahison ! par Berlin vouloir Paris détruit !
Au nom de la lumière encourager la nuit !
Quoi ! de la liberté faire une renégate !
Est-ce donc pour cela que vint sur sa frégate
Lafayette donnant la main à Rochambeau ?
Quand l'obscurité monte, éteindre le flambeau !
Quoi ! dire : — Rien n'est vrai que la force. Le glaive,
C'est l'éblouissement suprême qui se lève.
Courbez-vous, le travail de vingt siècles a tort.
Le progrès, serpent vil, dans la fange se tord ;
Et le peuple idéal, c'est le peuple égoïste.
Rien de définitif et d'absolu n'existe ;
Le maître est tout ; il est justice et vérité.
Et tout s'évanouit, droit, devoir, liberté,
L'avenir qui nous luit, la raison qui nous mène,
La sagesse divine et la sagesse humaine,
Dogme et livre, et Voltaire aussi bien que Jésus,
Puisqu'un reître allemand met sa botte dessus ! —

Toi dont le gibet jette au monde qui commence,
Comme au monde qui va finir, une ombre immense,
John Brown, toi qui donnas aux peuples la leçon
D'un autre Golgotha sur un autre horizon,
Spectre, défais le nœud de ton cou, viens, ô juste,
Viens et fouette cet homme avec ta corde auguste !
C'est grâce à lui qu'un jour l'histoire en deuil dira :
— La France secourut l'Amérique, et tira
L'épée, et prodigua tout pour sa délivrance,

Et, peuples, l'Amérique a poignardé la France ! —
Que le sauvage, fait pour guetter et ramper,
Que le huron, orné de couteaux à scalper,
Contemplent ce grand chef sanglant, le roi de Prusse,
Certes, que le Peau-Rouge admire le Borusse,
C'est tout simple ; il le voit aux brigandages prêt,
Fauve, atroce, et ce bois comprend cette forêt ;
Mais que l'homme incarnant le droit devant l'Europe,
L'homme que de rayons Colombie enveloppe,
L'homme en qui tout un monde héroïque est vivant,
Que cet homme se jette à plat ventre devant
L'affreux sceptre de fer des vieux âges funèbres,
Qu'il te donne, ô Paris, le soufflet des ténèbres,
Qu'il livre sa patrie auguste à l'empereur,
Qu'il la mêle aux tyrans, aux meurtres, à l'horreur,
Qu'en ce triomphe horrible et sombre il la submerge,
Que dans ce lit d'opprobre il couche cette vierge,
Qu'il montre à l'univers, sur un immonde char,
L'Amérique baisant le talon de César,
Oh ! cela fait trembler toutes les grandes tombes !
Cela remue, au fond des pâles catacombes,
Les os des fiers vainqueurs et des puissants vaincus !
Kosciusko frémissant réveille Spartacus ;
Et Madison se dresse et Jefferson se lève ;
Jackson met ses deux mains devant ce hideux rêve ;
Déshonneur ! crie Adams ; et Lincoln étonné
Saigne, et c'est aujourd'hui qu'il est assassiné.

Indigne-toi, grand peuple. Ô nation suprême,
Tu sais de quel cœur tendre et filial je t'aime.
Amérique, je pleure. Oh ! douloureux affront !
Elle n'avait encor qu'une auréole au front.
Son drapeau sidéral éblouissait l'histoire.
Washington, au galop de son cheval de gloire,
Avait éclaboussé d'étincelles les plis
De l'étendard, témoin des devoirs accomplis,
Et, pour que de toute ombre il dissipe les voiles,
L'avait superbement ensemencé d'étoiles.
Cette bannière illustre est obscurcie, hélas !
Je pleure... — Ah ! sois maudit, malheureux qui mêlas

Sur le fier pavillon qu'un vent des cieux secoue
Aux gouttes de lumière une tache de boue !

IV

AU CANON LE V. H.[1]

Écoute-moi, ton tour viendra d'être écouté.
Ô canon, ô tonnerre, ô guerrier redouté,
Dragon plein de colère et d'ombre, dont la bouche
Mêle aux rugissements une flamme farouche,
Pesant colosse auquel s'amalgame l'éclair,
Toi qui disperseras l'aveugle mort dans l'air,
Je te bénis. Tu vas défendre cette ville.
Ô canon, sois muet dans la guerre civile,
Mais veille du côté de l'étranger. Hier
Tu sortis de la forge épouvantable et fier ;
Les femmes te suivaient. Qu'il est beau ! disaient-elles.
Car les Cimbres sont là. Leurs victoires sont telles
Qu'il en sort de la honte, et Paris fait de loin
Signe aux princes qu'il prend les peuples à témoin.
La lutte nous attend ; viens, ô mon fils étrange,
Doublons-nous l'un par l'autre, et faisons un échange,
Et mets, ô noir vengeur, combattant souverain,
Ton bronze dans mon cœur, mon âme en ton airain.

Ô canon, tu seras bientôt sur la muraille.
Avec ton caisson plein de boîtes à mitraille,
Sautant sur le pavé, traîné par huit chevaux,
Au milieu d'une foule éclatant en bravos,
Tu t'en iras, parmi les croulantes masures,
Prendre ta place altière aux grandes embrasures
Où Paris indigné se dresse, sabre au poing.
Là ne t'endors jamais et ne t'apaise point.
Et, puisque je suis l'homme essayant sur la terre
Toutes les guérisons par l'indulgence austère,
Puisque je suis, parmi les vivants en rumeur,

Au forum ou du haut de l'exil, le semeur
De la paix à travers l'immense guerre humaine,
Puisque vers le grand but où Dieu clément nous mène,
J'ai, triste ou souriant, toujours le doigt levé,
Puisque j'ai, moi, songeur par les deuils éprouvé,
L'amour pour évangile et l'union pour bible,
Toi qui portes mon nom, ô monstre, sois terrible !
Car l'amour devient haine en présence du mal ;
Car l'homme esprit ne peut subir l'homme animal,
Et la France ne peut subir la barbarie ;
Car l'idéal sublime est la grande patrie ;
Et jamais le devoir ne fut plus évident
De faire obstacle au flot sauvage débordant,
Et de mettre Paris, l'Europe qu'il transforme,
Les peuples, sous l'abri d'une défense énorme ;
Car si ce roi teuton n'était pas châtié,
Tout ce que l'homme appelle espoir, progrès, pitié,
Fraternité, fuirait de la terre sans joie ;
Car César est le tigre et le peuple est la proie,
Et qui combat la France attaque l'avenir ;
Car il faut élever, lorsqu'on entend hennir
Le cheval d'Attila dans l'ombre formidable,
Autour de l'âme humaine un mur inabordable,
Et Rome, pour sauver l'univers du néant,
Doit être une déesse, et Paris un géant !

C'est pourquoi des canons que la lyre a fait naître,
Que la strophe azurée enfanta, doivent être
Braqués, gueule béante, au-dessus du fossé ;
C'est pourquoi le penseur frémissant est forcé
D'employer la lumière à des choses sinistres ;
Devant les rois, devant le mal et ses ministres,
Devant ce grand besoin du monde, être sauvé,
Il sait qu'il doit combattre après avoir rêvé ;
Il sait qu'il faut lutter, frapper, vaincre, dissoudre,
Et d'un rayon d'aurore il fait un coup de foudre.

V

PROUESSES BORUSSES[1]

La conquête avouant sa sœur l'escroquerie,
C'est un progrès. En vain la conscience crie,
Par l'exploitation on complète l'exploit.
À l'or du voisin riche un voisin pauvre a droit.
Au dos de la victoire on met une besace ;
En attendant qu'on ait la Lorraine et l'Alsace,
On décroche une montre au clou d'un horloger ;
On veut dans une gloire immense se plonger,
Mais briser une glace est une sotte affaire,
Il vaut mieux l'emporter ; à coup sûr on préfère
L'honneur à tout, mais l'homme a besoin de tabac,
On en vole. À travers Reichshoffen et Forbach,
À travers cette guerre où l'on eut cette chance
D'un Napoléon nain livrant la grande France,
Dans ces champs où manquaient Marceau, Hoche et Condé,
À travers Metz vendue et Strasbourg bombardé,
Parmi les cris, les morts tombés sous les mitrailles,
Montrant l'un sa cervelle et l'autre ses entrailles,
Les drapeaux avançant ou fuyant, les galops
Des escadrons pareils aux mers roulant leurs flots,
Au milieu de ce vaste et sinistre engrenage,
Conquérant pingre, on pense à son petit ménage ;
On médite, ajoutant Shylock à Galgacus,
De meubler son amante aux dépens des vaincus ;
On a pour idéal d'offrir une pendule
À quelque nymphe blonde au pied du mont Adule ;
Bellone échevelée et farouche descend
Du nuage d'où sort l'éclair, d'où pleut le sang,
Et s'emploie à clouer des caisses d'emballage ;
On rançonne un pays village par village ;
On est terrible, mais fripon ; on est des loups,
Des tigres et des ours qui seraient des filous.
On renverse un empire et l'on coupe une bourse.
César, droit sur son char, dit : Payez-moi ma course.

On massacre un pays, le sang est encor frais ;
Puis on arrive avec le total de ses frais ;
On tarife le meurtre, on cote la famine :
— Voilà bientôt six mois que je vous extermine ;
C'est tant. Je ne saurais vous égorger à moins. —
Et l'on étonne au fond des cieux ces fiers témoins,
Les aïeux, les héros, pâles dans les nuages,
Par des hauts faits auxquels s'attachent des péages ;
On s'inquiète peu de ces fantômes-là ;
Avec cinq milliards on rentre au Walhalla.
Pirates, d'une banque on a fait l'abordage.
On copie en rapine, en fraude, en brigandage,
Les Bédouins à l'œil louche et les Baskirs camards ;
Et Schinderhannes met le faux nez du dieu Mars.
On a pour chefs des rois escarpes, et ces princes
Ont des ministres comme un larron a des pinces ;
On foule sous ses pieds le scrupule aux abois ;
En somme, on dévalise un peuple au coin d'un bois.
On détrousse, on dépouille, on grinche, on rafle, on pille.

Peut-être est-il plus beau d'avoir pris la Bastille.

VI

LES FORTS

Ils sont les chiens de garde énormes de Paris.
Comme nous pouvons être à chaque instant surpris,
Comme une horde est là, comme l'embûche vile
Parfois rampe jusqu'à l'enceinte de la ville,
Ils sont dix-neuf épars sur les monts, qui, le soir,
Inquiets, menaçants, guettent l'espace noir,
Et, s'entr'avertissant dès que la nuit commence,
Tendent leur cou de bronze autour du mur immense.
Ils restent éveillés quand nous nous endormons,
Et font tousser la foudre en leurs rauques poumons.
Les collines parfois, brusquement étoilées,

Jettent dans la nuit sombre un éclair aux vallées ;
Le crépuscule lourd s'abat sur nous, masquant
Dans son silence un piège et dans sa paix un camp ;
Mais en vain l'ennemi serpente et nous enlace ;
Ils tiennent en respect toute une populace
De canons monstrueux, rôdant à l'horizon.
Paris bivouac, Paris tombeau, Paris prison,
Debout dans l'univers devenu solitude,
Fait sentinelle, et, pris enfin de lassitude,
S'assoupit ; tout se tait, hommes, femmes, enfants,
Les sanglots, les éclats de rire triomphants,
Les pas, les chars, le quai, le carrefour, la grève,
Les mille toits d'où sort le murmure du rêve,
L'espoir qui dit je crois, la faim qui dit je meurs ;
Tout fait silence ; ô foule ! indistinctes rumeurs !
Sommeil de tout un monde ! ô songes insondables !
On dort, on oublie... — Eux, ils sont là, formidables.

Tout à coup on se dresse en sursaut ; haletant,
Morne, on prête l'oreille, on se penche... — on entend
Comme le hurlement profond d'une montagne.
Toute la ville écoute et toute la campagne
Se réveille ; et voilà qu'au premier grondement
Répond un second cri, sourd, farouche, inclément,
Et dans l'obscurité d'autres fracas s'écroulent,
Et d'échos en échos cent voix terribles roulent.
Ce sont eux. C'est qu'au fond des espaces confus,
Ils ont vu se grouper de sinistres affûts,
C'est qu'ils ont des canons surpris la silhouette ;
C'est que, dans quelque bois d'où s'enfuit la chouette,
Ils viennent d'entrevoir, là-bas, au bord d'un champ,
Le fourmillement noir des bataillons marchant ;
C'est que dans les halliers des yeux traîtres flamboient.

Comme c'est beau ces forts qui dans cette ombre aboient !

VII

À LA FRANCE

Personne pour toi. Tous sont d'accord. Celui-ci,
Nommé Gladstone, dit à tes bourreaux : merci !
Cet autre, nommé Grant, te conspue, et cet autre,
Nommé Bancroft, t'outrage ; ici c'est un apôtre,
Là c'est un soldat, là c'est un juge, un tribun,
Un prêtre, l'un du Nord, l'autre du Sud ; pas un
Que ton sang, à grands flots versé, ne satisfasse ;
Pas un qui sur ta croix ne te crache à la face.
Hélas ! qu'as-tu donc fait aux nations ? Tu vins
Vers celles qui pleuraient, avec ces mots divins :
Joie et Paix ! — Tu criais : — Espérance ! Allégresse !
Sois puissante, Amérique, et toi sois libre, ô Grèce !
L'Italie était grande ; elle doit l'être encor.
Je le veux ! — Tu donnas à celle-ci ton or,
À celle-là ton sang, à toutes la lumière.
Tu défendis le droit des hommes, coutumière
De tous les dévoûments et de tous les devoirs.
Comme le bœuf revient repu des abreuvoirs,
Les hommes sont rentrés pas à pas à l'étable,
Rassasiés de toi, grande sœur redoutable,
De toi qui protégeas, de toi qui combattis.
Ah ! se montrer ingrats, c'est se prouver petits.
N'importe ! pas un d'eux ne te connaît. Leur foule
T'a huée, à cette heure où ta grandeur s'écroule,
Riant de chaque coup de marteau qui tombait
Sur toi, nue et sanglante et clouée au gibet.
Leur pitié plaint tes fils que la fortune amère
Condamne à la rougeur de t'avouer pour mère.
Tu ne peux pas mourir, c'est le regret qu'on a.
Tu penches dans la nuit ton front qui rayonna ;
L'aigle de l'ombre est là qui te mange le foie ;
C'est à qui reniera la vaincue ; et la joie
Des rois pillards, pareils aux bandits des Adrets,
Charme l'Europe et plaît au monde... — Ah ! je voudrais,

Je voudrais n'être pas Français pour pouvoir dire
Que je te choisis, France, et que, dans ton martyre,
Je te proclame, toi que ronge le vautour,
Ma patrie et ma gloire et mon unique amour !

VIII

NOS MORTS

Ils gisent dans le champ terrible et solitaire.
Leur sang fait une mare affreuse sur la terre ;
Les vautours monstrueux fouillent leur ventre ouvert ;
Leurs corps farouches, froids, épars sur le pré vert,
Effroyables, tordus, noirs, ont toutes les formes
Que le tonnerre donne aux foudroyés énormes ;
Leur crâne est à la pierre aveugle ressemblant ;
La neige les modèle avec son linceul blanc ;
On dirait que leur main lugubre, âpre et crispée,
Tâche encor de chasser quelqu'un à coups d'épée ;
Ils n'ont pas de parole, ils n'ont pas de regard ;
Sur l'immobilité de leur sommeil hagard
Les nuits passent ; ils ont plus de chocs et de plaies
Que les suppliciés promenés sur des claies ;
Sous eux rampent le ver, la larve et la fourmi ;
Ils s'enfoncent déjà dans la terre à demi
Comme dans l'eau profonde un navire qui sombre ;
Leurs pâles os, couverts de pourriture et d'ombre,
Sont comme ceux auxquels Ézéchiel parlait ;
On voit partout sur eux l'affreux coup du boulet,
La balafre du sabre et le trou de la lance ;
Le vaste vent glacé souffle sur ce silence ;
Ils sont nus et sanglants sous le ciel pluvieux.

Ô morts pour mon pays, je suis votre envieux.

IX
À QUI LA VICTOIRE DÉFINITIVE ?

Sachez-le, puisqu'il faut, Teutons, qu'on vous l'apprenne,
Non, vous ne prendrez pas l'Alsace et la Lorraine,
Et c'est nous qui prendrons l'Allemagne. Écoutez :
Franchir notre frontière, entrer dans nos cités,
Voir chez nous les esprits marcher, lire nos livres,
Respirer l'air profond dont nos penseurs sont ivres,
C'est rendre à son insu son épée au progrès ;
C'est boire à notre coupe, accepter nos regrets,
Nos deuils, nos maux féconds, nos vœux, nos espérances ;
C'est pleurer nos pleurs ; c'est envier nos souffrances ;
C'est vouloir ce grand vent, la révolution ;
C'est comprendre, ô Germains ! ce que sait l'alcyon,
Que l'orage farouche est pour l'onde une fête,
Et que nous allons droit au but dans la tempête,
En lui laissant briser nos mâts et nos agrès.

Les rois donnent aux champs les peuples pour engrais,
Et ce meurtre s'appelle ensuite la victoire ;
Ils jettent Austerlitz ou Rosbach à l'histoire,
Et disent : c'est fini. — Laissons le temps passer.
Ce qui vient de finir, ô rois, va commencer.
Oui, les peuples sont morts, mais le peuple va naître,
À travers les rois l'aube invincible pénètre ;
L'aube c'est la Justice et c'est la Liberté.
Le conquérant se sent conquis. Dompteur dompté,
Il s'étonne ; en son cœur plein d'une vague honte
Une construction mystérieuse monte ;
Belluaire imbécile entré chez un esprit,
Il est la bête. Il voit l'idéal qui sourit,
Il tremble, et n'ayant pu le tuer, il l'adore.
Le glacier fond devant le rayon qui le dore.
Un jour, comme en chantant Linus lui remuait
Sa montagne, Titan, roi du granit muet,
Cria : ne bouge pas, roche glacée et lourde !

La roche répondit : crois-tu que je sois sourde ?
Ainsi la masse écoute et songe ; ainsi s'émeut,
Quand mai des rameaux noirs vient desserrer le nœud,
Quand la sève entre et court dans les branches nouvelles,
L'arbre qu'emplissait l'ombre et qu'empliront les ailes.
L'homme a d'informes blocs dans l'esprit, préjugés,
Vice, erreur, dogmes faux d'égoïsme rongés ;
Mais que devant lui passe une voix, un exemple,
Toutes ces pierres vont faire en son âme un temple.
Homme ! Thèbe éternelle en proie aux Amphions[1] !

Ah ! délivrez-vous donc, nous vous en défions,
Allemands, de Pascal, de Danton, de Voltaire !
Teutons, délivrez-vous de l'effrayant mystère
Du progrès qui se fait sa part à tout moment,
De la création maîtresse obscurément,
Du vrai démuselant l'ignorance sauvage,
Et du jour qui réduit toute âme en esclavage !
Esclavage superbe ! obéissance au droit
Par qui l'erreur s'écroule et la raison s'accroît !
Délivrez-vous des monts qui vous offrent leur cime.
Délivrez-vous de l'aile inconnue et sublime
Que vous ne voyez pas et que vous avez tous !
Délivrez-vous du vent que nous soufflons sur vous !
Délivrez-vous du monde ignoré qui commence,
Du devoir, du printemps et de l'espace immense !
Délivrez-vous de l'eau, de la terre, de l'air,
Et de notre Corneille et de votre Schiller,
De vos poumons voulant respirer, des prunelles
Qui vous montrent là-haut les clartés éternelles,
De la vérité, vraie à toute heure, en tout lieu,
D'aujourd'hui, de demain... — Délivrez-vous de Dieu !
Ah ! vous êtes en France, Allemands ! prenez garde !
Ah ! barbarie ! ah ! foule imprudente et hagarde,
Vous accourez avec des glaives ! ah ! vos camps,
Tels que l'ardent limon vomi par les volcans,
Roulent jusqu'à Paris hors de votre cratère !
Ah ! vous venez chez nous nous prendre un peu de terre !
Eh bien, nous vous prendrons tout votre cœur !

Demain,

Demain, le but français étant le but humain,
Vous y courrez. Oui, vous, grande nation noire,
Vous irez à l'émeute, à la lutte, à la gloire,
À l'épreuve, aux grands chocs, aux sublimes malheurs,
Aux révolutions, comme l'abeille aux fleurs !
Hélas ! vous tuez ceux par qui vous devez vivre.
Qu'importe la fanfare enflant ses voix de cuivre,
Ces guerres, ces fracas furieux, ces blocus !
Vous semblez nos vainqueurs, vous êtes nos vaincus.
Comme l'océan filtre au fond des madrépores,
Notre pensée en vous entre par tous les pores ;
Demain vous maudirez ce que nous détestons ;
Et vous ne pourrez pas vous en aller, Teutons,
Sans avoir fait ici provision de haine
Contre Pierre et César, contre l'ombre et la chaîne ;
Car nos regards de deuil, de colère et d'effroi,
Passent par-dessus vous, peuple, et frappent le roi !
Vous qui fûtes longtemps la pauvre tourbe aveugle
Gémissant au hasard comme le taureau beugle,
Vous puiserez chez nous l'altière volonté
D'exister, et d'avoir au front une clarté ;
Et le ferme dessein n'aura rien de vulgaire
Que vous emporterez dans votre sac de guerre ;
Ce sera l'âpre ardeur de faire comme nous,
Et d'être tous égaux et d'être libres tous ;
Allemands, ce sera l'intention formelle
De foudroyer ce tas de trônes pêle-mêle,
De tendre aux nations la main, et de n'avoir
Pour maître que le droit, pour chef que le devoir ;
Afin que l'univers sache, s'il le demande,
Que l'Allemagne est forte et que la France est grande ;
Que le Germain candide est enfin triomphant,
Et qu'il est l'homme peuple et non le peuple enfant !

Vos hordes aux yeux bleus se mettront à nous suivre
Avec la joie étrange et superbe de vivre,
Et le contentement profond de n'avoir plus
D'enclumes pour forger des glaives superflus.
Le plus poignant motif que sur terre on rencontre

D'être pour la raison, c'est d'avoir été contre ;
On sert le droit avec d'autant plus de vertu
Qu'on a le repentir de l'avoir combattu.
L'Allemagne, de tant de meurtres inondée,
Sera la prisonnière auguste de l'idée ;
Car on est d'autant plus captif qu'on fut vainqueur ;
Elle ne pourra pas rendre à la nuit son cœur ;
L'Allemand ne pourra s'évader de son âme
Dont nous aurons changé la lumière et la flamme,
Et se reconnaîtra Français, en frémissant
De baiser nos pieds, lui qui buvait notre sang !

Non, vous ne prendrez pas la Lorraine et l'Alsace,
Et, je vous le redis, Allemands, quoi qu'on fasse,
C'est vous qui serez pris par la France. Comment ?
Comme le fer est pris dans l'ombre par l'aimant ;
Comme la vaste nuit est prise par l'aurore ;
Comme avec ses rochers, où dort l'écho sonore,
Ses cavernes, ses trous de bêtes, ses halliers,
Et son horreur sacrée et ses loups familiers,
Et toute sa feuillée informe qui chancelle,
Le bois lugubre est pris par la claire étincelle.
Quand nos éclairs auront traversé vos massifs ;
Quand vous aurez subi, puis savouré, pensifs,
Cet air de France où l'âme est d'autant plus à l'aise
Qu'elle y sent vaguement flotter la Marseillaise ;
Quand vous aurez assez donné vos biens, vos droits,
Votre honneur, vos enfants, à dévorer aux rois ;
Quand vous verrez César envahir vos provinces ;
Quand vous aurez pesé de deux façons vos princes,
Quand vous vous serez dit : ces maîtres des humains
Sont lourds à notre épaule et légers dans nos mains ;
Quand, tout ceci passé, vous verrez les entailles
Qu'auront faites sur nous et sur vous les batailles ;
Quand ces charbons ardents dont en France les plis
Des drapeaux, des linceuls, des âmes, sont remplis,
Auront ensemencé vos profondeurs funèbres,
Quand ils auront creusé lentement vos ténèbres,
Quand ils auront en vous couvé le temps voulu,
Un jour, soudain, devant l'affreux sceptre absolu,

Devant les rois, devant les antiques Sodomes
Devant le mal, devant le joug, vous, forêt d'hommes,
Vous aurez la colère énorme qui prend feu ;
Vous vous ouvrirez, gouffre, à l'ouragan de Dieu ;
Gloire au Nord ! ce sera l'aurore boréale
Des peuples, éclairant une Europe idéale !
Vous crierez : — Quoi ! des rois ! quoi donc ! un empe-
Quel éblouissement, l'Allemagne en fureur !   [reur ! —
Va, peuple ! Ô vision ! combustion sinistre
De tout le noir passé, prêtre, autel, roi, ministre,
Dans un brasier de foi, de vie et de raison,
Faisant une lueur immense à l'horizon !
Frères, vous nous rendrez notre flamme agrandie.
Nous sommes le flambeau, vous serez l'incendie.

I
1er JANVIER

Enfant, on vous dira plus tard que le grand-père
Vous adorait ; qu'il fit de son mieux sur la terre,
Qu'il eut fort peu de joie et beaucoup d'envieux,
Qu'au temps où vous étiez petits il était vieux,
Qu'il n'avait pas de mots bourrus ni d'airs moroses,
Et qu'il vous a quittés dans la saison des roses ;
Qu'il est mort, que c'était un bonhomme clément ;
Que, dans l'hiver fameux du grand bombardement,
Il traversait Paris tragique et plein d'épées,
Pour vous porter des tas de jouets, des poupées,
Et des pantins faisant mille gestes bouffons ;
Et vous serez pensifs sous les arbres profonds.

II
LETTRE À UNE FEMME
(PAR BALLON MONTÉ, 10 JANVIER)

Paris terrible et gai combat. Bonjour, madame.
On est un peuple, on est un monde, on est une âme.
Chacun se donne à tous et nul ne songe à soi.
Nous sommes sans soleil, sans appui, sans effroi.
Tout ira bien pourvu que jamais on ne dorme.
Schmitz fait des bulletins plats sur la guerre énorme ;
C'est Eschyle traduit par le père Brumoy[1].
J'ai payé quinze francs quatre œufs frais, non pour moi,

Mais pour mon petit George et ma petite Jeanne.
Nous mangeons du cheval, du rat, de l'ours, de l'âne.
Paris est si bien pris, cerné, muré, noué,
Gardé, que notre ventre est l'arche de Noé ;
Dans nos flancs toute bête, honnête ou mal famée,
Pénètre, et chien et chat, le mammon, le pygmée,
Tout entre, et la souris rencontre l'éléphant.
Plus d'arbres ; on les coupe, on les scie, on les fend ;
Paris sur ses chenets met les Champs-Élysées.
On a l'onglée aux doigts et le givre aux croisées.
Plus de feu pour sécher le linge des lavoirs,
Et l'on ne change plus de chemise. Les soirs
Un grand murmure sombre abonde au coin des rues,
C'est la foule ; tantôt ce sont des voix bourrues,
Tantôt des chants, parfois de belliqueux appels.
La Seine lentement traîne des archipels
De glaçons hésitants, lourds, où la canonnière
Court, laissant derrière elle une écumante ornière.
On vit de rien, on vit de tout, on est content.
Sur nos tables sans nappe, où la faim nous attend,
Une pomme de terre arrachée à sa crypte
Est reine, et les oignons sont dieux comme en Égypte.
Nous manquons de charbon, mais notre pain est noir.
Plus de gaz ; Paris dort sous un large éteignoir ;
À six heures du soir, ténèbres. Des tempêtes
De bombes font un bruit monstrueux sur nos têtes.
D'un bel éclat d'obus j'ai fait mon encrier.
Paris assassiné ne daigne pas crier.
Les bourgeois sont de garde autour de la muraille ;
Ces pères, ces maris, ces frères qu'on mitraille,
Coiffés de leurs képis, roulés dans leurs cabans,
Guettent, ayant pour lit la planche de leurs bancs.
Soit. Moltke nous canonne et Bismarck nous affame.
Paris est un héros, Paris est une femme ;
Il sait être vaillant et charmant ; ses yeux vont,
Souriants et pensifs, dans le grand ciel profond,
Du pigeon qui revient au ballon qui s'envole.
C'est beau : le formidable est sorti du frivole.
Moi, je suis là, joyeux de ne voir rien plier.
Je dis à tous d'aimer, de lutter, d'oublier,

De n'avoir d'ennemi que l'ennemi ; je crie :
Je ne sais plus mon nom, je m'appelle Patrie !
Quant aux femmes, soyez très fière, en ce moment
Où tout penche, elles sont sublimes simplement.
Ce qui fit la beauté des Romaines antiques*,
C'étaient leurs humbles toits, leurs vertus domestiques,
Leurs doigts que l'âpre laine avait faits noirs et durs,
Leurs courts sommeils, leur calme, Annibal près des murs,
Et leurs maris debout sur la porte Colline.
Ces temps sont revenus. La géante féline,
La Prusse tient Paris, et, tigresse, elle mord
Ce grand cœur palpitant du monde à moitié mort.
Eh bien, dans ce Paris, sous l'étreinte inhumaine,
L'homme n'est que Français, et la femme est Romaine.
Elles acceptent tout, les femmes de Paris,
Leur âtre éteint, leurs pieds par le verglas meurtris,
Au seuil noir des bouchers les attentes nocturnes,
La neige et l'ouragan vidant leurs froides urnes,
La famine, l'horreur, le combat, sans rien voir
Que la grande patrie et que le grand devoir ;
Et Juvénal au fond de l'ombre est content d'elles.
Le bombardement fait gronder nos citadelles.
Dès l'aube, le tambour parle au clairon lointain ;
La diane réveille, au vent frais du matin,
La grande ville pâle et dans l'ombre apparue ;
Une vague fanfare erre de rue en rue.
On fraternise, on rêve un succès ; nous offrons
Nos cœurs à l'espérance, à la foudre nos fronts.
La ville par la gloire et le malheur élue
Voit arriver les jours terribles et salue.
Eh bien, on aura froid ! eh bien, on aura faim !
Qu'est cela ? C'est la nuit. Et que sera la fin ?
L'aurore. Nous souffrons, mais avec certitude.
La Prusse est le cachot et Paris est Latude[2].
Courage ! on refera l'effort des jours anciens.

---

*

> *Præstabat castas humilis fortunas Latinas,*
> *Casulæ, somnique breves, et vellere tusco*
> *Vexatæ duræque manus, et proximus urbis*
> *Annibal, et stantes Collina in turre mariti.*
>
> JUVÉNAL.

Paris avant un mois chassera les Prussiens.
Ensuite nous comptons, mes deux fils et moi, vivre
Aux champs, auprès de vous, qui voulez bien nous suivre,
Madame, et nous irons en mars vous en prier
Si nous ne sommes pas tués en février.

III

BÊTISE DE LA GUERRE

Ouvrière sans yeux, Pénélope imbécile,
Berceuse du chaos où le néant oscille,
Guerre, ô guerre occupée au choc des escadrons,
Toute pleine du bruit furieux des clairons,
Ô buveuse de sang, qui, farouche, flétrie,
Hideuse, entraîne l'homme en cette ivrognerie,
Nuée où le destin se déforme, où Dieu fuit,
Où flotte une clarté plus noire que la nuit,
Folle immense, de vent et de foudres armée,
À quoi sers-tu, géante, à quoi sers-tu, fumée,
Si tes écroulements reconstruisent le mal,
Si pour le bestial tu chasses l'animal,
Si tu ne sais, dans l'ombre où ton hasard se vautre,
Défaire un empereur que pour en faire un autre ?

IV

Non, non, non ! Quoi ! ce roi de Prusse suffirait !
Quoi ! Paris, ce lieu saint, cette cité forêt,
Cette habitation énorme des idées
Vers qui par des lueurs les âmes sont guidées,
Ce tumulte enseignant la science aux savants,
Ce grand lever d'aurore au milieu des vivants,

Paris, sa volonté, sa loi, son phénomène,
Sa consigne donnée à l'avant-garde humaine,
Son Louvre qu'a puni sa Grève, son beffroi
D'où sort tant d'espérance et d'où sort tant d'effroi,
Ses toits, ses murs, ses tours, son étrange équilibre
De Notre-Dame esclave et du Panthéon libre ;
Quoi ! cet infini, quoi ! ce gouffre, cet amas,
Ce navire idéal aux invisibles mâts,
Paris, et sa moisson qu'il fauche et qu'il émonde,
Sa croissance mêlée à la grandeur du monde,
Ses révolutions, son exemple, et le bruit
Du prodige qu'au fond de sa forge il construit,
Quoi ! ce qu'il fonde, invente, ébauche, essaie, et crée,
Quoi ! l'avenir couvé sous son aile sacrée,
Tout s'évanouirait dans un coup de canon !
Quoi ! ton rêve, ô Paris, serait un rêve ! non.

Paris est du progrès toute la réussite.
Qu'importe que le nord roule son noir Cocyte,
Et qu'un flot de passants le submerge aujourd'hui,
Les siècles sont pour lui si l'heure est contre lui.
Il ne périra pas.

                    Quand la tempête gronde,
Mes amis, je me sens une foi plus profonde ;
Je sens dans l'ouragan le devoir rayonner,
Et l'affirmation du vrai s'enraciner.
Car le péril croissant n'est pour l'âme autre chose
Qu'une raison de croître en courage, et la cause
S'embellit, et le droit s'affermit, en souffrant,
Et l'on semble plus juste alors qu'on est plus grand.
Il m'est fort malaisé, quant à moi, de comprendre
Qu'un lutteur puisse avoir un motif de se rendre ;
Je n'ai jamais connu l'art de désespérer ;
Il faut pour reculer, pour trembler, pour pleurer,
Pour être lâche, et faire avec l'honneur divorce,
Se donner une peine au-dessus de ma force.

V

SOMMATION[1]

Laissez-la donc aller cette France immortelle !
Ne la conduisez pas ! Et quel besoin a-t-elle
De vous, soldat vaillant, mais enclin à charger
Les saints du ciel du soin d'écarter le danger ?
Pour Paris dont on voit flamboyer la couronne
À travers le nuage impur qui l'environne,
Pour ce monde en péril, pour ce peuple en courroux,
Vous êtes trop pieux, trop patient, trop doux ;
Et ce sont des vertus dont nous n'avons que faire.
Vous croyez-vous de force à remorquer la sphère
Qui, superbe, impossible à garder en prison,
Sort de l'ombre au-dessus du sinistre horizon ?
Laissez la France, énorme étoile échevelée,
Des ouragans hideux dissiper la mêlée,
Et combattre, et, splendeur irritée, astre épars,
Géante, tenir tête aux rois de toutes parts,
Vider son carquois d'or sur tous ces Schinderhannes,
Secouer sa crinière ardente, et dans leurs crânes,
Dans leurs casques d'airain, dans leurs fronts, dans leurs yeux,
Dans leurs cœurs, enfoncer ses rayons furieux !

Vous ne comprenez pas cette haine sacrée.
L'heure est sombre ; il s'agit de sauver l'empyrée
Qu'une nuée immonde et triste vient ternir,
De dégager le bleu lointain de l'avenir,
Et de faire une guerre implacable à l'abîme.
Vous voyez en tremblant Paris être sublime ;
Et vous craignez, esprit myope et limité,
Cette démagogie immense de clarté.
Ah ! laissez cette France, espèce d'incendie
Dont la flamme indomptable est par les vents grandie,
Rugir, cribler d'éclairs la brume qui s'enfuit,
Et faire repentir les princes de la nuit
D'être venus jeter sur le volcan solaire

Leur fange, et d'avoir mis la lumière en colère !
L'aube, pour ces rois vils, difformes, teints de sang,
Devient épouvantable en s'épanouissant ;
Laissez s'épanouir là-haut cette déesse !
Ne gênez pas, vous fait pour qu'on vous mène en laisse,
La grande nation qui ne veut pas de frein.
Laissez la Marseillaise ivre de son refrain
Se ruer éperdue à travers les batailles.
La lumière est un glaive ; elle fait des entailles
Dans le nuage ainsi qu'un bélier dans la tour ;
Laissez donc s'accomplir la revanche du jour !
Vous l'entravez au lieu de l'aider. Dans l'outrage,
Un grand peuple doit être admirable avec rage.
Quand l'obscurité fauve et perfide a couvert
La plaine, et fait un champ sépulcral du pré vert,
Du bois un ennemi, du fleuve un précipice,
Quand elle a protégé de sa noirceur propice
Toutes les trahisons des renards et des loups,
Quand tous les êtres bas, visqueux, abjects, jaloux,
L'affreux lynx, le chacal boiteux, l'hyène obscène,
L'aspic lâche, ont pu, grâce à la brume malsaine,
Sortir, rôder, glisser, ramper, boire du sang,
Le matin vient ainsi qu'un vengeur, et l'on sent
De l'indignation dans le jour qui se lève.
Quand Guillaume, ce spectre, et la Prusse, ce rêve,
Quand la meute des rois voraces, quand l'essaim
De tous les noirs oiseaux qu'anime un vil dessein
Et que l'instinct féroce aux carnages attire,
Quand la guerre, à la fois larron, hydre et satyre,
Quand les fléaux, que l'ombre inexorable suit,
Envahissent l'azur des peuples, font la nuit,
Ne vous en mêlez pas, vous soldat cher au prêtre ;
Laissez la France au seuil des gouffres apparaître,
Se dresser, empourprer les cimes, resplendir,
Et, dardant en tous sens, du zénith au nadir,
Son éblouissement qui sauve et qui dévore,
Terrible, délivrer le ciel à coups d'aurore !

VI

UNE BOMBE AUX FEUILLANTINES

Qu'es-tu ? quoi, tu descends de là-haut, misérable !
Quoi ! toi, le plomb, le feu, la mort, l'inexorable,
Reptile de la guerre au sillon tortueux,
Quoi ! toi, l'assassinat cynique et monstrueux
Que les princes du fond des nuits jettent aux hommes,
Toi, crime, toi, ruine et deuil, toi qui te nommes
Haine, effroi, guet-apens, carnage, horreur, courroux,
C'est à travers l'azur que tu t'abats sur nous !
Chute affreuse de fer, éclosion infâme,
Fleur de bronze éclatée en pétales de flamme,
Ô vile foudre humaine, ô toi par qui sont grands
Les bandits, et par qui sont divins les tyrans,
Servante des forfaits royaux, prostituée,
Par quel prodige as-tu jailli de la nuée ?
Quelle usurpation sinistre de l'éclair !
Comment viens-tu du ciel, toi qui sors de l'enfer !

L'homme que tout à l'heure effleura ta morsure,
S'était assis pensif au coin d'une masure.
Ses yeux cherchaient dans l'ombre un rêve qui brilla ;
Il songeait ; il avait, tout petit, joué là ;
Le passé devant lui, plein de voix enfantines,
Apparaissait ; c'est là qu'étaient les Feuillantines ;
Ton tonnerre idiot foudroie un paradis.
Oh ! que c'était charmant ! comme on riait jadis !
Vieillir, c'est regarder une clarté décrue.
Un jardin verdissait où passe cette rue.
L'obus achève, hélas, ce qu'a fait le pavé.
Ici les passereaux pillaient le sénevé,
Et les petits oiseaux se cherchaient des querelles ;
Les lueurs de ce bois étaient surnaturelles ;
Que d'arbres ! quel air pur dans les rameaux tremblants !
On fut la tête blonde, on a des cheveux blancs ;
On fut une espérance et l'on est un fantôme.

Oh ! comme on était jeune à l'ombre du vieux dôme !
Maintenant on est vieux comme lui. Le voilà.
Ce passant rêve. Ici son âme s'envola
Chantante, et c'est ici qu'à ses vagues prunelles
Apparurent des fleurs qui semblaient éternelles.
Ici la vie était de la lumière ; ici
Marchait, sous le feuillage en avril épaissi,
Sa mère qu'il tenait par un pan de sa robe.
Souvenirs ! comme tout brusquement se dérobe !
L'aube ouvrant sa corolle à ses regards a lui
Dans ce ciel où flamboie en ce moment sur lui
L'épanouissement effroyable des bombes.
Ô l'ineffable aurore où volaient des colombes !
Cet homme, que voici lugubre, était joyeux.
Mille éblouissements émerveillaient ses yeux.
Printemps ! en ce jardin abondaient les pervenches,
Les roses, et des tas de pâquerettes blanches
Qui toutes semblaient rire au soleil se chauffant,
Et lui-même était fleur, puisqu'il était enfant.

VII

LE PIGEON

Sur terre un gouffre d'ombre énorme où rien ne luit,
Comme si l'on avait versé là de la nuit,
Et qui semble un lac noir ; dans le ciel un point sombre.

Lac étrange. Des flots, non, mais des toits sans nombre ;
Des ponts comme à Memphis, des tours comme à Sion ;
Des têtes, des regards, des voix ; ô vision !
Cette stagnation de ténèbres murmure,
Et ce lac est vivant, une enceinte le mure,
Et sur lui de l'abîme on croit voir l'affreux sceau.

Le lac sombre est la ville, et le point noir l'oiseau ;
Le vague alérion vole au peuple fantôme ;

Et l'un vient au secours de l'autre. C'est l'atome
Qui vient dans l'ombre en aide au colosse.

                                              L'oiseau
Ignore, et, doux lutteur, à travers ce réseau
De nuée et de vent qui flotte dans l'espace,
Il vole, il a son but, il veut, il cherche, il passe,
Reconnaissant d'en haut fleuves, arbres, buissons,
Par-dessus la rondeur des blêmes horizons.
Il songe à sa femelle, à sa douce couvée,
Au nid, à sa maison, pas encor retrouvée,
Au roucoulement tendre, au mois de mai charmant ;
Il vole ; et cependant, au fond du firmament,
Il traîne à son insu toute notre ombre humaine ;
Et tandis que l'instinct vers son toit le ramène
Et que sa petite âme est toute à ses amours,
Sous sa plume humble et frêle il a les noirs tambours,
Les clairons, la mitraille éclatant par volées,
La France et l'Allemagne éperdument mêlées,
La bataille, l'assaut, les vaincus, les vainqueurs,
Et le chuchotement mystérieux des cœurs,
Et le vaste avenir qui, fatal, enveloppe
Dans le sort de Paris le destin de l'Europe.

Oh ! qu'est-ce que c'est donc que l'Inconnu qui fait
Croître un germe malgré le roc qui l'étouffait ;
Qui, tenant, maniant, mêlant les vents, les ondes,
Les tonnerres, la mer où se perdent les sondes,
Pour faire ce qui vit prenant ce qui n'est plus,
Maître des infinis, a tous les superflus,
Et qui, puisqu'il permet la faute, la misère,
Le mal, semble parfois manquer du nécessaire ;
Qui pour une hirondelle édifie un donjon,
Qui pour créer un lys, ou gonfler un bourgeon,
Ou pousser une feuille à travers les écorces,
Prodigue l'océan mystérieux des forces ;
Qui n'a l'air de savoir que faire de l'amas
Des neiges, et de l'urne obscure des frimas
Toujours prête à noyer les cieux ; qui parfois semble,
Laissant dépendre tout d'un point d'appui qui tremble,

D'un roseau, d'un hasard, d'un souffle aérien,
S'épuiser en efforts prodigieux pour rien ;
Qui se sert d'un titan moins bien que d'un pygmée ;
Qui dépense en colère inutile, en fumée,
Tous ces géants, Vésuve, Etna, Chimborazo,
Et fait porter un monde à l'aile d'un oiseau !

VIII

LA SORTIE

L'aube froide blêmit, vaguement apparue.
Une foule défile en ordre dans la rue ;
Je la suis, entraîné par ce grand bruit vivant
Que font les pas humains quand ils vont en avant.
Ce sont des citoyens partant pour la bataille.
Purs soldats ! Dans les rangs, plus petit par la taille,
Mais égal par le cœur, l'enfant avec fierté
Tient par la main son père, et la femme à côté
Marche avec le fusil du mari sur l'épaule.
C'est la tradition des femmes de la Gaule
D'aider l'homme à porter l'armure, et d'être là,
Soit qu'on nargue César, soit qu'on brave Attila,
Que va-t-il se passer ? L'enfant rit, et la femme
Ne pleure pas. Paris subit la guerre infâme ;
Et les Parisiens sont d'accord sur ceci
Que par la honte seule un peuple est obscurci,
Que les aïeux seront contents, quoi qu'il arrive,
Et que Paris mourra pour que la France vive.
Nous garderons l'honneur ; le reste, nous l'offrons.
Et l'on marche. Les yeux sont indignés, les fronts
Sont pâles ; on y lit : Foi, Courage, Famine.
Et la troupe à travers les carrefours chemine,
Tête haute, élevant son drapeau, saint haillon ;
La famille est toujours mêlée au bataillon ;
On ne se quittera que là-bas aux barrières.
Ces hommes attendris et ces femmes guerrières

Chantent ; du genre humain Paris défend les droits.
Une ambulance passe, et l'on songe à ces rois
Dont le caprice fait ruisseler des rivières
De sang sur le pavé derrière les civières.
L'heure de la sortie approche ; les tambours
Battent la marche en foule au fond des vieux faubourgs ;
Tous se hâtent ; malheur à toi qui nous assièges !
Ils ne redoutent pas les pièges, car les pièges
Que trouvent les vaillants en allant devant eux
Font le vaincu superbe et le vainqueur honteux.
Ils arrivent aux murs, ils rejoignent l'armée.
Tout à coup le vent chasse un flocon de fumée ;
Halte ! C'est le premier coup de canon. Allons !
Un long frémissement court dans les bataillons,
Le moment est venu, les portes sont ouvertes,
Sonnez, clairons ! Voici là-bas les plaines vertes,
Les bois où rampe au loin l'invisible ennemi,
Et le traître horizon, immobile, endormi,
Tranquille, et plein pourtant de foudres et de flammes.
On entend des voix dire : Adieu ! — Nos fusils, femmes !
Et les femmes, le front serein, le cœur brisé,
Leur rendent leur fusil après l'avoir baisé.

IX

DANS LE CIRQUE[1]

Le lion du midi voit venir l'ours polaire.
L'ours court droit au lion, grince, et plein de colère,
L'attaque plus grondant que l'autan nubien.
Et le lion lui dit : Imbécile ! c'est bien.
Nous sommes dans le cirque, et tu me fais la guerre.
Pourquoi ? Vois-tu là-bas cet homme au front vulgaire ?
C'est un nommé Néron, empereur des Romains.
Tu combats pour lui. Saigne, il rit, il bat des mains.
Nous ne nous gênions pas dans la grande nature,
Frère, et le ciel sur nous fait la même ouverture,

Et tu ne vois pas moins d'astres que je n'en vois.
Que nous veut donc ce maître assis sur un pavois ?
Il est content ; et nous, nous mourons par son ordre ;
Et c'est à lui de rire et c'est à nous de mordre.
Il nous fait massacrer l'un par l'autre ; et, pendant,
Frère, que mon coup d'ongle attend ton coup de dent,
Il est là sur son trône et nous regarde faire.
Nos tourments sont ses jeux ; il est d'une autre sphère.
Frère, quand nous versons à ruisseaux notre sang,
Il appelle cela de la pourpre. Innocent,
Niais, viens m'attaquer. Soit. Mes griffes sont prêtes ;
Mais je pense et je dis que nous sommes des bêtes
De nous entretuer avec tant de fureur,
Et que nous ferions mieux de manger l'empereur.

X

APRÈS LES VICTOIRES DE BAPAUME,
DE DIJON ET DE VILLERSEXEL

Côté des hommes. Soit. C'est le meilleur côté ;
Je le veux bien. Pourtant naguère j'ai noté,
Pour les mettre à profit, les choses fort honnêtes
Que le lion disait à l'ours ; côté des bêtes.
C'est à peu près ceci :

          — L'ours ! il est peu moral
De venir, dans l'espoir de passer caporal,
M'attaquer, moi qui suis ton frère ayant des ongles.
L'ours ! tu vis dans la neige et je vis dans les jongles ;
Tu viens du nord, je suis du midi. Ce Néron
N'est rien qu'un nom hideux soufflé dans un clairon.
Il a pris un morceau de l'Europe quelconque ;
Cent hérauts, appliquant leurs bouches à leur conque,
Précèdent ce tueur qui vainquit par hasard ;
César fut crocodile et Néron est lézard ;
L'un est le grand, et l'autre est le petit. Mon frère,

Méprisons ces gens-là. Nous battre ! pourquoi faire ?
J'affirme qu'il serait beaucoup plus à propos
D'aller droit à Néron, et, malgré ses troupeaux
De garde éthiopienne et de garde sicambre,
D'en empoigner chacun tranquillement un membre.
Déshabiller Néron de sa peau de César
Me plairait ; envoyer ma ruade à son char
Me tente ; il sied parfois qu'une griffe efficace
Fouille une majesté jusque dans la carcasse,
Et nous verrions peut-être en vidant ce vainqueur,
Toi, qu'il est sans cervelle, et moi, qu'il est sans cœur.
Mordre son maître est doux ; je pense que nos gueules,
Si la mode en venait, ne resteraient pas seules.
Tout ce tas d'animaux battus, rampant, grondant,
Paierait les coups de fouet avec des coups de dent.
Ce serait beau. La terre est pour nous assez ample ;
Aimons-nous. Mon avis, puisqu'il s'agit d'exemple,
Est d'en donner un bon et non pas un mauvais.
Quant à ce tyran-ci, j'ai faim, et j'y rêvais.
Est-il César ? est-il Néron ? que nous importe !
Quelque tache qu'il ait, quelque laurier qu'il porte,
Frère, il n'éveille en moi que le même appétit ;
Je le dévore grand, je le mange petit.

L'ours n'ayant pas compris ces paroles d'un sage,
Le grand lion clément lui griffa le visage
Et l'éborgna ; si bien que l'ours, devant témoins,
Eut la honte de plus avec un œil de moins.

XI

ENTRE DEUX BOMBARDEMENTS

Dès votre premier cri, Jeanne, vous excitiez
Nos admirations autant que nos pitiés ;
Vous naissiez ; vous aviez cette toute-puissance,
La grâce ; vous étiez la crèche qu'on encense,

L'humble marmot divin qui n'a point encor d'yeux,
Et qu'une étoile vient chercher du haut des cieux ;
Puis vous eûtes six jours, vous eûtes six semaines,
Puis six mois, lueur frêle en nos ombres humaines.
Jeanne, vous avancez en âge cependant ;
Vous avez des cheveux, vous avez une dent,
Et vous voilà déjà presque un grand personnage.
En vous à peine un peu du nouveau-né surnage,
Vous voulez être à terre ; il vous faut le péril,
La marche, et le maillot vous semble puéril ;
Votre frère plus vieux chante la Marseillaise ;
Il a deux ans ; et vous, vous grimpez sur ma chaise,
Ou, fière, vous rampez derrière un paravent ;
Vous voulez un jouet savant, même vivant ;
Avec un jeune chat vous êtes en ménage ;
La croissance vous tient dans son souple engrenage
Et remplace l'enfant qui vagit par l'enfant
Qui jase, et l'humble cri par le cri triomphant ;
L'ange qui mange rit de l'ange à la mamelle ;
Vous vous transfigurez sans cesse, et le temps mêle
À la Jeanne d'hier la Jeanne d'aujourd'hui.
À chaque pas qu'il fait, l'enfant derrière lui
Laisse plusieurs petits fantômes de lui-même.

On se souvient de tous, on les pleure, on les aime,
Et ce seraient des morts s'il n'était vivant, lui.
Déjà plus d'une étoile en ce doux astre a lui.
Il semble qu'en cet être enchanté, pour nous plaire,
Chaque âge tour à tour donne son exemplaire ;
C'est un soleil levant que ce petit destin !
Car le sort est masqué de rayons le matin ;
Et les blancheurs de l'aube, aimable et chaste fête,
Viennent l'une après l'autre entourer cette tête
Et lui faire on ne sait quel pur couronnement.
On dirait que la vie, avec un soin charmant,
Essaie à ce jésus toutes les auréoles,
Se préparant ainsi par les caresses molles,
Les roses, les baisers, le rire frais et prompt,
À lui mettre plus tard les épines au front.

XII[1]

Mais, encore une fois, qui donc à ce pauvre homme
A livré ce Paris qui contient Sparte et Rome ?
Où donc a-t-on été chercher ce guide-là ?
Qui donc à nos destins terribles le mêla ?
Ainsi, lorsqu'il s'agit de s'évader du gouffre,
De sortir du chaos qui menace et qui souffre,
De dissiper la nuit, de monter au-dessus
Des nuages profonds dans l'abîme aperçus,
Et de verser l'aurore aux vagues infinies,
Nous ne nous fions plus à ces quatre génies,
Audace, Humanité, Volonté, Liberté,
Qui traînent dans les cieux le char de la clarté,
Et que tu fais bondir sous ta main familière,
France ; on prend pour meneur et pour auxiliaire
On ne sait quel pauvre être obscurément conduit,
Lent et fidèle, ayant derrière lui la nuit,
Dont le suprême instinct serait d'être immobile,
Et qui, tâtant l'espace et tendant sa sébile,
Sans tactique, sans but, sans colère, sans art,
Attend de l'inconnu l'aumône d'un hasard !
C'est le moment de mettre en fuite l'ombre noire
Et d'ouvrir cette porte altière, la victoire ;
On ne se croirait pas guidé, gardé, ni sûr
De pouvoir s'enfoncer fièrement dans l'azur,
Et d'échapper aux chocs, aux fureurs, aux huées,
Aux coups de fronde, aux vents, à travers les nuées,
Et d'éviter l'écueil, la chute, le récif,
Si cet humble petit marcheur, morne et poussif,
Rêveur comme la taupe, utile comme l'âne,
Ne complétait l'énorme attelage qui plane !
Quoi ! dans l'heure où la France est en péril, ayant
Pour tirer hors des flots le quadrige effrayant,
Les quatre esprits géants qui brisent tous les voiles,
Monstres dont la crinière est mêlée aux étoiles

Et que suit, essoufflé, l'essaim des aquilons,
Nous disons : Ce n'est pas assez ! et nous voulons
Un renfort, et, voyant le précipice immense,
Voyant l'ombre qu'il faut frànchir, notre démence,
Devant le noir nadir et le zénith vermeil,
Ajoute un chien d'aveugle aux chevaux du soleil !

XIII

CAPITULATION

Ainsi les nations les plus grandes chavirent !
C'est à l'avortement que tes travaux servirent,
Ô peuple ! et tu dis : Quoi ! pour cela nous restions
Debout toute la nuit sur les hauts bastions !
C'est pour cela qu'on fut brave, altier, invincible,
Et que, la Prusse étant la flèche, on fut la cible ;
C'est pour cela qu'on fut héros, qu'on fut martyr ;
C'est pour cela qu'on a combattu plus que Tyr,
Plus que Sagonte, plus que Byzance et Corinthe ;
C'est pour cela qu'on a cinq mois subi l'étreinte
De ces Teutons furtifs, noirs, ayant dans les yeux
La sinistre stupeur des bois mystérieux !
C'est pour cela qu'on a lutté, creusé des mines,
Rompu des ponts, bravé la peste et les famines,
Fait des fossés, planté des pieux, bâti des forts,
France, et qu'on a rempli de la gerbe des morts
Le tombeau, cette grange obscure des batailles !
C'est pour cela qu'on a vécu sous les mitrailles !
Cieux profonds ! après tant d'épreuves, après tant
D'efforts du grand Paris, sanglant, broyé, content,
Après l'auguste espoir, après l'immense attente
De la cité superbe à vaincre haletante,
Qui semblait, se ruant sur les canons d'airain,
Ronger son mur ainsi que le cheval son frein ;
Quand la vertu croissait dans les douleurs accrues,
Quand les petits enfants, bombardés dans les rues,

Ramassaient en riant obus et biscayens,
Quand pas un n'a faibli parmi les citoyens,
Quand on était là, prêts à sortir, trois cent mille,
Ce tas de gens de guerre a rendu cette ville !
Avec ton dévoûment, ta fureur, ta fierté,
Et ton courage, ils ont fait de la lâcheté,
Ô peuple, et ce sera le frisson de l'histoire
De voir à tant de honte aboutir tant de gloire !

Paris, 27 janvier.

Février

I
AVANT LA CONCLUSION DU TRAITÉ

Si nous terminions cette guerre
Comme la Prusse le voudrait,
La France serait comme un verre
Sur la table d'un cabaret ;

On le vide, puis on le brise.
Notre fier pays disparaît.
Ô deuil ! il est ce qu'on méprise,
Lui qui fut ce qu'on admirait.

Noir lendemain ! l'effroi pour règle ;
Toute lie est bue à son tour ;
Et le vautour vient après l'aigle,
Et l'orfraie après le vautour ;

Deux provinces écartelées ;
Strasbourg en croix, Metz au cachot ;
Sedan, déserteur des mêlées,
Marquant la France d'un fer chaud ;

Partout, dans toute âme captive,
Le goût abject d'un vil bonheur
Remplace l'orgueil ; on cultive
La croissance du déshonneur ;

Notre antique splendeur flétrie ;
L'opprobre sur nos grands combats ;
L'étonnement de la patrie
Point accoutumée aux fronts bas ;

L'ennemi dans nos citadelles,
Sur nos tours l'ombre d'Attila,
De sorte que les hirondelles
Disent : la France n'est plus là !

La bouche pleine de Bazaine,
La Renommée au vol brisé
Salit de sa bave malsaine
Son vieux clairon vertdegrisé ;

Si l'on se bat, c'est contre un frère ;
On ne sait plus ton nom, Bayard !
On est un assassin pour faire
Oublier qu'on fut un fuyard ;

Une âpre nuit sur les fronts monte ;
Nulle âme n'ose s'envoler ;
Le ciel constate notre honte
Par le refus de s'étoiler ;

Froid sombre ! on voit, à plis funèbres,
Entre les peuples se fermer
Une profondeur de ténèbres
Telle qu'on ne peut plus s'aimer ;

Entre France et Prusse on s'abhorre ;
Tout ce troupeau d'hommes nous hait ;
Et notre éclipse est leur aurore,
Et notre tombe est leur souhait ;

Naufrage ! Adieu les grandes tâches !
Tout est trompé ; tout est trompeur ;
On dit de nos drapeaux : Ces lâches !
Et de nos canons : Ils ont peur !

Plus de fierté ; plus d'espérance ;
Sur l'histoire un suaire épais... —
Dieu, ne fais pas tomber la France
Dans l'abîme de cette paix !

Bordeaux, 14 février.

II
AUX RÊVEURS DE MONARCHIE[1]

Je suis en république, et pour roi j'ai moi-même.
Sachez qu'on ne met point aux voix ce droit suprême ;
Écoutez bien, messieurs, et tenez pour certain
Qu'on n'escamote pas la France un beau matin.
Nous, enfants de Paris, cousins des Grecs d'Athènes,
Nous raillons et frappons. Nous avons dans les veines
Non du sang de fellahs ni du sang d'esclavons,
Mais un bon sang gaulois et français. Nous avons
Pour pères les grognards et les Francs pour ancêtres :
Retenez bien ceci que nous sommes les maîtres.
La Liberté jamais en vain ne nous parla.
Souvenez-vous aussi que nos mains que voilà,
Ayant brisé des rois, peuvent briser des cuistres.
Bien. Faites-vous préfets, ambassadeurs, ministres,
Et dites-vous les uns aux autres grand merci.
Ô faquins, gorgez-vous. N'ayez d'autre souci,
Dans ces royaux logis dont vous faites vos antres,
Que d'aplatir vos cœurs et d'arrondir vos ventres ;
Emplissez-vous d'orgueil, de vanité, d'argent,
Bien. Allez. Nous aurons un mépris indulgent,
Nous nous détournerons et vous laisserons faire ;
L'homme ne peut hâter l'heure que Dieu diffère.
Soit. Mais n'attentez pas au droit du peuple entier.
Le droit au fond des cœurs, libre, indomptable, altier
Vit, guette tous vos pas, vous juge, vous défie,
Et vous attend. J'affirme et je vous certifie
Que vous seriez hardis d'y toucher seulement
Rien que pour essayer et pour voir un moment !

Rois, larrons ! vous avez des poches assez grandes
Pour y mettre tout l'or du pays, les offrandes
Des pauvres, le budget, tous nos millions, mais

Pour y mettre nos droits et notre honneur, jamais !
Jamais vous n'y mettrez la grande République.
D'un côté tout un peuple ; et de l'autre une clique !
Qu'est votre droit divin devant le droit humain ?
Nous votons aujourd'hui, nous voterons demain.
Le souverain, c'est nous ; nous voulons, tous ensemble,
Régner comme il nous plaît, choisir qui bon nous semble,
Nommer qui nous convient dans notre bulletin.
Gare à qui met la griffe aux boîtes du scrutin !
Gare à ceux d'entre vous qui fausseraient le vote !
Nous leur ferions danser une telle gavotte,
Avec des violons si bien faits tout exprès,
Qu'ils en seraient encor pâles dix ans après !

III

PHILOSOPHIE DES SACRES
ET COURONNEMENTS

Cet homme est laid, cet homme est vieux, cet homme est bête.
Qu'est-ce que vous mettez sur cette pauvre tête ?
Une couronne ? Non, deux couronnes. Non, trois.
Celle des empereurs avec celle des rois,
Le laurier de César, la croix de Charlemagne,
Et puis un peu de France et beaucoup d'Allemagne.
Sous cet amas jadis Charles Quint vacilla.
La paix du monde tient à ce que tout cela
Sur ce vieux front tremblant demeure en équilibre.
Ce bonhomme vraiment serait plus heureux libre,
Et sans lui nous serions plus à notre aise aussi.
S'il a mal digéré, le ciel est obscurci ;
Son moindre borborygme est une âpre secousse ;
On chancelle s'il crache, on s'écroule s'il tousse ;
Son ignorance fait sur la terre un brouillard.
Pourquoi ne pas laisser tranquille ce vieillard ?
S'il n'avait ni soldats, ni ducs, ni connétables,
Nous le recevrions volontiers à nos tables ;

Nos verres, sous le pampre, au soleil, en plein vent,
Choqueraient le tien, sire, et tu serais vivant.
Non, l'on t'empaille idole, et l'on te pétrifie
Sous un lourd casque à pointe, et, comme on se défie
Du roi d'en haut jaloux des rois d'en bas, on met,
Sire, un paratonnerre en cuivre à ton sommet ;
Et ton peuple est si fier qu'il t'adore ; on t'affuble
D'un manteau comme on passe au pape une chasuble,
Et te voilà tyran, et nous t'avons sur nous,
Le goût de l'homme étant de se mettre à genoux.
Tu portes désormais l'Etna comme Encelade,
Et comme Atlas le monde. Ô maître, sois malade,
Infirme, catarrheux, vieux tant que tu voudras,
Claque des dents avec la fièvre entre deux draps,
Qu'importe ? l'univers n'en est pas moins ta chose.
L'Europe est un effet dont tu seras la cause.
Rayonne. À ta cheville aucun héros ne va.
Bossuet jettera sous tes pieds Jehovah ;
Tu seras proclamé Très-Haut en pleine chaire.
Un roi, fût-il un nain, fût-il un pauvre hère,
Hydropique, goitreux, perclus, tortu, fourbu,
Moins ferme sur ses pieds qu'un reître ayant trop bu,
Eût-il morve et farcin, rachis, goutte et gravelle,
Fût-il maigre d'esprit et petit de cervelle,
N'eût-il pas beaucoup plus de caboche qu'un rat,
Fût-il, sous la splendeur du cordon d'apparat,
Dans l'ombre enguirlandé d'un engin herniaire,
Reste auguste et puissant jusqu'à l'heure dernière
Et jusqu'au soubresaut de son hoquet final ;
Tous, l'homme de l'autel, l'homme du tribunal,
Prosternent devant lui leur grave platitude ;
Il a l'effarement de la décrépitude,
C'est toujours César ; même en ruine et mourant,
La majesté s'obstine et le couvre, il est grand ;
Et la pourpre est sur lui, sainte, splendide, austère,
Quand du sceptre et du trône il passe aux vers de terre ;
Agonisant, il règne ; on le voit s'assoupir,
On craint presque un tonnerre en son dernier soupir ;
La foule aux reins courbés le place en un tel temple
Qu'elle tremble, et d'en bas l'admire et le contemple

Quand misérable il entre au sépulcre béant,
Et le croit encor dieu qu'il est déjà néant.

IV

À CEUX QUI REPARLENT
DE FRATERNITÉ[1]

Quand nous serons vainqueurs, nous verrons. Montrons-leur,
Jusque-là, le dédain qui sied à la douleur.
L'œil âprement baissé convient à la défaite.
Libre, on était apôtre, esclave, on est prophète ;
Nous sommes garrottés ! Plus de nations sœurs !
Et je prédis l'abîme à nos envahisseurs.
C'est la fierté de ceux qu'on a mis à la chaîne
De n'avoir désormais d'autre abri que la haine.
Aimer les Allemands ? Cela viendra, le jour
Où par droit de victoire on aura droit d'amour.
La déclaration de paix n'est jamais franche
De ceux qui, terrassés, n'ont pas pris leur revanche ;
Attendons notre tour de barrer le chemin.
Mettons-les sous nos pieds, puis tendons-leur la main.
Je ne puis que saigner tant que la France pleure.
Ne me parlez donc pas de concorde à cette heure ;
Une fraternité bégayée à demi
Et trop tôt, fait hausser l'épaule à l'ennemi ;
Et l'offre de donner aux rancunes relâche
Qui demain sera digne, aujourd'hui serait lâche.

V

LOI DE FORMATION DU PROGRÈS[1]

Une dernière guerre ! hélas, il la faut ! oui.

Quoi ! le deuil triomphant, le meurtre épanoui,
Sont les conditions de nos progrès ! Mystère !
Quel est donc ce travail étrange de la terre ?
Quelle est donc cette loi du développement
De l'homme par l'enfer, la peine et le tourment ?
Pour quelque but final dont notre humble prunelle
N'aperçoit même pas la lueur éternelle,
L'être des profondeurs a-t-il donc décrété,
Dans les azurs sans fond de la sublimité,
Que l'homme ne doit point faire un pas qui n'enseigne
De quel pied il chancelle et de quel flanc il saigne,
Que la douleur est l'or dont se paie ici-bas
Le bonheur acheté par tant d'âpres combats ;
Que toute Rome doit commencer par un antre ;
Que tout enfantement doit déchirer le ventre ;
Qu'en ce monde l'idée aussi bien que la chair
Doit saigner, et, touchée en naissant par le fer,
Doit avoir, pour le deuil comme pour l'espérance,
Son mystérieux sceau de vie et de souffrance
Dans cette cicatrice auguste, le nombril ;
Que l'œuf de l'avenir, pour éclore en avril,
Doit être déposé dans une chose morte ;
Qu'il faut que le bien naisse et que l'épi mûr sorte
De cette plaie en fleur qu'on nomme le sillon,
Que le cri jaillit mieux en mordant le bâillon ;
Que l'homme doit atteindre à des édens suprêmes,
Dont la porte déjà, dans l'ombre des problèmes,
Apparaît radieuse à ses yeux enflammés,
Mais que les deux battants en resteront fermés,
Malgré le saint, le christ, le prophète et l'apôtre,
Si Satan n'ouvre l'un, si Caïn n'ouvre l'autre ?

Ô contradictions terribles ! d'un côté
On voit la loi de paix, de vie et de bonté
Par-dessus l'infini dans les prodiges luire ;
Et de l'autre on écoute une voix triste dire :
— Penseurs, réformateurs, porte-flambeaux, esprits,
Lutteurs, vous atteindrez l'idéal ! à quel prix ?
Au prix du sang, des fers, du deuil, des hécatombes.
La route du progrès, c'est le chemin des tombes. —

Voyez : le genre humain, à cette heure opprimé
Par les forces sans yeux dont ce globe est formé,
Doit vaincre la matière, et, c'est là le problème,
L'enchaîner, pour se mettre en liberté lui-même.
L'homme prend la nature énorme corps à corps ;
Mais comme elle résiste ! elle abat les plus forts.
Derrière l'inconnu la nuit se barricade ;
Le monde entier n'est plus qu'une vaste embuscade ;
Tout est piège ; le sphinx, avant d'être dompté,
Empreint son ongle au flanc de l'homme épouvanté ;
Par moments il sourit et fait des offres traîtres ;
Les savants, les songeurs, ceux qui sont les seuls prêtres,
Cèdent à ces appels funèbres et moqueurs ;
L'énigme invite, embrasse et brise ses vainqueurs ;
Les éléments, du moins ce qu'ainsi l'erreur nomme,
Ont des attractions redoutables sur l'homme ;
La terre au flanc profond tente Empédocle, et l'eau
Tente Jason, Diaz, Gama, Marco Polo,
Et Colomb que dirige au fond des flots sonores
Le doigt du cavalier sinistre des Açores[2] ;
Le feu tente Fulton, l'air tente Montgolfier ;
L'homme fait pour tout vaincre ose tout défier.
Maintenant regardez les cadavres. La somme
De tous les combattants que le progrès consomme,
Étonne le sépulcre et fait rêver la mort.
Combien d'infortunés noyés dans leur effort
Pour atteindre à des bords nouveaux et fécondables !
Les découvertes sont des filles formidables
Qui dans leur lit tragique étouffent leurs amants.
Ô loi ! tous les tombeaux contiennent des aimants ;
Les grands cœurs ont l'amour lugubre du martyre,
Et le rayonnement du précipice attire.

Ceux-ci sacrifiant, ceux-là sacrifiés.

Cette croissance humaine où vous vous confiez
Sur nos difformités se développe et monte.
Destin terrifiant ! tout sert, même la honte ;
La prostitution a sa fécondité ;

Le crime a son emploi dans la fatalité ;
Étant corruption, un germe y peut éclore.
Ceci qu'on aime naît de ceci qu'on déplore.
Ce qu'on voit clairement, c'est qu'on souffre. Pourquoi ?
On entre dans le mieux avec des cris d'effroi ;
On sort presque à regret du pire où l'on séjourne.
Le genre humain gravit un escalier qui tourne
Et plonge dans la nuit pour rentrer dans le jour ;
On perd le bien de vue et le mal tour à tour ;
Le meurtre est bon ; la mort sauve ; la loi morale
Se courbe et disparaît dans l'obscure spirale.
À de certains moments, à Tyr comme à Sion,
Ce qu'on prend pour le crime est la punition ;
Punition utile et féconde, où surnage
On ne sait quelle vie éclose du carnage.
Les dalles de l'histoire, avec leurs affreux tas
De trahisons, de vols, d'ordures, d'attentats,
Avec leur effroyable encombrement de boue
Où de tous les Césars on voit passer la roue,
Avec leurs Tigellins, avec leurs Borgias,
Ne seraient que l'étable infâme d'Augias,
La latrine et l'égout du sort, sans le lavage
De sang que par instants Dieu fait sur ce pavage.
C'est dans le sang que Rome et Venise ont fleuri.
Du sang ! et l'on entend dans l'histoire ce cri :
— Une aile sort du ver et l'un engendre l'autre.
L'âge qui plane est fils du siècle qui se vautre. —
Le monde reverdit dans le deuil, dans l'horreur ;
Champ sombre dont Nemrod est le dur laboureur !

Toute fleur est d'abord fumier, et la nature
Commence par manger sa propre pourriture ;
La raison n'a raison qu'après avoir eu tort ;
Pour avancer d'un pas le genre humain se tord ;
Chaque évolution qu'il fait dans la tourmente
Semble une apocalypse où quelqu'un se lamente.
Ouvrage lumineux, ténébreux ouvrier.

Sitôt que le char marche il se met à crier.

L'esclavage est un pas sur l'anthropophagie ;
La guillotine, affreuse et de meurtres rougie,
Est un pas sur le croc, le pal et le bûcher ;
La guerre est un berger tout autant qu'un boucher ;
Cyrus crie : en avant ! tous les grands chefs d'armées,
Trouant le genre humain de routes enflammées,
Ont une tache d'aube au front, noirs éclaireurs ;
Ils refoulent la nuit, les brouillards, les erreurs,
L'ombre, et le conquérant est le missionnaire
Terrible du rayon qui contient le tonnerre.
Sésostris vivifie en tuant, Gengiskan
Est la lave féconde et sombre du volcan,
Alexandre ensemence, Attila fertilise.
Ce monde que l'effort douloureux civilise,
Cette création où l'aube pleure et luit,
Où rien n'éclôt qu'après avoir été détruit,
Où les accouplements résultent des divorces,
Où Dieu semble englouti sous le chaos des forces,
Où le bourgeon jaillit du nœud qui l'étouffait,
C'est du mal qui travaille et du bien qui se fait.

Mais quelle ombre ! quels flots de fumée et d'écume !
Quelles illusions d'optique en cette brume !
Est-ce un libérateur, ce tigre qui bondit ?
Ce chef, est-ce un héros ou bien est-ce un bandit ?
Devinez. Qui le sait ? dans ces profondeurs faites
De crime et de vertu, de meurtres et de fêtes,
Trompé par ce qu'on voit et par ce qu'on entend,
Comment retrouver l'astre en tant d'horreur flottant ?

De là vient qu'autrefois tout semblait vain et trouble ;
Tout semblait de la nuit qui monte et qui redouble ;
Le vaste écroulement des faits tumultueux,
Les combats, les assauts traîtres et tortueux,
Les Carthages, les Tyrs, les Byzances, les Romes,
Les catastrophes, chute épouvantable d'hommes,
Avaient l'air d'un tourment stérile, et, se suivant
Comme la grêle suit les colères du vent
Et comme la chaleur succède à la froidure,
Semblaient ne dégager qu'une loi : Rien ne dure.

Les nations, courbant la tête, n'avaient plus
D'autre philosophie en ces flux et reflux
Que la rapidité des chars passant sur elles ;
Nul ne voyait le but de ces vaines querelles ;
Et Flaccus s'écriait : — Puisque tout fuit, aimons,
Vivons, et regardons tomber l'ombre des monts ;
Riez, chantez, cueillez des grappes dans les treilles
Pour les pendre, ô Lydé, derrière vos oreilles ;
Ce peu de chose est tout. Par Bacchus, sur le poids
Des héros, des grandeurs, de la gloire et des rois,
Je questionnerai Caron, le passeur d'ombres ! —

Depuis on a compris. Les foules et les nombres
Ont perdu leur aspect de chaos par degrés,
Laissant vaguement voir quelques points éclairés.

Quoi ! la guerre, le choc alternatif et rude
Des batailles tombant sur l'âpre multitude,
Sur le choc triste et brut des fauves nations,
Quoi ! ces frémissements et ces commotions
Que donne au droit qui naît, au peuple qui se lève,
La rencontre sonore et féroce du glaive,
Ce vaste tourbillon d'étincelles qui sort
Des combats, des héros s'entre-heurtant, du sort,
Ce tumulte insensé des camps et des tueries,
Quoi ! le piétinement de ces cavaleries,
Les escadrons couvrant d'éclairs les régiments,
Quoi ! ces coups de canon battant ces murs fumants,
Ces coups d'épieux, ces coups d'estocs, ces coups de piques,
Le retentissement des cuirasses épiques,
Ces victoires broyant les hommes, cet enfer,
Quoi ! les sabres sonnant sur les casques de fer,
L'épouvante, les cris des mourants qu'on égorge...
— C'est le bruit des marteaux du progrès dans la forge.
— Hélas

En même temps, l'infini, qui connaît
L'endroit où chaque cause aboutit, et qui n'est
Qu'une incommensurable et haute conscience,
Faite d'immensité, de paix, de patience,

Laisse, sachant le but, choisissant le moyen,
Souvent, hélas ! le mal se faire avec du bien ;
Telle est la profondeur de l'ordre ; obscur, suprême,
Tranquille, et s'affirmant par ses démentis même.
C'est ainsi qu'un bandit de Marc-Aurèle est né ;
C'est ainsi que, hideux, devant l'homme étonné,
Le ciel y consentant, avec le Christ auguste,
Avec la loi d'un saint, avec la mort d'un juste,
Avec ces mots si doux : — Nourris quiconque a faim.
— Aime autrui comme toi. — Ne fais pas au prochain
Ce que tu ne veux pas qu'à toi-même on te fasse. —
Avec cette morale où tout est vie et grâce,
Avec ces dogmes pris au plus serein des cieux,
Loyola construisit son piège monstrueux ;
Sombre araignée à qui Dieu, pour tisser sa toile,
Donnait des fils d'aurore et des rayons d'étoile.

Et même, en regardant plus haut, quel est celui
Qui s'écriera : — Je suis l'astre, et j'ai toujours lui ;
Je n'ai jamais failli, jamais péché ; j'ignore
Les coups du tentateur à ma vitre sonore ;
Je suis sans faute. — Est-il un juste audacieux
Qui s'ose affirmer pur devant l'azur des cieux ?
L'homme a beau faire, il faut qu'il cède à sa nature ;
Une femme l'émeut, dénouant sa ceinture,
Il boit, il mange, il dort, il a froid, il a chaud ;
Parfois la plus grande âme et le cœur le plus haut
Succombe aux appétits d'en bas ; et l'esprit quête
Les satisfactions immondes de la bête,
Regarde à la fenêtre obscène, et va, les soirs,
Rôder de honte en honte au seuil des bouges noirs.
— Oui, c'est la porte abjecte, et cependant j'y passe,
Dit Caton à voix haute et Jean-Jacque à voix basse.
La Syrienne chante à Virgile évohé ;
Socrate aime Aspasie, Horace suit Chloé[3] ;
Tout homme est le sujet de la chair misérable ;
Le corps est condamné, le sang est incurable ;
Pas un sage n'a pu se dire, en vérité,
Guéri de la nature et de l'humanité.

Mal, bien, tel est le triste et difforme mélange.
Le bien est un linceul en même temps qu'un lange ;
Si le mal est sépulcre, il est aussi berceau ;
Ils naissent l'un de l'autre, et la vie est leur sceau.
Les philosophes pleins de crainte ou d'espérance
Songent et n'ont entre eux pas d'autre différence,
En révélant l'éden, et même en le prouvant,
Que le voir en arrière ou le voir en avant.
Les sages du passé disent : — L'homme recule ;
Il sort de la lumière, il entre au crépuscule,
L'homme est parti de tout pour naufrager dans rien.
Ils disent : bien et mal. Nous disons : mal et bien.

Mal et bien, est-ce là le mot ? le chiffre unique ?
Le dogme ? est-ce d'Isis la dernière tunique ?
Mal et bien, est-ce là toute la loi ? — La loi !
Qui la connaît ? Quelqu'un parmi nous, hors de soi
Comme en soi, sous l'amas de faits, d'époques, d'âges,
A-t-il percé ce gouffre et fait ces grands sondages ?
Quelqu'un démêle-t-il le germe originel ?
Quelqu'un voit-il le point extrême du tunnel ?
Quelqu'un voit-il la base et voit-il la toiture ?
Avons-nous seulement pénétré la nature ?
Qu'est-ce que la lumière et qu'est-ce que l'aimant ?
Qu'est-ce le cerveau ? de quoi se fait le mouvement ?
D'où vient que la chaleur manque aux rayons de lune ?
Ô nuit, qu'est-ce qu'une âme ? un astre en est-il une ?
Le parfum est-il l'âme errante du pistil ?
Une fleur souffre-t-elle ? un rocher pense-t-il ?
Qu'est-ce que l'Onde ? Etnas, Cotopaxis, Vésuves,
D'où vient le flamboiement de vos énormes cuves ?
Où donc est la poulie et la corde et le seau
Qui pendent dans ton puits, ô noir Chimborazo ?
Vivants ! distinguons-nous une chose d'un être ?
Qu'est-ce que mourir ? dis, mortel ! qu'est-ce que naître ?
Vous demandez d'un fait : Est-ce toute la loi ?
Voyons, qui que tu sois, toi qui parles, dis-moi,
Qu'es-tu ? Tu veux sonder l'abîme ? Es-tu de force
À scruter le travail des sèves sous l'écorce ;
À guetter, dans la nuit des filons souterrains,

L'hymen de l'eau terrestre avec les flots marins
Et la formation des métaux ; à poursuivre
Dans leurs antres le plomb, le mercure et le cuivre,
Si bien que tu pourrais dire : Voici comment
L'or se fait dans la terre et l'aube au firmament !
Le peux-tu ? parle. Non. Eh bien, sois économe
D'axiomes sur Dieu, de sentences sur l'homme,
Et ne prononce pas d'arrêts dans l'infini.
Et qui donc ici-bas, qui, maudit ou béni,
Peut de quoi que ce soit, force, âme, esprit, matière,
Dire : — Ce que j'ai là, c'est la loi tout entière ;
Ceci, c'est Dieu, complet, avec tous ses rayons ;
Mettez-le-moi bien vite en vos collections,
Et tirez le verrou de peur qu'il ne s'échappe. —
Savant dans son usine ou prêtre sous sa chape,
Qui donc nous montrera le sort des deux côtés ?
Qui se promènera dans les éternités,
Comme dans les jardins de Versailles Lenôtre ?
Qui donc mesurera l'ombre d'un bout à l'autre,
Et la vie et la tombe, espaces inouïs
Où le monceau des jours meurt sous l'amas des nuits,
Où de vagues éclairs dans les ténèbres glissent,
Où les extrémités des lois s'évanouissent !

Que cette obscure loi du progrès dans le deuil,
Du succès dans la chute et du port dans l'écueil,
Soit vraie ou fausse, absurde et folle, ou démontrée ;
Que, dragon, de l'éden elle garde l'entrée,
Ou ne soit qu'un mirage informe, le certain
C'est que, devant l'énigme et devant le destin,
Les plus fermes parfois s'étonnent et fléchissent.
À peine dans la nuit quelques cimes blanchissent
Que la brume a déjà repris d'autres sommets ;
De grands monts, qui semblaient lumineux à jamais,
Qu'on croyait délivrés de l'abîme, s'y dressent,
Mais noirs, et, lentement effacés, disparaissent.
Toutes les vérités se montrent un moment,
Puis se voilent ; le verbe avorte en bégaiement ;
Le jour, si c'est du jour que cette clarté sombre,
N'a l'air de se lever que pour regarder l'ombre ;

On ne voit plus le phare ; on ne sait que penser ;
Vient-on de reculer, ou vient-on d'avancer ?
Oh ! dans l'ascension humaine, que la marche
Est lente, et comme on sent la pesanteur de l'arche !
Comme ceux qui de tous portent les intérêts
Ont l'épaule meurtrie aux angles du progrès !
Comme tout se défait et retombe à mesure !
Pas de principe acquis ; pas de conquête sûre ;
À l'instant où l'on croit l'édifice achevé,
Il s'écroule, écrasant celui qui l'a rêvé ;
Le plus grand siècle peut avoir son heure immonde ;
Parfois sur tous les points du globe un fléau gronde,
Et l'homme semble pris d'un accès de fureur.
L'européen, ce frère aîné, joute d'honneur
Avec le caraïbe, avec le malabare ;
L'anglais civilisé passe l'indou barbare ;
Ô pugilat hideux de Londre et de Delhy[4] !
Le but humain s'éclipse en un infâme oubli.
Il est nuit du Danube au Nil, du Gange à l'Èbre.
Fête au nord ; c'est la mort du midi qu'on célèbre.
Europe, dit Berlin, ris, la France n'est plus !
Ô genre humain, malgré tant d'âges révolus,
Ta vieille loi de haine est toujours la plus forte ;
L'évangile est toujours la grande clarté morte,
Le jour fuit, la paix saigne, et l'amour est proscrit,
Et l'on n'a pas encor décloué Jésus-Christ.

Mars

I

N'importe, ayons foi ! Tout s'agite,
Comme au fond d'un songe effrayant,
Tout marche et court, et l'homme quitte
L'ancien rivage âpre et fuyant.
On va de la nuit à l'aurore,
Du noir sépulcre au nid sonore,
Et des hydres aux alcyons.
Les téméraires sont les sages.
Ils sondent ces profonds passages
Qu'on nomme Révolutions.

Prophètes maigris par les jeûnes,
Ô poètes au fier clairon,
Tous, les anciens comme les jeunes,
Isaïe autant que Byron,
Vous indiquez le but suprême
Au genre humain, toujours le même
Et toujours nouveau sous le ciel ;
Vous jetez dans le vent qui vole
La même éternelle parole
Au même passant éternel.

Votre voix tragique et superbe
Plonge en bas et remonte en haut ;
Vous demandez à Dieu le verbe
Et vous donnez au sphinx le mot.
Tout l'itinéraire de l'homme,
Quittant Sion, dépassant Rome,

Au prêtre qui chancelle ou fuit
Semble une descente d'abîme ;
On entend votre bruit sublime,
Avertissement dans la nuit.

Vous tintez le glas pour le traître
Et pour le brave le tocsin ;
On voit paraître et disparaître
Vos hymnes, orageux essaim ;
Vos vers sibyllins vont et viennent ;
Dans son dur voyage ils soutiennent
Le peuple, immense pèlerin ;
Vos chants, vos songes, vos pensées,
Semblent des urnes renversées
D'où tombent des rhythmes d'airain.

Bientôt le jour sur son quadrige
De l'ombre ouvrira les rideaux ;
Vers l'aurore tout se dirige,
Même ceux qui tournent le dos ;
L'un y marche et l'autre y recule ;
L'avenir dans ce crépuscule
Dresse sa tour étrange à voir,
Tour obscure, mais étoilée ;
Vos strophes à toute volée
Sonnent dans ce grand clocher noir.

II

LA LUTTE[1]

Hélas ! c'est l'ignorance en colère. Il faut plaindre
Ceux que le grand rayon du vrai ne peut atteindre.
D'ailleurs, qu'importe, ami ! l'honneur est avec nous.
Oui, plains ces insulteurs acceptant à genoux
L'horrible paix qui prend la France en sa tenaille !
Que leur ingratitude imbécile s'en aille

Devant l'histoire, avec ton dédain et le mien.
Ils traiteraient Jésus comme un bohémien ;
Saint Paul leur semblerait un hideux démocrate ;
Ils diraient : Quel affreux jongleur que ce Socrate.
Leur œil myope a peur de l'aube. Ils sont ainsi.
Est-ce leur faute ? Non. À Naple, à Rome, ici,
Toujours, partout, il est tout simple que des êtres
Te jalousent soldats et te maudissent prêtres,
Étant, les uns vaincus, les autres démasqués.
Les glaçons que j'ai vus cet hiver, de nos quais,
Pêle-mêle passer, nous jetant un froid sombre,
Mais fuyant et fondant rapidement dans l'ombre,
N'étaient pas plus haineux et n'étaient pas plus vains.
Toi qui jadis, pareil aux combattants divins,
Venais seul, sans armée et délivrais des villes,
Laisse hurler sur toi le flot des clameurs viles.
Qu'est-ce que cela fait ? Viens, donnons-nous la main.
Et moi le vieux Français, toi l'antique Romain,
Sortons. C'est un lieu triste où l'on est mal à l'aise
Et regagnons chacun notre haute falaise
Où si l'on est tué, du moins c'est par la mer ;
Allons chercher l'insulte auguste de l'éclair,
La fureur jamais basse et la grande amertume,
Le vrai gouffre, et quittons la bave pour l'écume.

III

LE DEUIL

Charle ! Charle ! ô mon fils ! quoi donc ! tu m'as quitté.
      Ah ! tout fuit ! rien ne dure !
Tu t'es évanoui dans la grande clarté
      Qui pour nous est obscure.

Charles, mon couchant voit périr ton orient.
      Comme nous nous aimâmes !
L'homme, hélas ! crée, et rêve, et lie en souriant
      Son âme à d'autre âmes ;

Il dit : C'est éternel ! et poursuit son chemin ;
          Il se met à descendre,
Vit, souffre, et tout à coup dans le creux de sa main
          N'a plus que de la cendre.

Hier j'étais proscrit. Vingt ans, des mers captif,
          J'errai, l'âme meurtrie ;
Le sort nous frappe, et seul il connaît le motif.
          Dieu m'ôta la patrie.

Aujourd'hui je n'ai plus de tout ce que j'avais
          Qu'un fils et qu'une fille ;
Me voilà presque seul dans cette ombre où je vais ;
          Dieu m'ôte la famille.

Oh ! demeurez, vous deux qui me restez ! nos nids
          Tombent, mais votre mère
Vous bénit dans la mort sombre, et je vous bénis,
          Moi, dans la vie amère.

Oui, pour mōdèle ayant le martyr de Sion[1],
          J'achèverai ma lutte,
Et je continuerai la rude ascension
          Qui ressemble à la chute.

Suivre la vérité me suffit ; sans rien voir
          Que le grand but sublime,
Je marche, en deuil, mais fier ; derrière le devoir
          Je vais droit à l'abîme.

IV

L'ENTERREMENT

Le tambour bat aux champs et le drapeau s'incline.
De la Bastille au pied de la morne colline
Où les siècles passés près du siècle vivant

Dorment sous les cyprès peu troublés par le vent,
Le peuple a l'arme au bras ; le peuple est triste ; il pense ;
Et ses grands bataillons font la haie en silence.

Le fils mort et le père aspirant au tombeau
Passent, l'un hier encor vaillant, robuste et beau,
L'autre vieux et cachant les pleurs de son visage ;
Et chaque légion les salue au passage.

Ô peuple ! ô majesté de l'immense douceur !
Paris, cité soleil, vous que l'envahisseur
N'a pu vaincre, et qu'il a de tant de sang rougie,
Vous qu'un jour on verra, dans la royale orgie,
Surgir, l'éclair au front, comme le commandeur,
Ô ville, vous avez ce comble de grandeur
De faire attention à la douleur d'un homme.
Trouver dans Sparte une âme et voir un cœur dans Rome,
Rien n'est plus admirable ; et Paris a dompté
L'univers par la force où l'on sent la bonté.
Ce peuple est un héros et ce peuple est un juste.
Il fait bien plus que vaincre, il aime.

                                        Ô ville auguste,
Ce jour-là tout tremblait, les révolutions
Grondaient, et dans leur brume, à travers des rayons,
Tu voyais devant toi se rouvrir l'ombre affreuse
Qui par moments devant les grands peuples se creuse ;
Et l'homme qui suivait le cercueil de son fils
T'admirait, toi qui, prête à tous les fiers défis,
Infortunée, as fait l'humanité prospère ;
Sombre, il se sentait fils en même temps que père,
Père en pensant à lui, fils en pensant à toi.

☆

Que ce jeune lutteur illustre et plein de foi,
Disparu dans le lieu profond qui nous réclame,
Ô peuple, ait à jamais près de lui ta grande âme !
Tu la lui donnas, peuple, en ce suprême adieu.
Que dans la liberté superbe du ciel bleu,

Il assiste, à présent qu'il tient l'arme inconnue,
Aux luttes du devoir et qu'il les continue.
Le droit n'est pas le droit seulement ici-bas ;
Les morts sont des vivants mêlés à nos combats,
Ayant tantôt le bien, tantôt le mal pour cibles ;
Parfois on sent passer leurs flèches invisibles.
Nous les croyons absents, ils sont présents ; on sort
De la terre, des jours, des pleurs, mais non du sort ;
C'est un prolongement sublime que la tombe.
On y monte étonné d'avoir cru qu'on y tombe.
Comme dans plus d'azur l'hirondelle émigrant,
On entre plus heureux dans un devoir plus grand ;
On voit l'utile avec le juste parallèle ;
Et l'on a de moins l'ombre et l'on a de plus l'aile.
Ô mon fils béni, sers la France, du milieu
De ce gouffre d'amour que nous appelons Dieu ;
Ce n'est pas pour dormir qu'on meurt, non, c'est pour faire
De plus haut ce que fait en bas notre humble sphère ;
C'est pour le faire mieux, c'est pour le faire bien.
Nous n'avons que le but, le ciel a le moyen.
La mort est un passage où pour grandir tout change ;
Qui fut sur terre athlète est dans l'abîme archange ;
Sur terre on est borné, sur terre on est banni ;
Mais là-haut nous croissons sans gêner l'infini ;
L'âme y peut déployer sa subite envergure ;
C'est en perdant son corps qu'on reprend sa figure.
Va donc, mon fils ! va donc, esprit ! deviens flambeau.
Rayonne. Entre en planant dans l'immense tombeau !
Sers la France. Car Dieu met en elle un mystère,
Car tu sais maintenant ce qu'ignore la terre,
Car la vérité brille où l'éternité luit,
Car tu vois la lumière et nous voyons la nuit.

Paris, 18 mars.

V

Coup sur coup. Deuil sur deuil. Ah ! l'épreuve redouble.
Soit. Cet homme pensif l'acceptera sans trouble.
Certe, il est bon qu'ainsi soient traités quelques-uns.
Quand d'âpres combattants, mages, soldats, tribuns,
Apôtres, ont donné leur vie aux choses justes,
Ils demeurent debout dans leurs douleurs robustes.
Tu le sais, Guernesey, tu le sais, Caprera.

Sa conscience est fixe et rien n'y bougera.
Car, quel que soit le vent qui souffle sur leur flamme,
Les principes profonds ne tremblent pas dans l'âme ;
Car c'est dans l'infini que leur feu calme luit ;
Car l'ouragan sinistre acharné sur la nuit
Peut secouer là-haut l'ombre et ses sombres toiles,
Sans faire dans leurs plis remuer les étoiles.

Avril

I

LES PRÉCURSEURS[1]

Sur l'être et sur la créature,
Dans tous les temps l'homme incliné
A toujours dit à la nature :
Ô gouffre ! pourquoi suis-je né ?
Parfois croyants, parfois athées,
Nous ajoutons aux Prométhées
Les Euclides et les Keplers ;
Nos doutes, nuages funèbres,
Montent au ciel pleins de ténèbres,
Et redescendent pleins d'éclairs.

Ô fronts où flambent les idées !
Au bord du gouffre, au fond des cieux,
Que de figures accoudées !
Que de regards mystérieux !
Ô les prunelles étoilées
Des Miltons et des Galilées !
Sombres Dantes au front bruni,
Vos talons sont dignes des astres !
Vos esprits, ô noirs Zoroastres,
Sont les chevaux de l'infini.

Oser monter, oser descendre,
Tout est là. Chercher, oser voir !
Car Jason s'appelle entreprendre
Et Gama s'appelle vouloir.
Quand le chercheur hésite encore,
L'œil sur la nuit, l'œil sur l'aurore,

Reculant devant le secret,
Tremblant devant l'hiéroglyphe,
La volonté, brusque hippogriffe,
Dans son crépuscule apparaît !

C'est sur ce coursier formidable,
Quand le Génie humain voulut,
Qu'il aborda l'inabordable,
Seul avec sa torche et son luth.
Lorsqu'il partit, âme élancée,
L'astre Amour, le soleil Pensée,
Rayonnaient dans l'azur béant
Où la nuit tend ses sombres toiles,
Et Dieu donna ces deux étoiles
Pour éperons à ce géant.

Les grands cœurs en qui Dieu se crée
Ont, tandis qu'autour d'eux tout fuit,
La curiosité sacrée
Du précipice et de la nuit.
Toute découverte est un gouffre.
Mourir, qu'importe ! on plonge, on souffre ;
Vivre inutile, c'est trop long.
De l'insensé naît le sublime ;
Et derrière lui dans l'abîme
Empédocle attire Colomb.

Mers qu'on sonde ! cieux qu'on révèle !
Chacun de ces chercheurs de Dieu
Prend un infini sur son aile,
Fulton le vert, Herschell le bleu ;
Magellan part, Fourier s'envole ;
La foule ironique et frivole
Ignore ce qu'ils ont rêvé,
Les voit sombrer dans l'étendue,
Et dit : C'est une âme perdue.
Foule ! c'est un monde trouvé !

II
LA MÈRE QUI DÉFEND SON PETIT

Au milieu des forêts, asiles des chouettes,
Où chuchotent tout bas les feuilles inquiètes,
Dans les halliers, que semble emplir un noir dessein,
Pour le doux nouveau-né qui frissonne à son sein,
Pour le tragique enfant qu'elle emporte effarée,
Dès qu'elle voit la nuit croître, sombre marée,
Dès que les loups obscurs poussent leurs longs abois,
Oh ! le sauvage amour de la femme des bois !

Tel est Paris. La ville où l'Europe se mêle,
Avec le droit, la gloire et l'art, triple mamelle,
Allaite cet enfant céleste, l'Avenir.
On entend les chevaux de l'aurore hennir
Autour de ce berceau sublime. Elle, la mère
De la réalité qui commence en chimère,
La nourrice du songe auguste des penseurs,
La ville dont Athène et Rome sont les sœurs,
Dans le printemps qui rit, sous le ciel qui rougeoie,
Elle est l'amour, elle est la vie, elle est la joie.
L'air est pur, le jour luit, le firmament est bleu.
Elle berce en chantant le puissant petit dieu.
Quelle fête ! elle montre aux hommes, fière, gaie,
Ce rêve qui sera le monde et qui bégaie,
Ce tremblant embryon du nouveau genre humain,
Ce géant, nain encor, qui s'appelle Demain,
Et pour qui le sillon des temps futurs se creuse ;
Sur son front calme et tendre et sur sa bouche heureuse
Et dans son œil serein qui ne croit pas au mal,
Elle a ce radieux sourire, l'idéal.
On sent qu'elle est la ville où l'espérance habite ;
Elle aime, elle bénit ; mais si, noirceur subite,
L'éclipse vient, et donne aux peuples le frisson,
Si quelque vague monstre erre sur l'horizon,
Si tout ce qui serpente, écume, rampe et louche,

Vient menacer l'enfant divin, elle est farouche ;
Alors elle se dresse, alors elle a des cris
Terribles, et devient le furieux Paris ;
Elle gronde et rugit, sinistrement vivante,
Et celle qui charmait l'univers, l'épouvante.

III

Temps affreux ! ma pensée est, dans ce morne espace
Où l'imprévu surgit, où l'inattendu passe,
Une plaine livrée à tous les pas errants.
Les faits l'un après l'autre arrivent, noirs et grands.
J'écris ce livre, jour par jour, sous la dictée
De l'heure qui se dresse et fuit épouvantée ;
Les semaines de l'An Terrible sont autant
D'hydres que l'enfer crée et que le gouffre attend ;
L'événement s'en va, roulant des yeux de flamme,
Après avoir posé sa griffe sur mon âme,
Laissant à mon vers triste, âpre, meurtri, froissé,
Cette trace qu'on voit quand un monstre a passé.
Ceux qui regarderaient mon esprit dans cette ombre,
Le trouveraient couvert des empreintes sans nombre
De tous ces jours d'horreur, de colère et d'ennui,
Comme si des lions avaient marché sur lui.

IV

UN CRI

Quand finira ceci ? Quoi ! ne sentent-ils pas
Que ce grand pays croule à chacun de leurs pas !
Châtier qui ? Paris ? Paris veut être libre.
Ici le monde, et là Paris ; c'est l'équilibre.

Et Paris est l'abîme où couve l'avenir.
Pas plus que l'Océan on ne peut le punir,
Car dans sa profondeur et sous sa transparence
On voit l'immense Europe ayant pour cœur la France.
Combattants ! combattants ! qu'est-ce que vous voulez ?
Vous êtes comme un feu qui dévore les blés,
Et vous tuez l'honneur, la raison, l'espérance !
Quoi ! d'un côté la France et de l'autre la France !
Arrêtez ! c'est le deuil qui sort de vos succès.
Chaque coup de canon de Français à Français
Jette, — car l'attentat à sa source remonte, —
Devant lui le trépas, derrière lui la honte.
Verser, mêler, après septembre et février,
Le sang du paysan, le sang de l'ouvrier,
Sans plus s'en soucier que de l'eau des fontaines !
Les Latins contre Rome et les Grecs contre Athènes !
Qui donc a décrété ce sombre égorgement ?
Si quelque prêtre dit que Dieu le veut, il ment !
Mais quel vent souffle donc ? Quoi ? pas d'instants lucides !
Se retrouver héros pour être fratricides !
Horreur !

        Mais voyez donc, dans le ciel, sur vos fronts,
Flotter l'abaissement, l'opprobre, les affronts !
Mais voyez donc là-haut ce drapeau d'ossuaire,
Noir comme le linceul, blanc comme le suaire !
Pour votre propre chute ayez donc un coup d'œil :
C'est le drapeau de Prusse et le drapeau du deuil !
Ce haillon insolent, il vous a sous sa garde.
Vous ne le voyez pas ; lui, sombre, il vous regarde ;
Il est comme l'Égypte au-dessus des Hébreux,
Lourd, sinistre, et sa gloire est d'être ténébreux.
Il est chez vous. Il règne. Ah ! la guerre civile,
Triste après Austerlitz, après Sedan est vile !

Aventure hideuse ! ils se sont décidés
À jouer la patrie et l'avenir aux dés !
Insensés ! n'est-il pas de choses plus instantes
Que d'épaissir autour de ce rempart vos tentes ?
Recommencer la guerre ayant encore au flanc,

Ô Paris, ô lion blessé, l'épieu sanglant !
Quoi ! se faire une plaie avant de guérir l'autre !
Mais ce pays meurtri de vos coups, c'est le vôtre !
Cette mère qui saigne est votre mère ! Et puis,
Les misères, la femme et l'enfant sans appuis,
Le travailleur sans pain, tout l'amas des problèmes
Est là terrible, et vous, acharnés sur vous-mêmes,
Vous venez, toi rhéteur, toi soldat, toi tribun,
Les envenimer tous sans en résoudre aucun !

Vous recreusez le gouffre au lieu d'y mettre un phare !
Des deux côtés la même exécrable fanfare,
Le même cri : Mort ! Guerre ! — À qui ? réponds, Caïn !
Qu'est-ce que ces soldats une épée à la main,
Courbés devant la Prusse, altiers contre la France ?
Gardez donc votre sang pour votre délivrance !
Quoi ! pas de remords ! quoi ! le désespoir complet !
Mais qui donc sont-ils ceux à qui la honte plaît ?
Ô cieux profonds ! opprobre aux hommes, quels qu'ils soient,
Qui sur ce pavois d'ombre et de meurtre s'assoient,
Qui du malheur public se font un piédestal,
Qui soufflent, acharnés à ce duel fatal,
Sur le peuple indigné, sur le reître servile,
Et sur les deux tisons de la guerre civile ;
Qui remettent la ville éternelle en prison,
Rebâtissent le mur de haine à l'horizon,
Méditent on ne sait quelle victoire infâme,
Les droits brisés, la France assassinant son âme,
Paris mort, l'astre éteint, et qui n'ont pas frémi
Devant l'éclat de rire affreux de l'ennemi !

V

PAS DE REPRÉSAILLES

Je ne fais point fléchir les mots auxquels je crois ;
Raison, progrès, honneur, loyauté, devoirs, droits.
On ne va point au vrai par une route oblique.

Sois juste ; c'est ainsi qu'on sert la république ;
Le devoir envers elle est l'équité pour tous ;
Pas de colère ; et nul n'est juste s'il n'est doux.
La Révolution est une souveraine ;
Le peuple est un lutteur prodigieux qui traîne
Le passé vers le gouffre et l'y pousse du pied ;
Soit. Mais je ne connais, dans l'ombre qui me sied,
Pas d'autre majesté que toi, ma conscience.
J'ai la foi. Ma candeur sort de l'expérience.
Ceux que j'ai terrassés, je ne les brise pas.
Mon cercle c'est mon droit, leur droit est mon compas ;
Qu'entre mes ennemis et moi tout s'équilibre ;
Si je les vois liés, je ne me sens pas libre ;
À demander pardon j'userais mes genoux
Si je versais sur eux ce qu'ils jetaient sur nous.
Jamais je ne dirai : — « Citoyens, le principe
Qui se dresse pour nous contre nous se dissipe ;
Honorons la droiture en la congédiant ;
La probité s'accouple avec l'expédient. » —
Je n'irai point cueillir, tant je craindrais les suites,
Ma logique à la lèvre impure des jésuites ;
Jamais je ne dirai : — « Voilons la vérité ! »
Jamais je ne dirai : — « Ce traître a mérité,
Parce qu'il fut pervers, que, moi, je sois inique ;
Je succède à sa lèpre ; il me la communique ;
Et je fais, devenant le même homme que lui,
De son forfait d'hier ma vertu d'aujourd'hui.
Il était mon tyran, il sera ma victime. »
Le talion n'est pas un reflux légitime.
Ce que j'étais hier, je veux l'être demain.
Je ne pourrais pas prendre un crime dans ma main
En me disant : — Ce crime était leur projectile ;
Je le trouvais infâme et je le trouve utile ;
Je m'en sers, et je frappe, ayant été frappé. —
Non, l'espoir de me voir petit sera trompé.
Quoi ! je serais sophiste ayant été prophète !
Mon triomphe ne peut renier ma défaite ;
J'entends rester le même, ayant beaucoup vécu,
Et qu'en moi le vainqueur soit fidèle au vaincu.
Non, je n'ai pas besoin, Dieu, que tu m'avertisses ;

Pas plus que deux soleils je ne vois deux justices ;
Nos ennemis tombés sont là ; leur liberté
Et la nôtre, ô vainqueurs, c'est la même clarté.
En éteignant leurs droits nous éteignons nos astres.
Je veux, si je ne puis après tant de désastres
Faire de bien, du moins ne pas faire de mal.

La chimère est aux rois, le peuple a l'idéal.

Quoi ! bannir celui-ci, jeter l'autre aux bastilles !
Jamais ! Quoi ! déclarer que les prisons, les grilles,
Les barreaux, les geôliers et l'exil ténébreux,
Ayant été mauvais pour nous, sont bons pour eux !
Non, je n'ôterai, moi, la patrie à personne ;
Un reste d'ouragan dans mes cheveux frissonne,
On comprendra qu'ancien banni, je ne veux pas
Faire en dehors du juste et de l'honnête un pas ;
J'ai payé de vingt ans d'exil ce droit austère
D'opposer aux fureurs un refus solitaire
Et de fermer mon âme aux aveugles courroux ;
Si je vois les cachots sinistres, les verroux,
Les chaînes menacer mon ennemi, je l'aime,
Et je donne un asile à mon proscripteur même ;
Ce qui fait qu'il est bon d'avoir été proscrit.
Je sauverais Judas si j'étais Jésus-Christ.

Je ne prendrai jamais ma part d'une vengeance.
Trop de punition pousse à trop d'indulgence,
Et je m'attendrirais sur Caïn torturé.
Non, je n'opprime pas ! jamais je ne tuerai !
Jamais, ô Liberté, devant ce que je brise,
On ne te verra faire un signe de surprise.
Peuple, pour te servir, en ce siècle fatal,
Je veux bien renoncer à tout, au sol natal,
À ma maison d'enfance, à mon nid, à mes tombes,
À ce bleu ciel de France où volent des colombes,
À Paris, champ sublime où j'étais moissonneur,
À la patrie, au toit paternel, au bonheur ;
Mais j'entends rester pur, sans tache et sans puissance.
Je n'abdiquerai pas mon droit à l'innocence.

VI

TALION[1]

Quoi ! parce que Vinoy, parce que Billioray
Sont dans le faux, il sied que tout soit hors du vrai !
Il faut tuer Duval puisqu'on tua Lecomte !
À ce raisonnement vous trouvez votre compte,
Et cet autre argument vous paraît sans rival :
Il faut tuer Bonjean puisqu'on tua Duval !
On méprisait l'affreux talion ; on l'estime.
Vil chez Moïse, il est chez Rigault légitime.
On voue au meurtre un culte ; on laisse de côté
Ce qu'on glorifiait si haut, loi, liberté ;
On prêche un nouveau dogme, on se fait néophyte
De tous les attentats hideux dont on profite.
Talion ! pour le peuple ici, là pour le roi.
Vous arrêtez Chaudey, j'emprisonne Lockroy.
Ah ! vous êtes inepte, eh bien, je suis stupide.
Ah ! vous niez le droit, eh bien, je le lapide !

Quoi ! parce que Ferré, parce que Galifet
Versent le sang, je dois, moi, commettre un forfait !
On brûle un pont, je brûle une bibliothèque.
On tue un colonel, je tue un archevêque ;
On tue un archevêque, eh bien, moi, je tuerai
N'importe qui, le plus de gens que je pourrai.
Quoi ! parce qu'un gredin fait fusiller un homme,
J'en fais arquebuser trois cents, et ce qu'on nomme
Meurtre chez lui sera bonne action chez moi !
Dent pour dent. Par l'horreur je réplique à l'effroi.
Vous frappez la patrie, eh bien, moi, je l'achève !
Ah ! vous lui faites, vous, l'effet d'un mauvais rêve,
Eh bien, moi, je lui vais donner le cauchemar.
Vous êtes Érostrate, eh bien, je suis Omar !

Ô joute monstrueuse ! effroyables escrimes !
Avec des malfaiteurs se battre à coups de crimes !
Ils ont sabré, frappons ! ils ont volé, pillons !
Semons leur infamie en nos propres sillons.
Quoi ! notre œuvre et la leur germeront pêle-mêle !
Ensemble à la même auge, à la même gamelle,
Abjects, nous mangerons le même opprobre, tous !
Ô ciel ! et l'on verra sortir d'eux et de nous
Une épaisseur de honte horrible sur la France !
Nos attentats auront assez de transparence
Pour qu'on voie au travers nos principes déçus,
La clémence dessous, l'assassinat dessus !
Nous, copier ces gueux, faire un échafaudage
De notre banditisme avec leur brigandage,
De sorte que l'histoire un jour dise : Ombre et mort !
Qui donc avait raison et qui donc avait tort ?
Sur notre propre droit verser tant de mensonge
Et tant d'iniquité que tout n'est plus qu'un songe !
Les principes, qui sont dans l'âme des sommets,
S'effacent, et comment fera-t-on désormais
Pour parler de progrès, d'équité, de justice ?
Leur naufrage suffit pour que tout s'engloutisse.
Témérités sans nom ! le bien au mal mêlé !
On voit couler, du haut de l'azur étoilé,
Un sang céleste après ces lâches hardiesses.
Blesser les vérités, c'est blesser les déesses.

VII

Le penseur est lugubre au fond des solitudes.
Ce n'est plus l'esprit calme aux graves attitudes ;
Les éclairs indignés dans sa prunelle ont lui ;
Il n'est plus libre, il a de la colère en lui ;
Il est le prisonnier sinistre de la haine.
Lui, ce frère apaisant l'homme dans sa géhenne,
Lui, dont la vie en flots d'amour se répandit,

Lui le consolateur, le voilà qui maudit !
Lui qui croyait n'avoir jamais d'autre souffrance
Que tout le genre humain, il souffre dans la France ;
Il reconnaît qu'il est sur terre un coin sacré,
La patrie, et cher, même au cœur démesuré,
Et que l'âme du sage est quelquefois amère,
Et qu'il redevient fils s'il voit saigner sa mère.

Certe, il ne sera pas toujours désespéré.
Un jour dans son regard reviendront par degré
Les augustes rayons de l'aube après l'éclipse ;
On verra, certe, après l'infâme apocalypse,
Reparaître sur lui lentement les blancheurs
Que Dieu fait dans la nuit poindre au front des chercheurs,
Et que de loin envoie à l'homme, au gouffre, au bagne,
Le grand astre caché derrière la montagne,
Oui, la paix renaîtra. Les peuples s'aimeront.

En attendant, il gronde et médite. L'affront
Est une majesté de plus pour ce génie.
Il a des flamboiements de fureur infinie ;
Fauve, il menace. Arrière, union, joie, amour !
On doit la paix au cygne et la guerre au vautour.
Est-ce qu'on ne voit pas qu'il pleure sa patrie ?

Il jette aux vents sa strophe irritée et meurtrie ;
Par moments il regarde au loin, l'œil plein d'ennui ;
On dirait qu'il fait fuir des monstres devant lui
Avec une secousse énorme de crinière ;
Il semble un spectre errant qui n'a plus de tanière ;
Son pied heurte inquiet le sol traître et peu sûr.

Deuil ! la nuit sans étoile et le ciel sans azur ;
L'Europe aux fers ; au lieu de la France, une morte.
La lumière est vaincue et le néant l'emporte ;
L'avenir se dédit, la gloire se dément ;
Plus d'honneur, plus de foi, plus rien ; l'abaissement,
L'oubli, l'opprobre, un flot de lâcheté qui monte.

Il sent l'âpre aiguillon de toute cette honte ;
L'allure du blessé redoutable lui sied.
Ce lion boite ayant cette épine à son pied.

VIII

Oh ! qui que vous soyez, qui voulez être maîtres,
Je vous plains. Vils, méchants, féroces, lâches, traîtres,
Vous périrez par ceux que vous croyez tenir.
Le présent est l'enclume où se fait l'avenir.
L'araignée est plus tard prise en ses propres toiles.
Aux noirs événements si vous ôtiez leurs voiles,
Vous reconnaîtriez, tremblants, nus, mis en croix,
Dans ces bourreaux masqués vos fautes d'autrefois ;
Derrière lui le meurtre, ivresse, succès, gloire,
Laisse un vomissement qu'un jour il faudra boire ;
En étouffant en vous l'horreur, l'inimitié,
La rage, c'est de vous que vous auriez pitié ;
Les dépenses de sang innocent sont des dettes ;
La trace de l'effort violent que vous faites
Pour être à jamais rois et dieux solidement,
Vous la retrouverez dans votre écroulement ;
Votre fureur revient sur vous, et vous châtie ;
La foudre qui sur vous tombe, est de vous sortie ;
Si bien que le sort donne à la même action
Deux noms, crime d'abord, plus tard punition.

IX

Pendant que la mer gronde et que les vagues roulent,
Et que sur l'horizon les tumultes s'écroulent,
Ce veilleur, le poëte, est monté sur sa tour.

Ce qu'il veut, c'est qu'enfin la concorde ait son tour.

Jadis, dans les temps noirs comme ceux où nous sommes,
Le poëte pensif ne se mêlait aux hommes
Que pour les désarmer et leur verser son cœur ;
Il aimait le vaincu sans haïr le vainqueur ;
Il suppliait l'armée, il suppliait la ville ;
Aux vivants aveuglés par la guerre civile
Il montrait la clarté du vrai, du grand, du beau,
Étant plus qu'eux tourné du côté du tombeau ;
Et cet homme, au milieu d'un monde inexorable,
Était le messager de la paix vénérable.
Il criait : N'a-t-on point assez souffert, hélas !
Ne serons-nous pas bons à force d'être las ?
C'était la fonction de cette voix qui passe
De demander à tous, pour tous, Paix ! Pitié ! Grâce !
Les devoirs sont encor les mêmes aujourd'hui.
Le poëte, humble jonc, a son cœur pour appui.
Il veut que l'homme vive, il veut que l'homme crée.
Le ciel, cette demeure inconnue et sacrée,
Prouve par sa beauté l'éternelle douceur ;
La poésie au front lumineux est la sœur
De la clémence, étant la sœur de l'harmonie ;
Elle affirme le vrai que la colère nie,
Et le vrai c'est l'espoir, le vrai c'est la bonté ;
Le grand rayon de l'art c'est la fraternité.
À quoi bon aggraver notre sort par la haine ?
Oh ! si l'homme pouvait écouter la géhenne,
Si l'on savait la langue obscure des enfers, —
De cette profondeur pleine du bruit des fers,
De ce chaos hurlant d'affreuses destinées,
De tous ces pauvres cœurs, de ces bouches damnées,
De ces pleurs, de ces maux sans fin, de ces courroux,
On entendrait sortir ce chant sombre : Aimons-nous !

L'ouragan, l'océan, la tempête, l'abîme,
Et le peuple, ont pour loi l'apaisement sublime,
Et, quand l'heure est venue enfin de s'épouser,
Le gouffre éperdu donne à la terre un baiser !
Car rien n'est forcené, terrible, effréné, libre,

Convulsif, effaré, fou, que pour l'équilibre ;
Car il faut que tout cède aux branches du compas ;
Car l'indignation des flots ne dure pas,
L'écume est furieuse et n'est pas éternelle ;
Le plus fauve aquilon demande à ployer l'aile ;
Toute nuit mène à l'aube, et le soleil est sûr ;
Tout orage finit par ce pardon, l'azur.

Mai

I
LES DEUX TROPHÉES[1]

Peuple, ce siècle a vu tes travaux surhumains.
Il t'a vu repétrir l'Europe dans tes mains.
Tu montras le néant du sceptre et des couronnes
Par ta façon de faire et défaire des trônes ;
À chacun de tes pas tout croissait d'un degré ;
Tu marchais ; tu faisais sur le globe effaré
Un ensemencement formidable d'idées ;
Tes légions étaient les vagues débordées
Du progrès s'élevant de sommets en sommets ;
La Révolution te guidait ; tu semais
Danton en Allemagne et Voltaire en Espagne ;
Ta gloire, ô peuple, avait l'aurore pour compagne,
Et le jour se levait partout où tu passais ;
Comme on a dit les Grecs on disait les Français ;
Tu détruisais le mal, l'enfer, l'erreur, le vice,
Ici le moyen âge et là le saint-office ;
Superbe, tu luttais contre tout ce qui nuit ;
Ta clarté grandissante engloutissait la nuit ;
Toute la terre était à tes rayons mêlée ;
Tandis que tu montais dans ta voie étoilée,
Les hommes t'admiraient, même dans tes revers ;
Parfois tu t'envolais planant ; et l'univers,
Vingt ans, du Tage à l'Elbe et du Nil à l'Adige,
Fut la face éblouie, et tu fus le prodige ;
Et tout disparaissait, — Histoire, souviens-t'en, —
Même le chef géant, sous le peuple titan.

De là deux monuments élevés à ta gloire,
Le pilier de puissance et l'arche de victoire,
Qui tous deux sont toi-même, ô peuple souverain,
L'un étant de granit et l'autre étant d'airain.

Penser qu'on fut vainqueur autrefois est utile.
Oh ! ces deux monuments, que craint l'Europe hostile,
Comme on va les garder, et comme nuit et jour
On va veiller sur eux avec un sombre amour !
Ah ! c'est presque un vengeur qu'un témoin d'un autre âge !
Nous les attesterons tous deux, nous qu'on outrage ;
Nous puiserons en eux l'ardeur de châtier.
Sur ce hautain métal et sur ce marbre altier,
Oh ! comme on cherchera d'un œil mélancolique
Tous ces fiers vétérans, fils de la République.
Car l'heure de la chute est l'heure de l'orgueil ;
Car la défaite augmente, aux yeux du peuple en deuil,
Le resplendissement farouche des trophées ;
Les âmes de leur feu se sentent réchauffées ;
La vision des grands est salubre aux petits.
Nous éterniserons ces monuments, bâtis
Par les morts dont survit l'œuvre extraordinaire ;
Ces morts puissants jadis passaient dans le tonnerre,
Et de leur marche encore on entend les éclats ;
Et les pâles vivants d'à présent sont, hélas !
Moins qu'eux dans la lumière et plus qu'eux dans la tombe.

Écoutez, c'est la pioche ! écoutez, c'est la bombe !
Qui donc fait bombarder ? qui donc fait démolir ?
Vous !

☆

    Le penseur frémit, pareil au vieux roi Lear
Qui parle à la tempête et lui fait des reproches.
Quels signes effrayants ! d'affreux jours sont-ils proches ?
Est-ce que l'avenir peut être assassiné ?
Est-ce qu'un siècle meurt quand l'autre n'est pas né ?
Vertige ! de qui donc Paris est-il la proie ?
Un pouvoir le mutile, un autre le foudroie.

Ainsi deux ouragans luttent au Sahara.
C'est à qui frappera, c'est à qui détruira.
Peuple, ces deux chaos ont tort ; je blâme ensemble
Le firmament qui tonne et la terre qui tremble.

Soit. De ces deux pouvoirs, dont la colère croît,
L'un a pour lui la loi, l'autre a pour lui le droit ;
Versaille a la paroisse et Paris la commune ;
Mais sur eux, au-dessus de tous, la France est une ;
Et d'ailleurs, quand il faut l'un sur l'autre pleurer,
Est-ce bien le moment de s'entre-dévorer,
Et l'heure choisie pour la lutte est-elle bien choisie ?
Ô fratricide ! Ici toute la frénésie
Des canons, des mortiers, des mitrailles ; et là
Le vandalisme ; ici Charybde, et là Scylla.
Peuple, ils sont deux. Broyant tes splendeurs étouffées,
Chacun ôte à ta gloire un de tes deux trophées ;
Nous vivons dans des temps sinistres et nouveaux,
Et de ces deux pouvoirs étrangement rivaux
Par qui le marteau frappe et l'obus tourbillonne,
L'un prend l'Arc de Triomphe et l'autre la Colonne !

Mais c'est la France ! Quoi, Français, nous renversons
Ce qui reste debout sur les noirs horizons !
La grande France est là ! Qu'importe Bonaparte !
Est-ce qu'on voit un roi quand on regarde Sparte ?
Ôtez Napoléon, le peuple reparaît.
Abattez l'arbre, mais respectez la forêt.
Tous ces grands combattants, tournant sur ces spirales,
Peuplant les champs, les tours, les barques amirales,
Franchissant murs et ponts, fossés, fleuves, marais,
C'est la France montant à l'assaut du progrès.
Justice ! ôtez de là César, mettez-y Rome.
Qu'on voie à cette cime un peuple et non un homme ;
Condensez en statue au sommet du pilier
Cette foule en qui vit ce Paris chevalier,

Vengeur des droits, vainqueur du mensonge féroce !
Que le fourmillement aboutisse au colosse !
Faites cette statue en un si pur métal
Qu'on n'y sente plus rien d'obscur ni de fatal ;
Incarnez-y la foule, incarnez-y l'élite ;
Et que ce géant Peuple, et que ce grand stylite
Du lointain idéal éclaire le chemin,
Et qu'il ait au front l'astre et l'épée à la main !

Respect à nos soldats, rien n'égalait leurs tailles ;
La Révolution gronde en leurs cent batailles ;
La Marseillaise, effroi du vieux monde obscurci,
S'est faite pierre là, s'est faite bronze ici ;
De ces deux monuments sort un cri : Délivrance !

☆

Quoi ! de nos propres mains nous achevons la France !
Quoi ! c'est nous qui faisons cela ! nous nous jetons
Sur ce double trophée envié des Teutons,
Torche et massue aux poings, tous à la fois, en foule !
C'est sous nos propres coups que notre gloire croule !
Nous la brisons, d'en haut, d'en bas, de près, de loin,
Toujours, partout, avec la Prusse pour témoin !
Ils sont là, ceux à qui fut livrée et vendue
Ton invincible épée, ô patrie éperdue !
Ils sont là ceux par qui tomba l'homme de Ham !
C'est devant Reichshoffen qu'on efface Wagram !
Marengo raturé, c'est Waterloo qui reste.
La page altière meurt sous la page funeste ;
Ce qui souille survit à ce qui rayonna ;
Et pour garder Forbach on supprime Iéna !
Mac-Mahon fait de loin pleuvoir une rafale
De feu, de fer, de plomb sur l'arche triomphale.
Honte ! un drapeau tudesque étend sur nous ses plis,
Et regarde Sedan souffleter Austerlitz !
Où sont les Charentons, France ? où sont les Bicêtres[2] ?
Est-ce qu'ils ne vont pas se lever, les ancêtres,
Ces dompteurs de Brunswick, de Cobourg, de Bouillé,
Terribles, secouant leur vieux sabre rouillé,

Cherchant au ciel la grande aurore évanouie !
Est-ce que ce n'est pas une chose inouïe
Qu'ils soient violemment de l'histoire chassés,
Eux qui se prodiguaient sans jamais dire : Assez !
Eux qui tinrent le pape et les rois, l'ombre noire
Et le passé, captifs et cernés dans leur gloire,
Eux qui de l'ancien monde avaient fait le blocus,
Eux les pères vainqueurs, par nous les fils vaincus !

Hélas ! ce dernier coup après tant de misères,
Et la paix incurable où saignent deux ulcères,
Et tous ces vains combats, Avron, Bourget, l'Haÿ !
Après Strasbourg brûlée, après Paris trahi !
La France n'est donc pas encore assez tuée ?

Si la Prusse, à l'orgueil sauvage habituée,
Voyant ses noirs drapeaux enflés par l'aquilon,
Si la Prusse, tenant Paris sous son talon,
Nous eût crié : — Je veux que vos gloires s'enfuient.
Français, vous avez là deux restes qui m'ennuient,
Ce pilastre d'airain, cet arc de pierre ; il faut
M'en délivrer ; ici, dressez un échafaud,
Là, braquez des canons ; ce soin sera le vôtre.
Vous démolirez l'un, vous mitraillerez l'autre.
Je l'ordonne. — Ô fureur ! comme on eût dit : Souffrons !
Luttons ! c'est trop ! ceci passe tous les affronts !
Plutôt mourir cent fois ! nos morts seront nos fêtes !
Comme on eût dit : Jamais ! Jamais ! —

                 Et vous le faites !

II

Les siècles sont au peuple ; eux, ils ont le moment,
Ils en usent. Ô lutte étrange ! Acharnement !
Chacun à grand bruit coupe une branche de l'arbre.

Là, des éclats d'airain, là, des éclats de marbre ;
La colonne romaine ainsi que l'arc français
Tombent. Que dirait-on de toi si tu faisais
Envoler ton lion de Saint-Marc, ô Venise !
L'histoire est balafrée et la gloire agonise.
Quoi qu'on puisse penser de la France d'hier,
De cette rude armée et de ce peuple fier,
Et de ce que ce siècle à son troisième lustre
Avait rêvé, tenté, voulu, c'était illustre.
Pourquoi l'effacement ? qu'a-t-on créé d'ailleurs
Pour les déshérités et pour les travailleurs ?
A-t-on fermé le bagne ? A-t-on ouvert l'école ?
On détruit Marengo, Lodi, Wagram, Arcole ;
A-t-on du moins fondé le droit universel ?
Le pauvre a-t-il le toit, le feu, le pain, le sel ?
A-t-on mis l'atelier, a-t-on mis la chaumière
Sous une immense loi de vie et de lumière ?
A-t-on déshonoré la guerre en renonçant
À l'effusion folle et sinistre du sang ?
A-t-on refait le code à l'image du juste ?
A-t-on bâti l'autel de la clémence auguste ?
A-t-on édifié le temple où la clarté
Se condense en raison et devient liberté ?
A-t-on doté l'enfant et délivré la femme ?
A-t-on planté dans l'homme, au plus profond de l'âme,
L'arbre du vrai, croissant de l'erreur qui décroît ?
Offre-t-on au progrès, toujours trop à l'étroit,
Quelque élargissement d'horizon et de route ?
Non ; des ruines ; rien. Soit. Quant à moi, je doute
Qu'on soit quitte pour dire au peuple murmurant :
Ce qu'on fait est petit, mais ce qu'on brise est grand.

III

PARIS INCENDIÉ

Mais où donc ira-t-on dans l'horreur ? et jusqu'où ?

Une voix basse dit : Pourquoi pas ? et Moscou ?

Ah ! ce meurtre effrayant est un meurtre imbécile !
Supprimer l'Agora, le Forum, le Pœcile,
La cité qui résume Athènes, Rome et Tyr,
Faire de tout un peuple un immense martyr,
Changer le jour en nuit, changer l'Europe en Chine,
Parce qu'il fut un ours appelé Rostopschine !
Il faut brûler Paris, puisqu'on brûla Moscou !
Parce que la Russie adora son licou,
Parce qu'elle voulut, broyant sa ville en cendre,
Chasser Napoléon pour garder Alexandre,
Parce que cela plut au czar en son divan,
Parce que, l'œil fixé sur la croix d'or d'Yvan,
Un barbare a sauvé son pays par un crime,
Il faut jeter la France étoilée à l'abîme !
Mais vous par qui les droits du peuple sont trahis,
Vous commettez le crime et perdez le pays !
Ce Rostopschine est grand de la grandeur sauvage ;
La stature qui peut rester à l'esclavage,
Il l'a toute, et cet homme, une torche à la main,
Rentre dans sa patrie et sort du genre humain ;
C'est le vieux Scythe noir, c'est l'antique Gépide ;
Il est féroce, il est sublime, il est stupide ;
On sait ce qu'il a fait, on ne sait s'il comprit ;
Il serait un héros s'il était un esprit.
Les siècles sur leur cime ont quatre sombres flammes ;
L'une où brille altier, vil, roi des gloires infâmes,
Le meurtrier d'Éphèse embouchant son clairon,
L'autre où se dresse Omar, l'autre où chante Néron ;
Rostopschine est comme eux flamboyant dans l'histoire ;
De ces quatre lueurs la sienne est la moins noire.
Mais vous, qui venez-vous copier ?

                                        Vous pencher
Sur Paris ! allumer un cinquième bûcher !
Quoi ! l'on verrait Paris comme la neige fondre !
Quoi ! vous vous méprenez à ce point de confondre
La ville qui nuisait et la ville qui sert !

Moscou fut la Babel sinistre du désert,
L'antre où la raison boite, où la vérité louche,
Citadelle du moine et du boyard, farouche
Au point que nul progrès ne put habiter là,
Nid d'éperviers d'où Pierre, un vautour, s'envola.
Moscou c'était l'Asie et Paris c'est l'Europe.
Quoi ! du même linceul inepte on enveloppe
Et dans la même tombe on veut faire tenir
Moscou, le passé triste, et Paris, l'avenir !
Moscou de moins, qu'importe ? ôtez Paris, quelle ombre !
La boussole est perdue et le navire sombre ;
Le progrès stupéfait ne sait plus son chemin.
Si vous crevez cet œil énorme au genre humain,
Ce cyclope est aveugle, et, hors des faits possibles,
Il marche en tâtonnant avec des cris terribles ;
Du côté de la pente il va dans l'inconnu.

☆

Sans Paris, l'avenir naîtra reptile et nu.
Paris donne un manteau de lumière aux idées.
Les erreurs, s'il les a seulement regardées,
Tremblent subitement et s'écroulent, ayant
En elles le rayon de cet œil foudroyant.
Comme au-dessous du temple on retrouve la crypte,
Et comme sous la Grèce on retrouve l'Égypte,
Et sous l'Égypte l'Inde, et sous l'Inde la nuit,
Sous Paris, par les temps et les races construit,
On retrouve, en creusant, toute la vieille histoire.
L'homme a gagné Paris ainsi qu'une victoire.
Le lui prendre à présent, c'est lui rendre son bât,
C'est frustrer son labeur, c'est voler son combat.
À quoi bon avoir tant lutté si tout s'effondre !
Thèbe, Ellorah, Memphis, Carthage, aujourd'hui Londre,
Tous les peuples, qu'unit un vénérable hymen,
De la raison humaine et du devoir humain
Ont créé l'alphabet, et Paris fait le livre.
Paris règne. Paris, en existant, délivre.
Par cela seul qu'il est, le monde est rassuré.

Un vaisseau comme un sceptre étendant son beaupré
Est son emblème ; il fait la grande traversée,
Il part de l'ignorance et monte à la pensée.
Il sait l'itinéraire ; il voit le but ; il va
Plus loin qu'on ne voulut, plus haut qu'on ne rêva,
Mais toujours il arrive : il cherche, il crée, il fonde,
Et ce que Paris trouve est trouvé pour le monde.
Une évolution du globe tout entier
Veut Paris pour pivot et le prend pour chantier,
Et n'est universelle enfin qu'étant française ;
Londre a Charles premier, Paris a Louis seize ;
Londre a tué le roi, Paris la royauté ;
Ici le coup de hache à l'homme est limité,
Là c'est la monarchie énorme et décrépite,
C'est le passé, la nuit, l'enfer, qu'il décapite.
Un mot que dit Paris est un ambassadeur ;
Paris sème des lois dans toute profondeur.
Sans cesse, à travers l'ombre et la brume malsaine,
Il sort de cette forge, il sort de cette cène
Une flamme qui parle ; il remplit le ciel bleu
De l'éternel départ de ses langues de feu.
On voit à chaque instant une troupe de rêves
Sublimes, qui, portant des flambeaux ou des glaives,
S'échappe de Paris et va dans l'univers ;
Dante vient à Paris faire son premier vers ;
Là Montesquieu construit les lois, Pascal les règles ;
C'est de Paris que prend son vol l'essaim des aigles.

Paris veut que tout monte au suprême degré ;
Il dresse l'idéal sur le démesuré ;
À l'appui du progrès, à l'appui des idées,
Il donne des raisons hautes de cent coudées ;
Pour cime et pour refuge il a la majesté
Des principes remplis d'une altière clarté ;
Le fier sommet du vrai, voilà son acropole ;
Il extrait Mirabeau du siècle de Walpole ;
Ce Paris qui pour tous fit toujours ce qu'il put
Est parfois Sybaris et jamais Lilliput,
Par la méchanceté naît où la hauteur cesse ;
Avec la petitesse on fait de la bassesse,

Et Paris n'est jamais petit ; il est géant
Jusque dans sa poussière et jusqu'en son néant ;
Le fond de ses fureurs est bon ; jamais la haine
Ne trouble sa colère auguste et ne la gêne ;
Le cœur s'attendrit mieux lorsque l'esprit comprend,
Et l'on n'est le meilleur qu'en étant le plus grand.
De là la dignité de Paris, sa logique
Souffrant pour l'homme avec une douceur tragique,
Et la fraternité qui gronde en son courroux.
Les tyrans dans leurs camps, les hiboux dans leurs trous,
Le craignent, car voulant la paix, il veut l'aurore.
À la tendance humaine, obscure et vague encore,
Il creuse un lit, il fixe un but, il donne un sens ;
Du juste et de l'injuste il connaît les versants ;
Et du côté de l'aube il l'aide à se répandre.
Certains problèmes sont des fruits d'or pleins de cendre,
Le fond de l'un est Tout, le fond de l'autre est Rien ;
On peut trouver le mal en cherchant trop le bien ;
Paris le sait ; Paris choisit ce qui doit vivre.
Le droit parfois devient un vin dont on s'enivre ;
Ayant tout éveillé Paris peut tout calmer ;
Sa grande loi Combattre a pour principe Aimer ;
Paris admet l'agape et non la saturnale,
Et c'est lui qui, soudain, de l'énigme infernale
Souffle le mot céleste au sphinx déconcerté.

Où le sphinx dit : Chaos, Paris dit : Liberté !

Lieu d'éclosion ! centre éclatant et sonore
Où tous les avenirs trouvent toute l'aurore !
Ô rendez-vous sacré de tous les lendemains !
Point d'intersection des vastes pas humains !
Paris, ville, esprit, voix ! tu parles, tu rédiges,
Tu décrètes, tu veux ! chez toi tous les prodiges
Viennent se rencontrer comme en leur carrefour.
Du paria de l'Inde au nègre du Darfour,
Tout sent un tremblement si ton pavé remue.
Paris, l'esprit humain dans ton nid fait sa mue ;
Langue nouvelle, droits nouveaux, nouvelles lois,
Être français après avoir été gaulois,

Il te doit tous ces grands changements de plumages.
Non, qui que vous soyez, non, quels que soient vos mages,

Vos docteurs, vos guerriers, vos chefs, quelle que soit
Votre splendeur qu'au fond de l'ombre on aperçoit,
Ô cités, fussiez-vous de phares constellées,
Quels que soient vos palais, vos tours, vos propylées,
Vos clartés, vos rumeurs, votre fourmillement,
Le genre humain gravite autour de cet aimant,
Paris, l'abolisseur des vieilles mœurs serviles,
Et vous ne pourrez pas le remplacer, ô villes,
Et, lui mort, consoler l'univers orphelin,
Non, non, pas même toi, Londres, ni toi, Berlin,
Ni toi, Vienne, ni toi, Madrid, ni toi, Byzance,
Si vous n'avez ainsi que lui cette puissance,
La joie, et cette force étrange, la bonté ;
Si, comme ce Paris charmant et redouté,
Vous n'avez cet éclair, l'amour, et si vous n'êtes
Océan aux ruisseaux et soleil aux planètes.

Car le genre humain veut que sa ville ait au front
L'auréole et dans l'œil le rire vif et prompt,
Qu'elle soit grande, gaie, héroïque et jalouse,
Et reste sa maîtresse en étant son épouse.

Et dire que cette œuvre auguste, que mille ans
Et mille ans ont bâtie, industrieux et lents,
Que la cité héros, que la ville prophète,
Dire, ô cieux éternels ! que la merveille faite
Par vingt siècles pensifs, patients et profonds,
Qui créèrent la flamme où nous nous réchauffons
Et mirent cette ville au centre de la sphère,
Une heure folle aurait suffi pour la défaire !

☆

Sombre année. Épopée en trois livres hideux.
Les hommes n'ont rien vu de tel au-dessus d'eux.
Attila. Puis Caïn. Maintenant Érostrate.

Ô torche misérable, abjecte, aveugle, ingrate !
Quoi ! disperser la ville unique à tous les vents !
Ce Paris qui remplit de son cœur les vivants,
Et fait planer qui rampe et penser qui végète !
Jeter au feu Paris comme le pâtre y jette,
En le poussant du pied, un rameau de sapin !
Quoi ! tout sacrifier ! quoi ! le grenier du pain !
Quoi ! la Bibliothèque, arche où l'aube se lève,
Insondable A B C de l'idéal, où rêve
Accoudé, le progrès, ce lecteur éternel,
Porte éclatante ouverte au bout du noir tunnel,
Grange où l'esprit de l'homme a mis sa gerbe immense !

Pour qui travaillez-vous ? où va votre démence ?
Deux faces ici-bas se regardent, le jour
Et la nuit, l'âpre Haine et le puissant Amour,
Deux principes, le bien et le mal, se soufflettent,
Et deux villes, qui sont deux mystères, reflètent,
Ce choc de deux éclairs devant nos yeux émus,
Et Rome est Arimane et Paris est Ormus[1].
Rome est le maître-autel où les vieux dogmes fument ;
Au sommet de Paris à flots de pourpre écument
En pleine éruption toutes les vérités,
La justice, jetant des rayons irrités,
La liberté, le droit, ces grandes clartés vierges.
En face de la Rome où vacillent les cierges,
Des révolutions Paris est le volcan.
Ici l'Hôtel-de-Ville et là le Vatican.
C'est au profit de l'un qu'on supprimerait l'autre.
Rome hait la raison dont Paris est l'apôtre.
Ô malheureux ! voyez où l'on vous entraîna.
Devant le lampion vous éteignez l'Etna !
Il ne resterait plus que cette lueur vile.
Le Vatican prospère où meurt l'Hôtel-de-Ville.
Deuil ! folie ! immoler l'âme au suaire noir,
La parole au bâillon, l'étoile à l'éteignoir,
La vérité qui sauve au mensonge qui frappe,
Et le Paris du peuple à la Rome du pape !

★

Le genre humain peut-il être décapité ?

Vous imaginez-vous cette haute cité
Qui fut des nations la parole, l'ouïe,
La vision, la vie et l'âme, évanouie !
Vous représentez-vous les peuples la cherchant ?
On ne voit plus sa lampe, on n'entend plus son chant.
C'était notre théâtre et notre sanctuaire ;
Elle était sur le globe ainsi qu'un statuaire
Sculptant l'homme futur à grands coups de maillet ;
L'univers espérait quand elle travaillait ;
Elle était l'éternelle, elle était l'immortelle ;
Qu'est-il donc arrivé d'horrible ? où donc est-elle ?
Vous les figurez-vous s'arrêtant tout à coup ?
Quel est ce pan de mur dans les ronces debout ?
Le Panthéon ; ce bronze épars, c'est la Colonne ;
Ce marais où l'essaim des corbeaux tourbillonne,
C'est la Bastille ; un coin farouche où tout se tait,
Où rien ne luit, c'est là que Notre-Dame était ;
La limace et le ver souillent de leurs morsures
Les pierres, ossements augustes des masures ;
Pas un toit n'est resté de toutes ces maisons
Qui du progrès humain reflétaient les saisons ;
Pas une de ces tours, silhouettes superbes ;
Plus de ponts, plus de quais ; des étangs sous des herbes,
Un fleuve extravasé dans l'ombre, devenu
Informe, et s'en allant dans un bois inconnu ;
Le vague bruit de l'eau que le vent triste emporte.
Et voyez-vous l'effet que ferait cette morte !

☆

Mais qui donc a jeté ce tison ? Quelle main,
Osant avec le jour tuer le lendemain,
A tenté ce forfait, ce rêve, ce mystère
D'abolir la ville astre, âme de notre terre,
Centre en qui respirait tout ce qu'on étouffait ?
Non, ce n'est pas toi, peuple, et tu ne l'as pas fait.
Non, vous les égarés, vous n'êtes pas coupables !

Le vénéneux essaim des causes impalpables,
Les vieux faits devenus invisibles vous ont
Troublé l'âme, et leur aile a battu votre front ;
Vous vous êtes sentis enivrés d'ombre obscure ;
Le taon vous poursuivait de son âcre piqûre,
Une rouge lueur flottait devant vos yeux,
Et vous avez été le taureau furieux.

J'accuse la Misère, et je traîne à la barre
Cet aveugle, ce sourd, ce bandit, ce barbare,
Le Passé ; je dénonce, ô royauté, chaos,
Tes vieilles lois d'où sont sortis les vieux fléaux !
Elles pèsent sur nous, dans le siècle où nous sommes,
Du poids de l'ignorance effrayante des hommes ;
Elles nous changent tous en frères ennemis ;
Elles seules ont fait le mal ; elles ont mis
La torche inepte aux mains des souffrants implacables.
Elles forgent les nœuds d'airain, les affreux câbles,
Les dogmes, les erreurs, dont on veut tout lier,
Rapetissent l'école et ferment l'atelier ;
Leur palais a ce gui misérable, l'échoppe ;
Elles font le jour louche et le regard myope ;
Courbent les volontés sous le joug étouffant ;
Vendent à la chaumière un peu d'air, à l'enfant
L'alphabet du mensonge, à tous la clarté fausse ;
Creusent mal le sillon et creusent bien la fosse ;
Ne savent ce que c'est qu'enseigner, qu'apaiser ;
Ont de l'or pour payer à Judas son baiser,
N'en ont point pour payer à Colomb son voyage ;
N'ont point, depuis les temps de Cyrus, d'Astyage,
De Cécrops, de Moïse et de Deucalion,
Fait un pas hors du lâche et sanglant talion ;
Livrent le faible aux forts, refusent l'âme aux femmes,
Sont imbéciles, sont féroces, sont infâmes !
Je dénonce les faux pontifes, les faux dieux,
Ceux qui n'ont pas d'amours et ceux qui n'ont pas d'yeux !
Non, je n'accuse rien du présent, ni personne ;
Non, le cri que je pousse et le glas que je sonne,
C'est contre le passé, fantôme encor debout
Dans les lois, dans les mœurs, dans les haines, dans tout.

J'accuse, ô nos aïeux, car l'heure est solennelle,
Votre société, la vieille criminelle !
La scélérate a fait tout ce que nous voyons ;
C'est elle qui sur l'âme et sur tous les rayons
Et sur tous les essors posa ses mains immondes,
Elle qui l'un par l'autre éclipsa les deux mondes,
La raison par la foi, la foi par la raison ;
Elle qui mit au haut des lois une prison ;
Elle qui, fourvoyant les hommes, même en France,
Créa la cécité qu'on appelle ignorance,
Leur ferma la science, et, marâtre pour eux,
Laissant noirs les esprits, fit les cœurs ténébreux !
Je l'accuse, et je veux qu'elle soit condamnée.
Elle vient d'enfanter cette effroyable année.
Elle égare parfois jusqu'à d'affreux souhaits
Toi-même, ô peuple immense et puissant qui la hais !
Le bœuf meurtri se dresse et frappe à coups de corne.
Elle a créé la foule inconsciente et morne,
Elle a tout opprimé, tout froissé, tout plié,
Tout blessé ; la rancune est un glaive oublié,
Mais qu'on retrouve ; hélas ! la haine est une dette.
Cette société que les vieux temps ont faite,
Depuis deux mille ans règne, usurpe notre bien,
Notre droit, et prend tout même à ceux qui n'ont rien ;
Elle fait dévorer le peuple aux parasites ;
La guerre et l'échafaud, voilà ses réussites ;
Elle n'a rien laissé que l'instinct animal
Au sauvage embusqué dans la forêt du mal ;
Elle répond de tout ce que peut faire l'homme ;
La bête fauve sort de la bête de somme,
L'esclave sous le fouet se révolte, et, battu,
Fuit dans l'ombre, et demande à l'enfer : Me veux-tu ?
Étonnez-vous après, ô semeurs de tempêtes,
Que ce souffre-douleur soit votre trouble-fêtes,
Et qu'il vous donne tort à tous sur tous les points ;
Qu'il soit hagard, fatal, sombre, et que ses deux poings
Reviennent tout à coup, sur notre tragédie
Secouer, l'un le meurtre, et l'autre l'incendie !
J'accuse le passé, vous dis-je ! il a tout fait.
Quand il abrutissait le peuple, il triomphait.

Il a Dieu pour fantôme et Satan pour ministre.
Hélas ! il a créé l'indigence sinistre
Qui saigne et qui se venge au hasard, sans savoir,
Et qui devient la haine, étant le désespoir !

Qui que vous soyez, vous que je sers et que j'aime,
Souffrants que dans le mal la main du crime sème,
Et que j'ai toujours plaints, avertis, défendus,
Ô vous les accablés, ô vous les éperdus,
Nos frères, repoussez celui qui vous exploite !
Suivez l'esprit qui plane et non l'esprit qui boite ;
Montez vers l'avenir, montez vers les clartés :
Mais ne vous laissez plus entraîner ! résistez !
Résistez, quel que soit le nom dont il se nomme,
À quiconque vous donne un conseil contre l'homme ;
Résistez aux douleurs, résistez à la faim.
Si vous saviez combien on fut près de la fin !

☆

Oh ! l'applaudissement des spectres est terrible !
Peuple, sur ta cité, comme aux temps de la Bible,
Quand l'incendie aux crins de flamme se leva,
Quand, ainsi que Ninive en proie à Jehovah,
Lutèce agonisa, maison de la lumière ;
Quand le Louvre prit feu comme un toit de chaumière,
Avec mil huit cent trente, avec quatre-vingt-neuf !
Quand la Seine coula rouge sous le pont Neuf ;
Quand le Palais, école où la justice épelle,
Soudain se détachant de la Sainte-Chapelle,
Tomba comme un haillon qu'une femme découd ;
Quand la destruction empourpra tout à coup
Le haut temple où Voltaire et Jean-Jacques dormirent,
Et tout ce vaste amas que les peuples admirent,
Dômes, arcs triomphaux, cirques, frontons, pavois,
D'où partent des clartés et d'où sortent des voix,
Quand on crut un moment voir la cité de gloire,
D'espérance et d'azur changée en ville noire,
Et Paris en fumée affreuse dissipé ;
Ce flamboiement lugubre, ainsi que dans Tempé

Avril vient doucement agiter les colombes,
Réveilla dans l'horreur sépulcrale les tombes ;
Et l'horizon s'emplit de fantômes criant :
Ô trépassés, venez voir mourir l'Orient !
Les méduses riaient avec leurs dents funèbres ;
Le ciel eut peur, la joie infâme des ténèbres
Éclata, l'ombre vint insulter le flambeau ;
Torquemada sortit du gouffre et dit : C'est beau.
Cisneros dit : Voilà le grand bûcher de l'Homme !
Sanchez grinça : L'abîme est fait. Regarde, ô Rome !
Tout ce qu'on nomme droit, principes absolus,
République, raison et liberté, n'est plus !
Tous les bourreaux, depuis Néron jusqu'à Zoïle,
Contents, vinrent jeter un tison dans la ville,
Et Borgia donna sa bénédiction.
Czars, sultans, Escobar, Rufin, Trimalcion,
Tous les conservateurs de l'antique souffrance,
Admirèrent, disant : C'est fini. Plus de France !
Ce qui s'achève ainsi ne recommence point.
À Danton interdit Brunswick montra le poing ;
On entendit mugir le veau d'or dans l'étable ;
Dans cette heure où le ciel devint épouvantable,
Le groupe monstrueux de tous les hommes noirs,
Sombre, et pour espérance ayant nos désespoirs,
Voyant sur toi, Paris, la mort ouvrir son aile,
Eut l'éblouissement de la nuit éternelle.

IV

Est-il jour ? Est-il nuit ? horreur crépusculaire !
Toute l'ombre est livrée à l'immense colère.
Coups de foudre, bruits sourds. Pâles, nous écoutons.
Le supplice imbécile et noir frappe à tâtons.
Rien de divin ne luit. Rien d'humain ne surnage.
Le hasard formidable erre dans le carnage,
Et mitraille un troupeau de vaincus, sans savoir

S'ils croyaient faire un crime ou remplir un devoir.
L'ombre engloutit Babel jusqu'aux plus hauts étages.
Des bandits ont tué soixante-quatre otages,
On réplique en tuant six mille prisonniers.
On pleure les premiers, on raille les derniers.
Le vent qui souffle a presque éteint cette veilleuse,
La conscience. Ô nuit ! brume ! heure périlleuse !
Les exterminateurs semblent doux, leur fureur
Plaît, et celui qui dit : Pardonnez ! fait horreur.
Ici l'armée et là le peuple ; c'est la France
Qui saigne ; et l'ignorance égorge l'ignorance.
Le droit tombe. Excepté Caïn, rien n'est debout.
Une sorte de crime épars flotte sur tout.
L'innocent paraît noir tant cette ombre le couvre.
L'un a brûlé le Louvre. Hein ? Qu'est-ce que le Louvre ?
Il ne le savait pas. L'autre, horribles exploits,
Fusille devant lui, stupide. Où sont les lois ?
Les ténèbres avec leurs sombres sœurs, les flammes,
Ont pris Paris, ont pris les cœurs, ont pris les âmes.
Je tue et ne vois pas. Je meurs et ne sais rien.
Tous mêlés, l'enfant blond, l'affreux galérien,
Pères, fils, jeunes, vieux, le démon avec l'ange,
L'homme de la pensée et l'homme de la fange,
Dans on ne sait quel gouffre expirent à la fois.
Dans l'effrayant brasier sait-on de quelles voix
Se compose le cri du bœuf d'airain qui beugle[1] ?

La mort sourde, ô terreur, fauche la foule aveugle.

V

UNE NUIT À BRUXELLES

Aux petits incidents il faut s'habituer.
Hier on est venu chez moi pour me tuer.
Mon tort dans ce pays c'est de croire aux asiles.
On ne sait quel ramas de pauvres imbéciles

S'est rué tout à coup la nuit sur ma maison.
Les arbres de la place en eurent le frisson,
Mais pas un habitant ne bougea. L'escalade
Fut longue, ardente, horrible, et Jeanne était malade.
Je conviens que j'avais pour elle un peu d'effroi.
Mes deux petits-enfants, quatre femmes et moi,
C'était la garnison de cette forteresse.
Rien ne vint secourir la maison en détresse.
La police fut sourde ayant affaire ailleurs.
Un dur caillou tranchant effleura Jeanne en pleurs.
Attaque de chauffeurs en pleine Forêt-Noire.
Ils criaient : Une échelle ! une poutre ! victoire !
Fracas où se perdaient nos appels sans écho.
Deux hommes apportaient du quartier Pachéco
Une poutre enlevée à quelque échafaudage.
Le jour naissant gênait la bande. L'abordage
Cessait, puis reprenait. Ils hurlaient haletants.
La poutre par bonheur n'arriva pas à temps.
« Assassin ! — C'était moi. — Nous voulons que tu meures !
Brigand ! Bandit ! » Ceci dura deux bonnes heures.
George avait calmé Jeanne en lui prenant la main.
Noir tumulte. Les voix n'avaient plus rien d'humain ;
Pensif, je rassurais les femmes en prières,
Et ma fenêtre était trouée à coups de pierres.
Il manquait là des cris de vive l'empereur !
La porte résista battue avec fureur.
Cinquante hommes armés montrèrent ce courage.
Et mon nom revenait dans des clameurs de rage :
À la lanterne ! à mort ! qu'il meure ! il nous le faut !
Par moments, méditant quelque nouvel assaut,
Tout ce tas furieux semblait reprendre haleine ;
Court répit ; un silence obscur et plein de haine
Se faisait au milieu de ce sombre viol ;
Et j'entendais au loin chanter un rossignol.

Bruxelles, 29 mai.

VI
EXPULSÉ DE BELGIQUE

« — Il est enjoint au sieur Hugo de par le roi
De quitter le royaume. » — Et je m'en vais. Pourquoi ?
Pourquoi ? mais c'est tout simple, amis. Je suis un homme
Qui, lorsque l'on dit : Tue ! hésite à dire : Assomme !
Quand la foule entraînée, hélas ! suit le torrent,
Je me permets d'avoir un avis différent ;
Le talion me fâche, et mon humeur bizarre
Préfère l'ange au tigre et John Brown à Pizarre ;
Je blâme sans pudeur les massacres en grand ;
Je ne bois pas de sang ; l'ordre, à l'état flagrant,
Exterminant, hurlant, bavant, tâchant de mordre,
Me semble, à moi songeur, fort semblable au désordre ;
J'assiste sans plaisir à ce hideux tournoi :
Cissey contre Duval, Rigault contre Vinoy[1].
Je hais qu'on joute à qui sera le plus féroce ;
Qu'un gueux aille pieds nus ou qu'il roule carrosse,
Qu'il soit prince ou goujat, j'ai le très méchant goût
De tout jeter, goujat et prince, au même égout ;
Mon mépris est égal pour la scélératesse
Qu'on tutoie et pour celle à qui l'on dit altesse ;
Je crois, s'il faut choisir, que je préfère encor
Le crime teint de boue au crime brodé d'or ;
J'excuse l'ignorant ; je ne crains pas de dire
Que la misère explique un accès de délire,
Qu'il ne faut pas pousser les gens au désespoir,
Que, si des dictateurs font un forfait bien noir,
L'homme du peuple en est juste aussi responsable
Que peut l'être d'un coup de vent le grain de sable ;
Le sable, arraché, pris et poussé par le vent,
Entre dans le simoun affreux, semble vivant,
Brûle et tue, et devient l'atome de l'abîme ;
Il fait la catastrophe et le vent fait le crime ;
Le vent c'est le despote. En ces obscurs combats,
S'il faut frapper, frappez en haut, et non en bas.

Si Rigault fut chacal, on a tort d'être hyène.
Quoi ! jeter un faubourg de Paris à Cayenne !
Quoi ! tous ces égarés, en faire des forçats !
Non ! je hais l'Île-aux-Pins et j'exècre Mazas.
Johannard est cruel et Serisier infâme[2].
Soit. Mais comprenez-vous quelle nuit a dans l'âme
Le travailleur sans pain l'été, sans feu l'hiver,
Qui voit son nouveau-né pâlir, nu comme un ver,
Qui lutte et souffre avec la faim pour récompense,
Qui ne sait rien, sinon qu'on l'opprime, et qui pense
Que détruire un palais, c'est détruire un tyran ?
Que de douleurs ! combien de chômages par an !
Songez-y, ne peut-il perdre enfin patience ?

Le croirait-on ? j'écoute en moi la conscience !
Quand j'entends crier : mort ! frappez ! sabrez ! je vais
Jusqu'à trouver qu'un meurtre au hasard est mauvais ;
Je m'étonne qu'on puisse, à l'époque où nous sommes,
Dans Paris, aller prendre une dizaine d'hommes,
Dire : Ils sont à peu près du quartier qui brûla,
Mitrailler à la hâte en masse tout cela,
Et les jeter vivants ou morts dans la chaux vive ;
Je recule devant une fosse plaintive ;
Ils sont là, je le sais, l'un sur l'autre engloutis,
Le mâle et la femelle, hélas ! et les petits !
Coupables, ignorants, innocents, pêle-mêle ;
Autour du noir charnier mon âme bat de l'aile.
Si des râles d'enfants m'appellent dans ce trou,
Je voudrais de la mort tirer le froid verrou ;
J'ai par des voix sortant de terre l'âme émue ;
Je n'aime pas sentir sous mes pieds qu'on remue,
Et je ne me suis pas encore habitué
À marcher sur les cris d'un homme mal tué ;
C'est pourquoi, moi vaincu, moi proscrit imbécile,
J'offre aux vaincus l'abri, j'offre aux proscrits l'asile,
Je l'offre à tous. À tous ! Je suis étrange au point
De voir tomber les gens sans leur montrer le poing ;
Je suis de ce parti dangereux qui fait grâce ;
Et demain j'ouvrirai ma porte, car tout passe,
À ceux qui sont vainqueurs quand ils seront vaincus ;

Je suis pour Cicéron et je suis pour Gracchus ;
Il suffit pour me faire indulgent, doux et sombre,
Que je voie une main suppliante dans l'ombre ;
Faible, à ceux qui sont forts j'ose jeter le gant.
Je crie : Ayez pitié ! Donc je suis un brigand.

Dehors ce monstre ! il est chez nous ! Il a l'audace
De se croire chez lui ! d'habiter cette place,
Ce quartier, ce logis, de payer les impôts,
Et de penser qu'il peut y dormir en repos !
Mais s'il reste, l'État court des périls, en somme.
Il faut bien vite mettre à la porte cet homme !

Je suis un scélérat. C'est une trahison,
Quand tout le monde est fou, d'invoquer la raison.
Je suis un malfaiteur. Faut-il qu'on vous le prouve ?
Comment ! si je voyais dans les dents de la louve
Un agneau, je voudrais l'en arracher ! Comment !
Je crois au droit d'asile, au peuple, au Dieu clément !
Le clergé s'épouvante et le sénat frissonne.
Horreur ! quoi ! j'ai pour loi de n'égorger personne !
Quoi ! cet homme n'est pas aux vengeances fougueux !
Il n'a point de colère et de haine, ce gueux !
Oui, l'accusation, je le confesse, est vraie.
Je voudrais dans le blé ne sarcler que l'ivraie ;
Je préfère à la foudre un rayon dans le ciel ;
Pour moi la plaie est mal guérie avec du fiel,
Et la fraternité c'est la grande justice.
C'est à qui détruira ; j'aime mieux qu'on bâtisse.
Pour moi la charité vaut toutes les vertus ;
Ceux que puissants on blesse, on les panse abattus ;
La pitié dans l'abîme où l'on souffre m'entraîne,
Et j'ai cette servante adorable pour reine ;
Je tâche de comprendre afin de pardonner ;
Je veux qu'on examine avant d'exterminer ;
Un feu de peloton pour résoudre un problème
Me déplaît. Fusiller un petit garçon blême,
À quoi bon ? Je voudrais qu'à l'école on l'admît,
Hélas ! et qu'il vécût ! — Là-dessus on frémit.
Ces opinions-là jamais ne se tolèrent !

« Et, pour comble d'effroi, les animaux parlèrent*. »
Un monsieur Ribeaucourt m'appelle individu[3].

Autre preuve. Une nuit, vers mon toit éperdu,
Une horde, poussant des hurlements infâmes,
Accourt, et deux enfants tout petits, quatre femmes,
Sous les pierres, les cris de mort, l'horreur, l'effroi,
Se réveillent... — Qui donc est le bandit ? C'est moi.
Certes !

      Le jour d'après, devant mon seuil éparse,
Une foule en gants blancs vient rire de la farce,
En criant : — C'est trop peu ! Qu'on rase la maison !
Qu'on y mette le feu ! — Cette foule a raison.
Il faut tuer celui qui ne veut pas qu'on tue ;
C'est juste. Le bon ordre exige une battue
Contre cet assassin plus noir qu'il n'en a l'air ;
Et puisqu'on veut brûler ma maison, il est clair
Que j'ai brûlé le Louvre ; et je suis l'étincelle
Qui dévore Paris en restant à Bruxelle.
Honneur à Mouravief et gloire à Galifet[4] !
On me lapide et l'on m'exile. C'est bien fait.

Ô beauté de l'aurore ! ô majesté de l'astre !
Gibelin contre Guelfe, Yorck contre Lancastre,
Capulet, Montaigu, qu'importe ! que me font
Leurs cris, puisque voilà le firmament profond !
Âme, on a de la place aux voûtes éternelles.
Le sol manque à nos pieds, non l'azur à nos ailes.
Le despote est partout sur terre, atroce et laid,
Maître par un profit et par l'autre valet ;
Mais l'aube est pure, l'air est bon, l'abîme est libre ;
L'immense équité sort de l'immense équilibre ;
Évadons-nous là-haut ! et vivons ! Le songeur
Se plonge, ô ciel sublime, en ta chaste rougeur ;
Dans ta pudeur sacrée, Ombre, il se réfugie.
Dieu créa le banquet dont l'homme a fait l'orgie.
Le penseur hait la fête affreuse des tyrans.

---

* DELILLE, *Géorgiques* : Pecudesque locutæ.

Il voit Dieu calme au fond des gouffres transparents,
Et, saignant, pâle, après les épreuves sans nombre,
Se sent le bienvenu dans la profondeur sombre.
Il va. Sa conscience est là, rien ne dément
Cette boussole ayant l'idéal pour aimant ;
Plus de frontière, plus d'obstacle, plus de borne ;
Il plane. En vain sur lui la Fatalité morne
Tend son filet sinistre où dans les hideux fils
Se croisent les douleurs, les haines, les exils,
Il ne se plaint pas. Fier devant la tourbe immonde,
Il rit puisque le ciel s'offre à qui perd le monde,
Puisqu'il a pour abri cette hospitalité ;
Et puisqu'il peut, ô joie ! ô gouffre ! ô liberté !
Domptant le sort, bravant le mal, perçant les voiles,
Par les hommes chassé, s'enfuir dans les étoiles !

Juin

I

Un jour je vis le sang couler de toutes parts ;
Un immense massacre était dans l'ombre épars ;
Et l'on tuait. Pourquoi ? Pour tuer. Ô misère !
Voyant cela, je crus qu'il était nécessaire
Que quelqu'un élevât la voix, et je parlai.
Je dis que Montrevel et Bâville et Harlay
N'étaient point de ce siècle, et qu'en des jours de trouble
Par la noirceur de tous l'obscurité redouble ;
J'affirmai qu'il est bon d'examiner un peu
Avant de dire En joue et de commander Feu !
Car épargner les fous, même les téméraires,
À ceux qu'on a vaincus montrer qu'on est leurs frères,
Est juste et sage ; il faut s'entendre, il faut s'unir ;
Je rappelai qu'un Dieu nous voit, que l'avenir,
Sombre lorsqu'on se hait, s'éclaire quand on s'aime,
Et que le malheur croît pour celui qui le sème ;
Je déclarai qu'on peut tout calmer par degrés ;
Que des assassinats ne sont point réparés
Par un crime nouveau que sur l'autre on enfonce ;
Qu'on ne fait pas au meurtre une bonne réponse
En mitraillant des tas de femmes et d'enfants ;
Que changer en bourreaux des soldats triomphants,
C'est leur faire une gloire où la honte surnage ;
Et, pensif, je me mis en travers du carnage.
Triste, n'approuvant pas la grandeur du linceul,
Estimant que la peine est au coupable seul,
Pensant qu'il ne faut point, hélas ! jeter le crime
De quelques-uns sur tous, et punir par l'abîme

Paris, un peuple, un monde, au hasard châtié,
Je dis : Faites justice, oui, mais ayez pitié !
Alors je fus l'objet de la haine publique.
L'église m'a lancé l'anathème biblique,
Les rois l'expulsion, les passants des cailloux ;
Quiconque a de la boue en a jeté ; les loups,
Les chiens, ont aboyé derrière moi ; la foule
M'a hué presque autant qu'un tyran qui s'écroule ;
On m'a montré le poing dans la rue ; et j'ai dû
Voir plus d'un vieil ami m'éviter éperdu.
Les tueurs souriants et les viveurs féroces,
Ceux qui d'un tombereau font suivre leurs carrosses,
Les danseurs d'autrefois, égorgeurs d'à présent,
Ceux qui boivent du vin de Champagne et du sang,
Ceux qui sont élégants tout en étant farouches,
Les Haynau, les Tavanne, ayant d'étranges mouches,
Noires, que le charnier connaît, sur leur bâton,
Les improvisateurs des feux de peloton,
Le juge Lynch, le roi Bomba, Mingrat le prêtre[1],
M'ont crié : Meurtrier ! et Judas m'a dit : Traître !

II

Quoi ! rester fraternel, c'est être chimérique !
Rêver l'Europe libre autant que l'Amérique,
Réclamer l'équité, l'examen, la raison,
C'est faire du nuage et du vent sa maison !
Voir un triomphe vaste et dur, ne pas s'y joindre,
Empêcher qu'il soit pire et tâcher qu'il soit moindre,
Quoi ! ne point accabler les malheureux, offrir
L'homme à l'homme, et l'asile à ceux qui vont mourir,
Ne pas prendre le faible et l'aveugle pour cible,
Pardonner, c'est vouloir habiter l'impossible !
Dire qu'on doit la loi juste, le droit commun
Même aux brigands, même aux bandits, c'est en être un !
N'importe ! il faut lutter. L'heure sombre est venue.

Quant à ton âge, eh bien, sois vieux, et continue,
Vétéran. Tu seras renié de nouveau.
Les plus cléments auront pitié de ton cerveau.
Tu seras le maudit qu'on raille ou qu'on foudroie,
Tu seras insulté, hué, traqué, la proie
Des calomniateurs au crime toujours prêts,
Tu seras lapidé, proscrit. Eh bien, après ?

III

Par une sérénade on fête ma clémence.
À mort ! est le refrain de la douce romance.
Les journaux prêtres font un vacarme effrayant.
— Cet homme ose défendre un ennemi fuyant !
Quelle audace ! il nous croit honnêtes ! il nous brave ! —
Les maîtres ont la rage et les valets la bave.
Meute de sacristains, meute de hobereaux.
L'encensoir furieux me casse mes carreaux ;
De tous les goupillons, de toutes les prières,
L'eau bénite sur moi tombe en grêle de pierres ;
On m'exorcise tant qu'on m'assassine un peu.
Bref je suis expulsé par la grâce de Dieu.
— Va-t'en ! — tous les pavés pleuvent, et tous les styles.
Je suis presque ébloui de tant de projectiles.
Au-dessus de mon nom on sonne le tocsin.
— Brigand ! incendiaire ! assassin ! assassin ! —
Et nous restons, après cette bataille insigne,
Eux, blancs comme un corbeau, moi, noir comme le cygne.

IV

Je n'ai pas de palais épiscopal en ville,
Je n'ai pas de prébende et de liste civile,
Nul temple n'offre un trône à mon humilité,
Nul suisse en colonel ne brille à mon côté,
Je ne me montre pas aux gros yeux des ganaches
Sous un dais, à ses coins ayant quatre panaches ;
La France, même au fond de l'abîme, est pour moi
Le grand peuple en travail d'où sort la grande loi ;
Je hais qu'on la bâillonne ou qu'on la fleurdelyse ;
Je ne demande pas aux passants dans l'église
Tant pour voir le bon Dieu s'il est peint par Van-Dyck ;
Je n'ai ni marguillier, ni bedeau, ni syndic,
Ni custode, ni clerc, ni diacre, ni vicaire ;
Je ne garde aucun saint dans aucun reliquaire ;
Je n'ai pas de miracle en bouteille sous clé ;
Mon vêtement n'est pas de diamants bouclé ;
Je ne suis pas payé quand je fais ma prière ;
Je suis fort mal en cour ; aucune douairière
Ne m'admire quêtant des sous dans un plat rond,
La chape d'or au cou, la mitre d'or au front ;
Je ne fais point baiser ma main aux bonnes femmes ;
Je vénère le ciel, mais sans le vendre aux âmes ;
On ne m'appelle pas monseigneur ; je me plais
Dans les champs, et mes bas ne sont pas violets ;
Les fautes que je fais sont des fautes sincères ;
L'hypocrisie et moi sommes deux adversaires ;
Je crois ce que je dis, je fais ce que je crois ;
Je mets près de Socrate aux fers Jésus en croix ;
Lorsqu'un homme est traqué comme une bête fauve,
Fût-il mon ennemi, si je peux, je le sauve ;
Je méprise Basile et dédaigne Scapin ;
Je donne à l'enfant pauvre un morceau de mon pain ;
J'ai lutté pour le vrai, pour le bon, pour l'honnête,
Et j'ai subi vingt ans l'exil dans la tempête ;
Je recommencerai demain, si Dieu le veut ;
Ma conscience dit : — Marche ! — rien ne m'émeut,

J'obéis, et je vais, malgré les vents contraires,
Et je fais mon devoir ; et c'est pourquoi, mes frères,
Au dire du journal de l'évêque de Gand,
Si je n'étais un fou, je serais un brigand.

V

EN QUITTANT BRUXELLES

Ah ! ce n'est pas aisé, suivre la voie étroite,
Donner tort à la foule et rester l'âme droite,
Protéger l'éternelle équité qu'on meurtrit.
Quand le proscrit l'essaie, on redonne au proscrit
Toute la quantité d'exil dont on dispose.

Pourtant n'exile point qui veut. C'est une chose
Inexprimable, affreuse et sainte que l'exil.
Chercher son toit dans l'ombre et dire : Où donc est-il ?
Songer, vieux, dans les deuils et les mélancolies,
Aux fleurs qu'avec des mains d'enfant on a cueillies,
À tel noir coin de rue autrefois plein d'attrait
À cause d'un regard furtif qu'on rencontrait ;
Se rappeler les temps, les anciennes aurores,
Et dans les champs plus verts les oiseaux plus sonores ;
Ne plus trouver au ciel la couleur qu'il avait ;
Penser aux morts ; hélas ! ne plus voir leur chevet,
Hélas ! ne pouvoir plus leur parler dans la tombe ;
C'est là l'exil.

                    L'exil, c'est la goutte qui tombe,
Et perce lentement et lâchement punit
Un cœur que le devoir avait fait de granit ;
C'est la peine infligée à l'innocent, au juste,
Et dont ce condamné, sous Tarquin, sous Auguste,
Sous Bonaparte, rois et césars teints de sang,
Meurt, parce qu'il est juste et qu'il est innocent.
Un exil, c'est un lieu d'ombre et de nostalgie ;

On ne sait quelle brume en silence élargie,
Que tout, un chant qui passe, un bois sombre, un récif,
Un souffle, un bruit, fait croître autour d'un front pensif.
Oh ! la patrie existe ! Elle seule est terrible.
Elle seule nous tient par un fil invisible ;
Elle seule apparaît charmante à qui la perd ;
Elle seule en fuyant fait le monde désert ;
Elle seule à ses champs, hélas ! restés les nôtres,
À ses arbres qui n'ont point la forme des autres,
À sa rive, à son ciel, ramène tous nos pas.
L'étranger peut bannir, mais il n'exile pas.

VI

À MADAME PAUL MEURICE

Ce que j'ai fait est bien. J'en suis puni. C'est juste.
Vous qui, dans l'affreux siège et dans l'épreuve auguste,
Fûtes vaillante, calme et charmante, bravant
Cette guerre hideuse et ce noir coup de vent,
Belle âme que le ciel fit sœur d'une âme haute,
Femme du penseur fier et doux, dont j'étais l'hôte,
Vous qui saviez donner appui, porter secours,
Aider, lutter, souffrir, et sourire toujours,
Vous voyez ce qui m'est arrivé. Peu de chose.
Vous m'avez vu rentrer dans une apothéose,
Vous me voyez chassé par l'exécration.
En moins d'un an. C'est court. Rome, Athène et Sion
Faisaient ainsi. Paris a les mêmes droits qu'elles.
D'autres villes peut-être ont moins de nerfs. Lesquelles ?
Il n'en est pas. Prenons le destin comme il est.
Épargner Montaigu, c'est blesser Capulet.
Or Capulet étant le plus fort, en abuse.
Je suis un malfaiteur et je suis une buse.
Soit. On m'insulte, moi qu'hier on acclamait.
C'est pour me jeter bas qu'on m'a mis au sommet.
Ce genre de triomphe, est-ce pas ? vaut bien l'autre.

J'en atteste, madame, un cœur comme le vôtre,
Et vous tous, dont l'esprit n'est jamais obscurci,
Vieux proscrits, n'est-ce pas que je vous plais ainsi ?
J'ai défendu le peuple et combattu le prêtre.
N'est-ce pas que l'abîme est beau, qu'il est bon d'être
Maudit avec Barbès, avec Garibaldi,
Et que vous m'aimez mieux lapidé qu'applaudi ?

VII

Je n'ai point de colère et cela vous étonne.
Votre tonnerre tousse et vous croyez qu'il tonne ;
Grondants, vous essoufflez sur moi votre aquilon :
Votre petit éclair me pique le talon ;
Je n'ai pas l'air de voir la peine qu'il se donne ;
Vous sentez quelque chose en moi qui vous pardonne,
Cela vous froisse. Au fait, on est trop châtié
De vouloir faire mal et de faire pitié.
Quoi ! s'unir contre un homme, en tenter l'escalade,
Et n'avoir même pas l'honneur d'une ruade !
Ne pas recevoir même un soufflet ! c'est blessant.
Le proscrit parfois tombe et jamais ne descend ;
Il laisse autour de lui grincer la haine infâme ;
Ce n'est pas pour cela qu'il dérange son âme,
Donc soyez furieux. Serai-je irrité ? Non.
Je doute que j'en vienne à savoir votre nom.
Les vieux bannis pensifs sont une race inculte ;
Avant de nous fâcher parce qu'on nous insulte,
C'est notre usage à nous qui sommes exigeants
De regarder un peu la stature des gens.

VIII

À QUI LA FAUTE ?

Tu viens d'incendier la Bibliothèque ?

                                    — Oui.
J'ai mis le feu là.

                    — Mais c'est un crime inouï,
Crime commis par toi contre toi-même, infâme !
Mais tu viens de tuer le rayon de ton âme !
C'est ton propre flambleau que tu viens de souffler !
Ce que ta rage impie et folle ose brûler,
C'est ton bien, ton trésor, ta dot, ton héritage !
Le livre, hostile au maître, est à ton avantage.
Le livre a toujours pris fait et cause pour toi.
Une bibliothèque est un acte de foi
Des générations ténébreuses encore
Qui rendent dans la nuit témoignage à l'aurore.
Quoi ! dans ce vénérable amas des vérités,
Dans ces chefs-d'œuvre pleins de foudre et de clartés,
Dans ce tombeau des temps devenu répertoire,
Dans les siècles, dans l'homme antique, dans l'histoire,
Dans le passé, leçon qu'épelle l'avenir,
Dans ce qui commença pour ne jamais finir,
Dans les poëtes ! quoi, dans ce gouffre des bibles,
Dans le divin monceau des Eschyles terribles,
Des Homères, des Jobs, debout sur l'horizon,
Dans Molière, Voltaire et Kant, dans la raison,
Tu jettes, misérable, une torche enflammée !
De tout l'esprit humain tu fais de la fumée !
As-tu donc oublié que ton libérateur,
C'est le livre ? le livre est là sur la hauteur ;
Il luit ; parce qu'il brille et qu'il les illumine,
Il détruit l'échafaud, la guerre, la famine ;
Il parle ; plus d'esclave et plus de paria.
Ouvre un livre. Platon, Milton, Beccaria.

Lis ces prophètes, Dante, ou Shakspeare, ou Corneille ;
L'âme immense qu'ils ont en eux, en toi s'éveille ;
Ébloui, tu te sens le même homme qu'eux tous ;
Tu deviens en lisant grave, pensif et doux ;
Tu sens dans ton esprit tous ces grands hommes croître ;
Ils t'enseignent ainsi que l'aube éclaire un cloître ;
À mesure qu'il plonge en ton cœur plus avant,
Leur chaud rayon t'apaise et te fait plus vivant ;
Ton âme interrogée est prête à leur répondre ;
Tu te reconnais bon, puis meilleur ; tu sens fondre
Comme la neige au feu, ton orgueil, tes fureurs,
Le mal, les préjugés, les rois, les empereurs !
Car la science en l'homme arrive la première.
Puis vient la liberté. Toute cette lumière,
C'est à toi, comprends donc, et c'est toi qui l'éteins !
Les buts rêvés par toi sont par le livre atteints.
Le livre en ta pensée entre, il défait en elle
Les liens que l'erreur à la vérité mêle,
Car toute conscience est un nœud gordien.
Il est ton médecin, ton guide, ton gardien.
Ta haine, il la guérit ; ta démence, il te l'ôte.
Voilà ce que tu perds, hélas, et par ta faute !
Le livre est ta richesse à toi ! c'est le savoir,
Le droit, la vérité, la vertu, le devoir,
Le progrès, la raison dissipant tout délire.
Et tu détruis cela, toi !

                    — Je ne sais pas lire.

                         IX

La prisonnière passe, elle est blessée. Elle a
On ne sait quel aveu sur le front. La voilà !
On l'insulte ! Elle a l'air des bêtes à la chaîne.
On la voit à travers un nuage de haine.
Qu'a-t-elle fait ? Cherchez dans l'ombre et dans les cris,

Cherchez dans la fumée affreuse de Paris.
Personne ne le sait. Le sait-elle elle-même ?
Ce qui pour l'homme est crime est pour l'esprit problème.
La faim, quelque conseil ténébreux, un bandit
Si monstrueux qu'on l'aime et qu'on fait ce qu'il dit,
C'est assez pour qu'un être obscur se dénature.
Ce noir plan incliné qu'on nomme l'aventure,
La pente des instincts fauves, le fatal vent
Du malheur en courroux profond se dépravant,
Cette sombre forêt que la guerre civile
Toujours révèle au fond de toute grande ville,
Dire : D'autres ont tout, et moi qu'est-ce que j'ai ?
Songer, être en haillons, et n'avoir pas mangé,
Tout le mal sort de là. Pas de pain sur la table ;
Il ne faut rien de plus pour être épouvantable.
Elle passe au milieu des foules sans pitié.
Quand on a triomphé, quand on a châtié,
Qu'a-t-on devant les yeux ? la victoire aveuglante.
Tout Versaille est en fête. Elle se tait sanglante.
Le passant rit, l'essaim des enfants la poursuit
De tous les cris que peut jeter l'aube à la nuit.
L'amer silence écume aux deux coins de sa bouche ;
Rien ne fait tressaillir sa surdité farouche ;
Elle a l'air de trouver le soleil ennuyeux ;
Une sorte d'effroi féroce est dans ses yeux ;
Des femmes cependant, hors des vertes allées,
Douces têtes, des fleurs du printemps étoilées,
Charmantes, laissant pendre au bras de quelque amant
Leur main exquise et blanche où brille un diamant,
Accourent. Oh ! l'infâme ! on la tient ! quelle joie !
Et du manche sculpté d'une ombrelle de soie,
Frais et riants bourreaux du noir monstre inclément,
Elles fouillent sa plaie avec rage et gaîment.
Je plains la misérable ; elles, je les réprouve.
Les chiennes font horreur venant mordre la louve.

X

Une femme m'a dit ceci : — J'ai pris la fuite.
Ma fille que j'avais au sein, toute petite,
Criait, et j'avais peur qu'on n'entendît sa voix.
Figurez-vous, c'était un enfant de deux mois ;
Elle n'avait pas plus de force qu'une mouche.
Mes baisers essayaient de lui fermer la bouche,
Elle criait toujours ; hélas ! elle râlait.
Elle voulait téter, je n'avais plus de lait.
Toute une nuit s'était de la sorte écoulée.
Je me cachais derrière une porte d'allée,
Je pleurais, je voyais les chassepots briller.
On cherchait mon mari qu'on voulait fusiller.
Tout à coup, le matin, sous cette horrible porte,
L'enfant ne cria plus. Monsieur, elle était morte.
Je la touchai ; monsieur, elle était froide. Alors,
Cela m'était égal qu'on me tuât ; dehors,
Au hasard, j'emportai ma fille, j'étais folle,
J'ai couru, des passants m'adressaient la parole,
Mais je me suis enfuie, et, je ne sais plus où,
J'ai creusé de mes mains dans la campagne un trou,
Au pied d'un arbre, au coin d'un enclos solitaire ;
Et j'ai couché mon ange endormi dans la terre ;
L'enfant qu'on allaita, c'est dur de l'enterrer.

Et le père était là qui se mit à pleurer.

XI

Sur une barricade, au milieu des pavés
Souillés d'un sang coupable et d'un sang pur lavés,
Un enfant de douze ans est pris avec des hommes.
— Es-tu de ceux-là, toi ? — L'enfant dit : Nous en sommes.

— C'est bon, dit l'officier, on va te fusiller.
Attends ton tour. — L'enfant voit des éclairs briller,
Et tous ses compagnons tomber sous la muraille.
Il dit à l'officier : Permettez-vous que j'aille
Rapporter cette montre à ma mère chez nous ?
— Tu veux t'enfuir ? — Je vais revenir. — Ces voyous
Ont peur ! où loges-tu ? — Là, près de la fontaine.
Et je vais revenir, monsieur le capitaine.
— Va-t'en, drôle ! — L'enfant s'en va. — Piège grossier !
Et les soldats riaient avec leur officier,
Et les mourants mêlaient à ce rire leur râle ;
Mais le rire cessa, car soudain l'enfant pâle
Brusquement reparu, fier comme Viala,
Vint s'adosser au mur et leur dit : Me voilà.

La mort stupide eut honte et l'officier fit grâce.

Enfant, je ne sais point, dans l'ouragan qui passe
Et confond tout, le bien, le mal, héros, bandits,
Ce qui dans ce combat te poussait, mais je dis
Que ton âme ignorante est une âme sublime.
Bon et brave, tu fais, dans le fond de l'abîme,
Deux pas, l'un vers ta mère et l'autre vers la mort ;
L'enfant a la candeur et l'homme a le remord,
Et tu ne réponds point de ce qu'on te fit faire ;
Mais l'enfant est superbe et vaillant qui préfère
À la fuite, à la vie, à l'aube, aux jeux permis,
Au printemps, le mur sombre où sont morts ses amis.
La gloire au front te baise, ô toi si jeune encore !
Doux ami, dans la Grèce antique, Stésichore
T'eût chargé de défendre une porte d'Argos ;
Cinégyre t'eût dit : Nous sommes deux égaux !
Et tu serais admis au rang des purs éphèbes
Par Tyrtée à Messène et par Eschyle à Thèbes.
On graverait ton nom sur des disques d'airain ;
Et tu serais de ceux qui, sous le ciel serein,
S'ils passent près du puits ombragé par le saule,
Font que la jeune fille ayant sur son épaule
L'urne où s'abreuveront les buffles haletants,
Pensive, se retourne et regarde longtemps.

XII

LES FUSILLÉS

Guerre qui veut Tacite et qui repousse Homère !
La victoire s'achève en massacre sommaire.
Ceux qui sont satisfaits sont furieux ; j'entends
Dire : — Il faut en finir avec les mécontents. —
Alceste est aujourd'hui fusillé par Philinte.
Faites.

      Partout la mort. Eh bien, pas une plainte.
Ô blé que le destin fauche avant qu'il soit mûr !
Ô peuple !

      On les amène au pied de l'affreux mur.
C'est bien. Ils ont été battus du vent contraire.
L'homme dit au soldat qui l'ajuste : Adieu, frère.
La femme dit : — Mon homme est tué. C'est assez.
Je ne sais s'il eut tort ou raison, mais je sais
Que nous avons traîné le malheur côte à côte ;
Il fut mon compagnon de chaîne ; si l'on m'ôte
Cet homme, je n'ai plus besoin de vivre. Ainsi
Puisqu'il est mort, il faut que je meure. Merci. —
Et dans les carrefours les cadavres s'entassent.
Dans un noir peloton vingt jeunes filles passent ;
Elles chantent ; leur grâce et leur calme innocent
Inquiètent la foule effarée ; un passant
Tremble. — Où donc allez-vous ? dit-il à la plus belle.
Parlez. — Je crois qu'on va nous fusiller, dit-elle.
Un bruit lugubre emplit la caserne Lobau ;
C'est le tonnerre ouvrant et fermant le tombeau.
Là des tas d'hommes sont mitraillés ; nul ne pleure ;
Il semble que leur mort à peine les effleure,
Qu'ils ont hâte de fuir un monde âpre, incomplet,
Triste, et que cette mise en liberté leur plaît.

Nul ne bronche. On adosse à la même muraille
Le petit-fils avec l'aïeul, et l'aïeul raille,
Et l'enfant blond et frais s'écrie en riant : Feu !

Ce rire, ce dédain tragique, est un aveu.
Gouffre de glace ! énigme où se perd le prophète !
Donc ils ne tiennent pas à la vie ; elle est faite
De façon qu'il leur est égal de s'en aller.
C'est en plein mois de mai ; tout veut vivre et mêler
Son instinct ou son âme à la douceur des choses ;
Ces filles-là devraient aller cueillir des roses ;
L'enfant devrait jouer dans un rayon vermeil ;
L'hiver de ce vieillard devrait fondre au soleil ;
Ces âmes devraient être ainsi que des corbeilles
S'emplissant de parfums, de murmures d'abeilles,
De chants d'oiseaux, de fleurs, d'extase, de printemps !
Tous devraient être d'aube et d'amour palpitants.
Eh bien, dans ce beau mois de lumière et d'ivresse,
Ô terreur ! c'est la mort qui brusquement se dresse,
La grande aveugle, l'ombre implacable et sans yeux ;
Oh ! comme ils vont trembler et crier sous les cieux,
Sangloter, appeler à leur aide la ville,
La nation qui hait l'Euménide civile,
Toute la France, nous, nous tous qui détestons
Le meurtre pêle-mêle et la guerre à tâtons !
Comme ils vont, l'œil en pleurs, bras tordus, mains crispées,
Supplier les canons, les fusils, les épées,
Se cramponner aux murs, s'attacher aux passants,
Et fuir, et refuser la tombe, frémissants ;
Et hurler : On nous tue ! au secours ! grâce ! grâce !
Non. Ils sont étrangers à tout ce qui se passe ;
Ils regardent la mort qui vient les emmener.
Soit. Ils ne lui font pas l'honneur de s'étonner.
Ils avaient dès longtemps ce spectre en leur pensée.
Leur fosse dans leur cœur était toute creusée.
Viens, mort !

                    Être avec nous, cela les étouffait.
Ils partent. Qu'est-ce donc que nous leur avions fait ?
Ô révélation ! Qu'est-ce donc que nous sommes

Pour qu'ils laissent ainsi derrière eux tous les hommes,
Sans un cri, sans daigner pleurer, sans un regret ?
Nous pleurons, nous. Leur cœur au supplice était prêt.
Que leur font nos pitiés tardives ? Oh ! quelle ombre !
Que fûmes-nous pour eux avant cette heure sombre ?
Avons-nous protégé ces femmes ? Avons-nous
Pris ces enfants tremblants et nus sur nos genoux ?
L'un sait-il travailler et l'autre sait-il lire ?
L'ignorance finit par être le délire ;
Les avons-nous instruits, aimés, guidés enfin,
Et n'ont-ils pas eu froid ? et n'ont-ils pas eu faim ?
C'est pour cela qu'ils ont brûlé vos Tuileries[1].
Je le déclare au nom de ces âmes meurtries,
Moi, l'homme exempt des deuils de parade et d'emprunt,
Qu'un enfant mort émeut plus qu'un palais défunt
C'est pour cela qu'ils sont les mourants formidables,
Qu'ils ne se plaignent pas, qu'ils restent insondables,
Souriants, menaçants, indifférents, altiers,
Et qu'ils se laissent presque égorger volontiers.
Méditons. Ces damnés, qu'aujourd'hui l'on foudroie,
N'ont pas de désespoir n'ayant pas eu de joie.
Le sort de tous se lie à leur sort. Il le faut.
Frères, bonheur en bas, sinon malheur en haut !
Hélas ! faisons aimer la vie aux misérables.
Sinon, pas d'équilibre. Ordre vrai, lois durables,
Fortes mœurs, paix charmante et virile pourtant,
Tout, vous trouverez tout dans le pauvre content.
La nuit est une énigme ayant pour mot l'étoile.
Cherchons. Le fond du cœur des souffrants se dévoile.
Le sphinx, resté masqué, montre sa nudité.
Ténébreux d'un côté, clair de l'autre côté,
Le noir problème entr'ouvre à demi la fenêtre
Par où le flamboiement de l'abîme pénètre.
Songeons, puisque sur eux le suaire est jeté,
Et comprenons. Je dis que la société
N'est point à l'aise ayant sur elle ces fantômes ;
Que leur rire est terrible entre tous les symptômes,
Et qu'il faut trembler, tant qu'on n'aura pu guérir
Cette facilité sinistre de mourir.

XIII
À CEUX QU'ON FOULE AUX PIEDS

Oh ! je suis avec vous ! j'ai cette sombre joie.
Ceux qu'on accable, ceux qu'on frappe et qu'on foudroie
M'attirent ; je me sens leur frère ; je défends
Terrassés ceux que j'ai combattus triomphants ;
Je veux, car ce qui fait la nuit sur tous m'éclaire,
Oublier leur injure, oublier leur colère,
Et de quels noms de haine ils m'appelaient entre eux.
Je n'ai plus d'ennemis quand ils sont malheureux.
Mais surtout c'est le peuple, attendant son salaire,
Le peuple, qui parfois devient impopulaire,
C'est lui, famille triste, hommes, femmes, enfants,
Droit, avenir, travaux, douleurs, que je défends ;
Je défends l'égaré, le faible, et cette foule
Qui, n'ayant jamais eu de point d'appui, s'écroule
Et tombe folle au fond des noirs événements ;
Étant les ignorants, ils sont les incléments ;
Hélas ! combien de temps faudra-t-il vous redire
À vous tous, que c'était à vous de les conduire,
Qu'il fallait leur donner leur part de la cité,
Que votre aveuglement produit leur cécité ;
D'une tutelle avare on recueille les suites,
Et le mal qu'ils vous font, c'est vous qui le leur fîtes.
Vous ne les avez pas guidés, pris par la main,
Et renseignés sur l'ombre et sur le vrai chemin ;
Vous les avez laissés en proie au labyrinthe.
Ils sont votre épouvante et vous êtes leur crainte ;
C'est qu'ils n'ont pas senti votre fraternité.
Ils errent ; l'instinct bon se nourrit de clarté ;
Ils n'ont rien dont leur âme obscure se repaisse ;
Ils cherchent des lueurs dans la nuit, plus épaisse
Et plus morne là-haut que les branches des bois ;
Pas un phare. À tâtons, en détresse, aux abois,
Comment peut-il penser celui qui ne peut vivre ?

En tournant dans un cercle horrible, on devient ivre ;
La misère, âpre roue, étourdit Ixion.
Et c'est pourquoi j'ai pris la résolution
De demander pour tous le pain et la lumière.

Ce n'est pas le canon du noir vendémiaire,
Ni les boulets de juin, ni les bombes de mai,
Qui font la haine éteinte et l'ulcère fermé.
Moi, pour aider le peuple à résoudre un problème,
Je me penche vers lui. Commencement : je l'aime.
Le reste vient après. Oui, je suis avec vous,
J'ai l'obstination farouche d'être doux,
Ô vaincus, et je dis : Non, pas de représailles !
Ô mon vieux cœur pensif, jamais tu ne tressailles
Mieux que sur l'homme en pleurs, et toujours tu vibras
Pour des mères ayant leurs enfants dans les bras.

Quand je pense qu'on a tué des femmes grosses,
Qu'on a vu le matin des mains sortir des fosses,
Ô pitié ! quand je pense à ceux qui vont partir !
Ne disons pas : Je fus proscrit, je fus martyr.
Ne parlons pas de nous devant ces deuils terribles ;
De toutes les douleurs ils traversent les cribles ;
Ils sont vannés au vent qui les emporte, et vont
Dans on ne sait quelle ombre au fond du ciel profond.
Où ? qui le sait ? leurs bras vers nous en vain se dressent.
Oh ! ces pontons sur qui j'ai pleuré reparaissent,
Avec leurs entreponts où l'on expire, ayant
Sur soi l'énormité du navire fuyant !
On ne peut se lever debout ; le plancher tremble ;
On mange avec les doigts au baquet tous ensemble,
On boit l'un après l'autre au bidon, on a chaud,
On a froid, l'ouragan tourmente le cachot,
L'eau gronde, et l'on ne voit, parmi ces bruits funèbres,
Qu'un canon allongeant son cou dans les ténèbres.
Je retombe en ce deuil qui jadis m'étouffait.
Personne n'est méchant, et que de mal on fait !

Combien d'êtres humains frissonnent à cette heure,
Sur la mer qui sanglote et sous le ciel qui pleure,

Devant l'escarpement hideux de l'inconnu !
Être jeté là, triste, inquiet, tremblant, nu,
Chiffre quelconque au fond d'une foule livide,
Dans la brume, l'orage et les flots, dans le vide,
Pêle-mêle et tout seul, sans espoir, sans secours,
Ayant au cœur le fil brisé de ses amours !
Dire : — « Où suis-je ? On s'en va. Tout pâlit, tout se creuse,
Tout meurt. Qu'est-ce que c'est que cette fuite affreuse ?
La terre disparaît, le monde disparaît.
Toute l'immensité devient une forêt.
Je suis de la nuée et de la cendre. On passe.
Personne ne va plus penser à moi. L'espace !
Le gouffre ! Où sont-ils ceux près de qui je dormais ! » —
Se sentir oublié dans la nuit pour jamais !
Devenir pour soi-même une espèce de songe !
Oh ! combien d'innocents, sous quelque vil mensonge
Et sous le châtiment féroce, stupéfaits !
— Quoi ! disent-ils, ce ciel où je me réchauffais,
Je ne le verrai plus ! on me prend la patrie !
Rendez-moi mon foyer, mon champ, mon industrie,
Ma femme, mes enfants ! rendez-moi la clarté !
Qu'ai-je donc fait pour être ainsi précipité
Dans la tempête infâme et dans l'écume amère,
Et pour n'avoir plus droit à la France ma mère ! —

Quoi ! lorsqu'il s'agirait de sonder, ô vainqueurs,
L'obscur puits social béant au fond des cœurs,
D'étudier le mal, de trouver le remède,
De chercher quelque part le levier d'Archimède,
Lorsqu'il faudrait forger la clef des temps nouveaux ;
Après tant de combats, après tant de travaux,
Et tant de fiers essais et tant d'efforts célèbres,
Quoi ! pour solution, faire dans les ténèbres,
Nous, guides et docteurs, nous les frères aînés,
Naufrager un chaos d'hommes infortunés !
Décréter qu'on mettra dehors, qui ? le mystère !
Que désormais l'énigme a l'ordre de se taire,
Et que le sphinx fera pénitence à genoux !
Quels vieillards sommes-nous ! quels enfants sommes-nous !
Quel rêve, hommes d'État ! quel songe, ô philosophes !

Quoi ! pour que les griefs, pour que les catastrophes,
Les problèmes, l'angoisse et les convulsions
S'en aillent, suffit-il que nous les expulsions ?
Rentrer chez soi, crier : — Français, je suis ministre
Et tout est bien ! — tandis qu'à l'horizon sinistre,
Sous des nuages lourds, hagards, couleur de sang,
Chargé de spectres, noir, dans les flots décroissant,
Avec l'enfer pour aube et la mort pour pilote,
On ne sait quel radeau de la Méduse flotte !
Quoi ! les destins sont clos, disparus, accomplis,
Avec ce que la vague emporte dans ses plis !
Ouvrir à deux battants la porte de l'abîme,
Y pousser au hasard l'innocence et le crime,
Tout, le mal et le bien, confusément puni,
Refermer l'océan et dire : c'est fini !
Être des hommes froids qui jamais ne s'émoussent,
Qui n'attendrissent point leur justice, et qui poussent
L'impartialité jusqu'à tout châtier !
Pour le guérir, couper le membre tout entier !
Quoi ! pour expédient prendre la mer profonde !
Au lieu d'être ceux-là par qui l'ordre se fonde,
Jeter au gouffre en tas les faits, les questions,
Les deuils que nous pleurions et que nous attestions,
La vérité, l'erreur, les hommes téméraires,
Les femmes qui suivaient leurs maris ou leurs frères,
L'enfant qui remua follement le pavé,
Et faire signe aux vents, et croire tout sauvé
Parce que sur nos maux, nos pleurs, nos inclémences,
On a fait travailler ces balayeurs immenses !

Eh bien, que voulez-vous que je vous dise, moi !
Vous avez tort. J'entends les cris, je vois l'effroi,
L'horreur, le sang, la mer, les fosses, les mitrailles,
Je blâme. Est-ce ma faute enfin ? j'ai des entrailles.
Éternel Dieu ! c'est donc au mal que nous allons ?
Ah ! pourquoi déchaîner de si durs aquilons
Sur tant d'aveuglements et sur tant d'indigences ?
Je frémis.

Sans compter que toutes ces vengeances,
C'est l'avenir qu'on rend d'avance furieux !
Travailler pour le pire en faisant pour le mieux,
Finir tout de façon qu'un jour tout recommence,
Nous appelons sagesse, hélas ! cette démence.
Flux, reflux. La souffrance et la haine sont sœurs.
Les opprimés refont plus tard des oppresseurs.

Oh ! dussé-je, coupable aussi moi d'innocence,
Reprendre l'habitude austère de l'absence,
Dût se refermer l'âpre et morne isolement,
Dussent les cieux, que l'aube a blanchis un moment,
Redevenir sur moi dans l'ombre inexorables,
Que du moins un ami vous reste, ô misérables !
Que du moins il vous reste une voix ! que du moins
Vous nous ayez, la nuit et moi, pour vos témoins !
Le droit meurt, l'espoir tombe, et la prudence est folle.
Il ne sera pas dit que pas une parole
N'a, devant cette éclipse affreuse, protesté.
Je suis le compagnon de la calamité.
Je veux être, — je prends cette part, la meilleure, —
Celui qui n'a jamais fait le mal, et qui pleure ;
L'homme des accablés et des abandonnés.
Volontairement j'entre en votre enfer, damnés.
Vos chefs vous égaraient, je l'ai dit à l'histoire ;
Certes, je n'aurais pas été de la victoire,
Mais je suis de la chute ; et je viens, grave et seul,
Non vers votre drapeau, mais vers votre linceul.
Je m'ouvre votre tombe.

                    Et maintenant, huées,
Toi calomnie et toi haine, prostituées,
Ô sarcasmes payés, mensonges gratuits,
Qu'à Voltaire ont lancés Nonotte et Maupertuis,
Poings montrés qui jadis chassiez Rousseau de Bienne,
Cris plus noirs que les vents de l'ombre libyenne,
Plus vils que le fouet sombre aux lanières de cuir,
Qui forciez le cercueil de Molière à s'enfuir,
Ironie idiote, anathèmes farouches,
Ô reste de salive encor blanchâtre aux bouches

Qui crachèrent au front du pâle Jésus-Christ,
Pierre éternellement jetée à tout proscrit,
Acharnez-vous ! Soyez les bien venus, outrages.
C'est pour vous obtenir, injures, fureurs, rages,
Que nous, les combattants du peuple, nous souffrons,
La gloire la plus haute étant faite d'affronts.

XIV

À VIANDEN

Il songe. Il s'est assis rêveur sous un érable.
Entend-il murmurer la forêt vénérable ?
Regarde-t-il les fleurs ? regarde-t-il les cieux ?
Il songe. La nature au front mystérieux
Fait tout ce qu'elle peut pour apaiser les hommes ;
Du coteau plein de vigne au verger plein de pommes
Les mouches viennent, vont, reviennent ; les oiseaux
Jettent leur petite ombre errante sur les eaux ;
Le moulin prend la source et l'arrête au passage ;
L'étang est un miroir où le frais paysage
Se renverse et se change en vague vision ;
Tout dans la profondeur fait une fonction ;
Pas d'atome qui n'ait sa tâche ; tout s'agite ;
Le grain dans le sillon, la bête dans son gîte,
Ont un but ; la matière obéit à l'aimant ;
L'immense herbe infinie est un fourmillement ;
Partout le mouvement sans relâche et sans trêve,
Dans ce qui pousse, croît, monte, descend, se lève,
Dans le nid, dans le chien harcelant les troupeaux,
Dans l'astre ; et la surface est le vaste repos ;
En dessous tout s'efforce, en dessus tout sommeille ;
On dirait que l'obscure immensité vermeille
Qui balance la mer pour bercer l'alcyon,
Et que nous appelons Vie et Création,
Charmante, fait semblant de dormir, et caresse
L'universel travail avec de la paresse.
Quel éblouissement pour l'œil contemplateur !

De partout, du vallon, du pré, de la hauteur,
Du bois qui s'épaissit et du ciel qui rougeoie,
Sort cette ombre, la paix, et ce rayon, la joie.
Et maintenant, tandis qu'à travers les ravins,
Une petite fille avec des yeux divins
Et de lestes pieds nus dignes de Praxitèle,
Chasse à coups de sarment sa chèvre devant elle,
Voici ce qui remue en l'âme du banni :

— Hélas ! tout n'est pas dit et tout n'est pas fini
Parce qu'on a creusé dans la rue une fosse,
Parce qu'un chef désigne un mur où l'on adosse
De pauvres gens devant les feux de pelotons,
Parce qu'on exécute au hasard, à tâtons,
Sans choix, sous la mitraille et sous la fusillade,
Pères, mères, le fou, le brigand, le malade,
Et qu'on fait consumer en hâte par la chaux
Des corps d'hommes sanglants et d'enfants encor chauds !

XV

Toujours le même fait se répète ; il le faut.
Le trône abject s'adosse à l'illustre échafaud ;
L'aigle semble inutile et ridicule aux grues ;
On traîne Coligny par les pieds dans les rues ;
Dante est fou ; Rome met à la porte Caton ;
Et Rohan bat Voltaire à grands coups de bâton.
Soyez celui qui lutte, aime, console, pense,
Pardonne, et qui pour tous souffre, et pour récompense
Ayez la haine, l'onde amère, le reflux,
L'ombre, et ne demandez aux hommes rien de plus.
Toutes ces choses-là sont les vérités vraies
Depuis que la lumière indigne les orfraies,
Depuis Socrate, Eschyle, Épictète et Zénon,
Depuis qu'au Oui des cieux la terre répond Non,
Depuis que Sparte en deuil fait rire les Sodomes,

Depuis, — voilà bientôt deux mille ans, — que les hommes
Ont vu, sur un gibet et sur un piédestal,
Deux couronnes paraître au même instant fatal ;
Chacune représente un côté de notre âme ;
L'une est de laurier d'or, l'autre d'épine infâme ;
Elles sont sur deux fronts dont rien ne les ôta.
L'une brille à Caprée et l'autre au Golgotha[1].

XVI

Je ne veux condamner personne, ô sombre histoire.
Le vainqueur est toujours traîné par sa victoire
Au-delà de son but et de sa volonté ;
Guerre civile ! ô deuil ! le vainqueur emporté
Perd pied dans son triomphe et sombre en cette eau noire
Qu'on appelle succès n'osant l'appeler gloire.
C'est pourquoi tous, martyrs et bourreaux, je les plains.
Hélas ! malheur à ceux qui font des orphelins !
Malheur ! malheur ! malheur à ceux qui font des veuves !
Malheur quand le carnage affreux rougit les fleuves,
Et quand, souillant leur lit d'un flot torrentiel,
Le sang de l'homme coule où coule l'eau du ciel !
Devant un homme mort un double effroi me navre.
J'ai pitié du tueur autant que du cadavre.
Le mort tient le vivant dans sa rigide main.
Le meurtrier prendra n'importe quel chemin,
Il peut chasser ce mort, et le chasser encore,
L'enfouir dans la nuit, le noyer dans l'aurore,
Le jeter à la mer, le perdre, et, plein d'ennui,
Mettre une épaisseur d'ombre entre son crime et lui ;
Toujours il reverra ce spectre insubmersible.

☆

De l'arc tendu là-haut nous sommes tous la cible ;
Sa flèche tour à tour nous vise ; le vainqueur

L'a dans l'esprit avant de l'avoir dans le cœur ;
Il craint l'événement dont il est le ministre ;
Il sent dans le lointain sourdre une heure sinistre ;
Il sent que lui non plus, même en hâtant le pas,
À sa propre victoire il n'échappera pas.
Un jour, à son tour, pris par le piège des choses,
Tremblant du résultat dont il construit les causes,
Il fuira, demandant un asile, un appui,
Un abri. « Non ! diront ses amis d'aujourd'hui,
Non ! Va-t'en ! — C'est pourquoi je tiens ma porte ouverte. »

☆

Le penseur en songeant fait une découverte :
Personne n'est coupable.

                    Un si noir dénoûment
Laisse au fond de son gouffre entrevoir l'élément.
Le futur siècle gronde et s'enfle en d'âpres cuves
Comme la lave écume aux bouches des vésuves.
Qui donc dans ce chaos travaillait ? Je ne sai.
Des foudres ont rugi, des aigles ont passé ;
Tout ce que nous voyons s'est fait entre les serres
Des fléaux inconnus, hideux et nécessaires ;
Ils se sont rués comme une troupe d'oiseaux ;
Le sang profond du cœur, la moelle des os,
Tout l'homme a tressailli dans l'homme, à la venue
Du sombre essaim des faits nouveaux fendant la nue ;
Et dans l'inattendu s'abattant sur nos fronts
Nous avons reconnu le mal dont nous souffrons ;
Alors les appétits des foules redoutables
Se sont mis à mugir au fond de leurs étables,
Et nous avons senti que l'appétit enfin
A tort s'il est l'envie et droit s'il est la faim.
La lumière un moment s'est toute évanouie.
Qu'est-ce que c'était donc que cette heure inouïe ?
Là des chocs furieux, là des venins subtils.
Pourquoi ces vents ont-ils soufflé ? d'où viennent-ils ?
Pourquoi ces becs de flamme écrasant ces couvées ?
Pourquoi ces profondeurs brusquement soulevées ?

On a fait des forfaits dont on est innocent.
Les révolutions parfois versent le sang,
Et, quand leur volonté de vaincre se déchaîne,
Leur formidable amour ressemble à de la haine.
Maintenons, maintenons les principes sacrés ;
Mais quand par l'aquilon les cœurs sont égarés,
Quand ils soufflent sur nous comme sur de la cendre,
Au fond du noir problème il faut savoir descendre ;
L'homme subit, le gouffre agit ; les ouragans
Sont les seuls scélérats et sont les seuls brigands.
Envoyez la tempête et la trombe à Cayenne !
Non, notre âme n'est pas tout à coup une hyène,
Non, nous ne sommes pas brusquement des bandits ;
Non, je n'accuse point l'homme faible, et je dis
Que la fureur du vent fatal qui nous emmène
Peut t'arracher ton ancre, ô conscience humaine !
L'homme qu'hier la mer sauvage secouait,
Répond-il de ce flot dont il fut le jouet ?
Peut-il être à la fois le vautour et la proie ?
Bien qu'ayant confiance en ce qui nous foudroie,
Bien que pour l'inconnu je me sente clément,
Je le dis, l'accusé pour moi, c'est l'élément.
L'élément, dur moteur que rien ne déconcerte.

☆

Mais faut-il donc trembler devant l'avenir ? Certe,
Il faut songer. Trembler, non pas. Sachez ceci :
Ce rideau du destin par l'énigme épaissi,
Cet océan difforme où flotte l'âme humaine,
La vaste obscurité de tout le phénomène,
Ce monde en mal d'enfant ébauchant le chaos,
Ces idéals ayant des profils de fléaux,
Ces émeutes manquant toujours la délivrance,
Toute cette épouvante, oui, c'est de l'espérance.
Le matin glacial consterne l'horizon ;
Parfois le jour commence avec un tel frisson
Que le soleil levant semble une attaque obscure.
La branche offre la fleur au prix de la piqûre.
Par un sentier d'angoisse aux bleus sommets j'irai.

La vie ouvrant de force un ventre déchiré,
A pour commencement une auguste souffrance.

L'onde de l'inconnu n'a qu'une transparence
Livide, où la clarté ne vient que par degrés ;
Ce qu'elle montre flotte en plis démesurés.
La dilatation de la forme et du nombre
Étonne, et c'est hideux d'apercevoir dans l'ombre
Aujourd'hui ce qui doit n'être vu que demain.
Demain semble infernal tant il est surhumain.
Ce qui n'est pas encor germe en d'obscurs repaires ;
Demain qui charmera les fils, fait peur aux pères,
L'azur est sous la nuit dont nous nous effrayons,
Et cet œuf ténébreux est rempli de rayons.
Cette larve lugubre aura plus tard des ailes.
Spectre visible au fond des ombres éternelles,
Demain dans Aujourd'hui semble un embryon noir,
Rampant en attendant qu'il plane, étrange à voir,
Informe, aveugle, affreux ; plus tard l'aube le change.
L'avenir est un monstre avant d'être un archange.

XVII

> Il y avait dans les esprits une véritable exagé-
> ration de la valeur, des facultés, de l'importan-
> ce de la garde nationale... Mon Dieu, vous avez
> vu le képi de M. Victor Hugo qui symbolisait
> cette situation.
>
> (Le GÉNÉRAL TROCHU à l'Assemblée nationale,
> — 14 juin 1871.)

Participe passé du verbe Tropchoir, homme
De toutes les vertus sans nombre dont la somme
Est zéro, soldat brave, honnête, pieux, nul,
Bon canon, mais ayant un peu trop de recul,
Preux et chrétien, tenant cette double promesse,
Capable de servir ton pays et la messe,

Vois, je te rends justice ; eh bien, que me veux-tu ?
Tu fais sur moi, d'un style obtus, quoique pointu,
Un retour offensif qu'eût mérité la Prusse.
Dans ce siège allemand et dans cet hiver russe,
Je n'étais, j'en conviens, qu'un vieillard désarmé,
Heureux d'être en Paris avec tous enfermé,
Profitant quelquefois d'une nuit de mitraille
Et d'ombre, pour monter sur la grande muraille,
Pouvant dire Présent, mais non pas Combattant,
Bon à rien ; je n'ai pas capitulé pourtant.
Tes lauriers dans ta main se changent en orties.
Quoi donc, c'est contre moi que tu fais des sorties !
Nous t'en trouvions avare en ce siège mauvais.
Eh bien, nous avions tort ; tu me les réservais.
Toi qui n'as point franchi la Marne et sa presqu'île,
Tu m'attaques. Pourquoi ? je te laissais tranquille.
D'où vient que ma coiffure en drap bleu te déplaît ?
Qu'est-ce que mon képi fait à ton chapelet ?

Quoi ! tu n'es pas content ! cinq longs mois nous subîmes
Le froid, la faim, l'approche obscure des abîmes,
Sans te gêner, unis, confiants, frémissants !
Si tu te crois un grand général, j'y consens ;
Mais quand il faut courir au gouffre, aller au large,
Pousser toute une armée au feu, sonner la charge,
J'aime mieux un petit tambour comme Barra.
Songe à Garibaldi qui vint de Caprera,
Songe à Kléber au Caire, à Manin dans Venise,
Et calme-toi. Paris formidable agonise
Parce que tu manquas, non de cœur, mais de foi.
L'amère histoire un jour dira ceci de toi :
La France, grâce à lui, ne battit que d'une aile.
Dans ces grands jours, pendant l'angoisse solennelle,
Ce fier pays, saignant, blessé, jamais déchu,
Marcha par Gambetta, mais boita par Trochu[1].

XVIII

LES INNOCENTS

Mais les enfants sont là. Le murmure qui sort
De ces âmes en fleur est-il compris du sort ?
L'enfant va devant lui gaîment ; mais la prière,
Quand il rit, parle-t-elle à quelqu'un en arrière ?
Le frais chuchotement du doux être enfantin
Attendrit-il l'oreille obscure du destin ?
Oh ! que d'ombre ! Tous deux chantent, fragiles têtes
Où flotte la lueur d'on ne sait quelles fêtes,
Et que dore un reflet d'un paradis lointain !
Les enfants ont des cœurs faits comme le matin ;
Ils ont une innocence étonnée et joyeuse ;
Et pas plus que l'oiseau gazouillant sous l'yeuse,
Pas plus que l'astre éclos sur les noirs horizons,
Ils ne sont inquiets de ce que nous faisons,
Ayant pour toute affaire et pour toute aventure
L'épanouissement de la grande nature ;
Ils ne demandent rien à Dieu que son soleil ;
Ils sont contents pourvu qu'un beau rayon vermeil
Chauffe les petits doigts de leur main diaphane ;
Et que le ciel soit bleu, cela suffit à Jeanne.

Juillet

I

LES DEUX VOIX

LA VOIX SAGE

Toute la politique est un expédient.
Que fais-tu ? Quoi ! tu vas, niant, répudiant,
Blâmant toute action en dehors des principes.
Prends garde. En efforts vains et nuls tu te dissipes.
C'est moi qui guide l'homme errant dans la forêt.
J'ai pour nom la Raison, pour prénom l'Intérêt,
Et je suis la Sagesse. Ami, je parle, écoute.
Caton qui m'a bravée a su ce qu'il en coûte.
Ô poëte, chercheur du mieux, tu perds le bien.
Il t'échappe. Tu fais échouer Tout sur Rien.
Laisse donc succomber les choses qui succombent !
Ta pente est de toujours aller vers ceux qui tombent,
Ce qui fait que jamais tu ne seras vainqueur.
N'a pas assez d'esprit qui montre trop de cœur.
La vérité trop vraie est presque le mensonge.
En cherchant l'idéal, on rencontre le songe,
Si l'on plonge au-delà de l'exacte épaisseur ;
Et l'on devient rêveur pour être trop penseur.
Le sage ne veut pas être injuste, mais, ferme,
Craint d'être aussi trop juste, et cherche un moyen terme ;
Premier écueil, le faux ; deuxième écueil, le vrai.
Le droit brut, pris en bloc, n'est que le minerai ;
La loi, c'est l'or. Du droit il faut savoir l'extraire.
Quelquefois on a l'air de faire le contraire
De ce qu'on devrait faire, et c'est là le grand art.
Tu n'arrives jamais, et moi j'arrive tard ;

Mieux vaut arriver tard que pas du tout. En somme,
Tu fais de l'homme un dieu, de dieu je fais un homme ;
Voilà la différence entre nous. Réfléchis.
Tu braves le chaos, moi je crains le gâchis.
Es-tu sûr de finir par tirer de ton gouffre
Autre chose qu'un être imbécile qui souffre ?
Crois-tu refaire à neuf l'homme et tripler ses sens ?
Prends-moi donc tels qu'ils sont les vivants, ces passants !
Foin du déclamateur qui s'essouffle et qui beugle !
Trop de lumière autant que trop de nuit, aveugle.
On n'ouvre qu'à demi le volet, s'il le faut.
On n'aime pas la guerre et l'on hait l'échafaud
En théorie ; eh bien, on s'en sert en pratique.
Mon cher, il faut au temple adosser la boutique ;
Je sais qu'on a chassé les vendeurs du saint lieu,
Mais le tort de Jésus est d'être un peu trop dieu.
Il me faudrait de fiers garants pour que je crusse
Qu'il eût payé les cinq milliards à la Prusse.
Le sage se modère en tout. Calme en mon coin,
Je blâme l'infini, mon cher, qui va trop loin ;
Sur la création, beaucoup trop large sphère,
Les bons esprits ont bien des critiques à faire ;
L'excès est le défaut de ce monde, entre nous ;
Le soleil est superbe et le printemps est doux,
L'un a trop de rayons et l'autre a trop de roses ;
C'est l'inconvénient de ces sortes de choses,
Et Dieu n'est pas exempt d'exagération.
L'imiter, c'est tomber dans la perfection,
Grand danger ; tout va mieux sur un patron moins ample,
Et Dieu ne donne pas toujours le bon exemple.
À quoi sert d'être à pic ? Jésus passe le but
En n'examinant point l'offre de Belzébuth ;
Je ne dis pas qu'il dût accepter ; mais c'est bête
Que Dieu soit impoli quand le diable est honnête.
Il eût mieux valu dire : On verra, mon ami.
Le sage ne fait pas le fier. Une fourmi
Travaille plus avec sa routine ordinaire
Et son bon sens, qu'avec son vacarme un tonnerre.
L'homme est l'homme ; il n'est pas méchant, il n'est pas bon.
Blanc comme neige, point ; noir comme le charbon,

Non. Blanc et noir, mêlé, tigré, douteux, sceptique.
Tout homme médiocre est homme politique.
Cherchons, non la grandeur, mais la proportion.
Agir comme Aristide et comme Phocion,
Être héroïque, épique et beau, mauvaise affaire.
Le sage au Parthénon en ruine préfère
La hutte confortable et chaude du castor.
Je fréquente Rothschild et fuis Adamastor.
Le titan d'aujourd'hui c'est le millionnaire.
L'homme d'État ne veut rien d'excessif ; vénère
Le vote universel, mais travaille au scrutin ;
Il supprime l'esclave et garde le pantin ;
Il conserve le fil tout en brisant la chaîne.
Les hommes sont petits, leur conscience est naine ;
L'homme d'État leur prend mesure avant d'oser ;
Il s'ôte une vertu qui peut les dépasser ;
Il les étonne, mais sans foudre et sans vertiges ;
À leur dimension il leur fait des prodiges.
Ami, le médiocre est un très bon endroit,
Ni beau, ni laid, ni haut, ni bas, ni chaud, ni froid ;
Moi, la raison, j'y fais mon lit, j'y mets ma table,
Et j'y vis, le sublime étant inhabitable.
Qui donc prend pour logis la cime du Mont-Blanc ?
Le sage est médiocre et souple, ou fait semblant.
Vois, tu t'es fait jeter des pierres à Bruxelles.
Les journaux à sonnette agitent leurs crécelles ;
La gazette des fonds secrets de l'empereur
Dit des choses sur toi qu'on lit avec horreur,
Que tu comptes les mots d'un télégramme, et même
Qu'on boit de mauvais vin chez toi, qu'on fait carême
À ta table, et que B. n'ira plus dîner là ;
Et cætera. Tu t'es attiré tout cela.
Monsieur Veuillot t'appelle avec esprit citrouille ;
À compter tes forfaits la mémoire s'embrouille :
Ivrognerie et vol, képi sans numéro,
Avarice. Tu vis sous clameur de haro.
C'est ta faute. Pourquoi n'es-tu pas raisonnable ?
Renonce à tenir tête au mal. Sois convenable.
Tenir tête au mal, certe, est bon ; mais être seul
Est mauvais. Tu n'es pas barbon, vieillard, aïeul,

Pour avancer alors que ton siècle recule ;
Combattre en cheveux blancs et seul, est ridicule ;
Un vaillant qui devient prudent grandit encor ;
Nestor jeune est Ajax, Ajax vieux est Nestor ;
Sois de ton âge ; enseigne aux peuples la sagesse.
La Vérité trop nue est une sauvagesse ;
Rudoyer le succès est l'acte d'un butor ;
Tout vainqueur a raison, tout ce qui brille est or ;
Aquilon est le dieu, Girouette est le culte.
Bonaparte est tombé, c'est pourquoi je l'insulte.
Est-ce ma faute, à moi, si le sort se dément ?
Je ne sors pas de là ; réussissez. Comment !
Aujourd'hui, l'on est tous, d'une façon oblique,
D'accord ; c'est à cela que sert la République ;
On sauve, en supprimant quiconque est ennemi,
À grands coups de canon, et de compte à demi,
L'ordre et la monarchie encor presque inédite ;
Tu refuses d'entrer dans cette commandite !
C'est absurde. On s'indigne, on a raison. D'ailleurs
Jeunes, vieux, grands, petits, les pires, les meilleurs,
Ont tous la même loi, se rendre à l'évidence.
Toujours un peu de droit dans le fait se condense ;
Le mal contient un peu de bien, qu'il faut chercher.
Si Torquemada règne, on se chauffe au bûcher.
La politique est l'art de faire avec la fange,
Le fiel, l'abaissement qu'en modestie on change,
La bassesse des grands, l'insolence des nains,
Les fautes, les erreurs, les crimes, les venins,
Le oui, le non, le blanc, le noir, Genève et Rome,
Un breuvage que puisse avaler l'honnête homme.
Les principes n'ont pas grand'chose à faire là.
Ils rayonnent ; c'est bien ; Morus les contempla[1] ;
Saluons-les ; tout astre a droit à ce péage ;
Et couvrons-les parfois de quelque bon nuage.
Ils sont là-haut, pourquoi s'en servir ici-bas ?
Laissons-les dans leur sphère ; et nous, pour nos débats
Où se dépense en vain tant de force avortée,
Prenons une clarté mieux à notre portée :
L'expédient. Turgot a tort ; vive Terray !
Je cherche le réel, toi tu cherches le vrai.

On vit par le réel, par le vrai l'on se brise ;
Le réel craint le vrai. Reconnais ta méprise.
Le devoir, c'est l'emploi des faits. Tu l'as mal lu.
Au lieu du relatif, tu choisis l'absolu.
Un homme qui, voulant y voir clair pour descendre
Dans la cave, ou fouiller dans quelque tas de cendre,
Ou pour trouver, la nuit, dans les bois, son chemin,
Enfoncerait au fond du ciel sombre sa main,
Et prendrait une étoile en guise de chandelle,
C'est toi.

LA VOIX HAUTE

    N'écoute pas. Reste une âme fidèle.
Un cœur, pas plus qu'un ciel, ne peut être obscurci.
Je suis la conscience, une vierge ; et ceci
C'est la raison d'État, une fille publique.
Elle embrouille le vrai par le faux qu'elle explique.
Elle est la sœur bâtarde et louche du bon sens.
J'admets que la clarté basse ait des partisans ;
Qu'on la trouve excellente et qu'elle soit utile
Pour éviter un choc, parer un projectile,
Marcher à peu près droit dans les carrefours noirs,
Et pour s'orienter dans les petits devoirs ;
Les publicains en font leur lampe en leurs échoppes ;
Elle a pour elle, et c'est tout simple, les myopes,
Les habiles, les fins, les prudents, les discrets,
Ceux qui ne peuvent voir les choses que de près,
Ceux qui d'une araignée examinent les toiles ;
Mais il faut bien quelqu'un qui soit pour les étoiles !
Il faut quelqu'un qui soit pour la fraternité,
La clémence, l'honneur, le droit, la liberté,
Et pour la vérité, resplendissement sombre !
Les constellations sont sublimes dans l'ombre,
Elles reluisent, fleurs de l'éternel été ;
Mais elles ont besoin, dans leur sérénité,
Que l'univers guidé leur rende témoignage,
Et que, renouvelé sur terre d'âge en âge,
Un homme, rassurant ses frères condamnés,

Crie à travers la nuit : Astres, vous rayonnez !
Car rien ne serait plus effrayant que le crime,
La vertu, le rayon, l'ombre, égaux dans l'abîme ;
Rien n'accuserait Dieu plus que de la clarté
Perdue, éparse au fond des cieux sans volonté ;
Et rien ne prouverait là-haut plus de démence
Que l'inutilité de la lumière immense.
C'est pourquoi la justice est bonne, et l'astre est bon.
Dans vingt pays affreux, Soudan, Darfour, Gabon,
L'homme fut pris, lié, traîné, vendu de force,
Jusqu'au lever d'un astre appelé Wilberforce[2].
Être juste, au hasard, dût-on être martyr,
Et laisser hors de soi la justice sortir,
C'est le rayonnement véritable de l'homme.
En quelque lieu qu'un acte inique se consomme,
Quel que soit le moment où le mal se construit,
Il faut qu'une voix parle, il faut que dans la nuit
On voie une lueur tout à coup apparaître.
Au ciel ce dieu, le Vrai, sur la terre ce prêtre,
Le Juste. Ce sont là les deux besoins. Il faut
Contredire le vent et résister au flot.
L'équité monte et plane et n'a pas d'autre règle.
Qui donc prend pour logis le haut du mont Blanc ? l'aigle.

II

FLUX ET REFLUX

Il tombe. Est-ce fini ? Non, cela recommence.
On se passe de peuple à peuple la démence ;
Ce que la France fit, le Teuton le refait.
Sur l'enclume, où Forbach naguère triomphait[1],
L'Allemagne, ouvrier géant dont l'esprit flotte,
Forge un tyran avec les tronçons d'un despote.
Est-ce donc qu'on ne peut sortir de l'empereur ?
César traître est chassé par César en fureur ;
Je tiens peu, si l'un vient, à ce que l'autre parte,
Si l'on gagne Guillaume en perdant Bonaparte,
Et si, prenant son vol à l'heure où l'autre fuit,

L'oiseau de proie arrive après l'oiseau de nuit.
Deuil ! honte ! Est-ce fini ? Non, cela recommence.
La tempête reprend avec plus d'inclémence ;
Et les événements deviennent monstrueux.
Lequel des deux serpents est le plus tortueux ?
Lequel des deux dragons fait la plus fauve entrée ?
Et lequel est Thyeste ? et lequel est Atrée ?
L'invasion s'en va, le fratricide suit.
La victoire devant la conscience fuit
Et se cache, de peur que le ciel ne la voie.
L'énigme qu'il faudrait sonder, on la foudroie ;
Mais que voulez-vous donc, sages pareils aux fous,
Que l'avenir devienne et qu'il fasse de vous,
Si vous ne lui montrez que haine, et si vous n'êtes
Bons qu'à le recevoir à coups de bayonnettes ?
L'utopie est livrée au juge martial.
La faim, la pauvreté, l'obscur loup social
Mordant avec le pain la main qui le présente,
L'ignorance féroce, idiote, innocente,
Les misérables noirs, sinistrement moqueurs,
Et la nuit des esprits d'où naît la nuit des cœurs,
Tout est là devant nous, douleurs, familles blêmes ;
Et nous avons recours, contre tous ces problèmes,
Au sombre apaisement que sait faire la mort.
Mais ces hommes qu'on tue ont tué ; c'est le sort
Qui leur rend coup pour coup, et, sanglants, les supprime...
Est-ce qu'on remédie au crime par le crime ?
Est-ce que l'assassin doit être assassiné ?
Vers l'auguste Idéal, d'aurore illuminé,
Vers le bonheur, la vie en fleurs, l'éden candide,
Nous voulons qu'on nous mène, et nous prenons pour guide
Méduse, glaive au poing, l'œil en feu, le sein nu !
Hélas, le cimetière est un puits inconnu ;
Ce qu'on y jette tombe en des cavités sombres ;
Ce sont des ossements qu'on ajoute aux décombres ;
Morne ensemencement d'où la mort renaîtra.
Des questions où nul encor ne pénétra
Pressent de tous côtés notre lugubre sphère ;
Et je ne pense pas qu'on se tire d'affaire
Par l'élargissement tragique du tombeau.

☆

Le pauvre a le haillon, le riche a le lambeau,
Rien d'entier pour personne ; et sur tous l'ombre infâme.
L'amour dans aucun cœur, l'azur dans aucune âme ;
Hélas ! partout frisson, colère, enfer, cachot ;
Mais c'est si ténébreux que cela vient d'en haut.
L'esprit, sous ce nuage où tout semble se taire,
Sent l'incubation énorme d'un mystère.
Le fatal travail noir blanchira par degré.
Ce que nous rencontrons, c'est l'obstacle ignoré.
Les récifs montrent l'un après l'autre leurs têtes,
Car les événements ont leur cap des Tempêtes.
Derrière est la clarté. Ces flux et ces reflux,
Ces recommencements, ces combats, sont voulus.
Au-dessus de la haine immense, quelqu'un aime.
Ayons foi. Ce n'est pas sans quelque but suprême
Que sans cesse, en ce gouffre où rêvent les sondeurs,
Un prodigieux vent soufflant des profondeurs,
À travers l'âpre nuit, pousse, emporte et ramène
Sur tout l'écueil divin toute la mer humaine.

III

L'AVENIR

Polynice, Étéocle, Abel, Caïn ! ô frères !
Vieille querelle humaine ! échafauds ! lois agraires !
Batailles ! ô drapeaux, ô linceuls ! noirs lambeaux !
Ouverture hâtive et sombre des tombeaux !
Dieu puissant ! quand la mort sera-t-elle tuée ?
Ô sainte paix !

                 La guerre est la prostituée ;
Elle est la concubine infâme du hasard.
Attila sans génie et Tamerlan sans art

Sont ses amants ; elle a pour eux des préférences ;
Elle traîne au charnier toutes nos espérances,
Égorge nos printemps, foule aux pieds nos souhaits,
Et comme elle est la haine, ô ciel bleu, je la hais !
J'espère en toi, marcheur qui viens dans les ténèbres,
Avenir !

      Nos travaux sont d'étranges algèbres ;
Le labyrinthe vague et triste où nous rôdons
Est plein d'effrois subits, de pièges, d'abandons ;
Mais toujours dans la main le fil obscur nous reste.
Malgré le noir duel d'Atrée et de Thyeste,
Malgré Léviathan combattant Béhémoth,
J'aime et je crois. L'énigme enfin dira son mot.
L'ombre n'est pas sur l'homme à jamais acharnée.
Non ! Non ! l'humanité n'a point pour destinée
D'être assise immobile au seuil froid des tombeaux,
Comme Jérôme, morne et blême, dans Ombos,
Ou comme dans Argos la douloureuse Électre.

Un jour, moi qui ne crains l'approche d'aucun spectre,
J'allai voir le lion de Waterloo. Je vins
Jusqu'à la sombre plaine à travers les ravins ;
C'était l'heure où le jour chasse le crépuscule ;
J'arrivai ; je marchai droit au noir monticule.
Indigné, j'y montai ; car la gloire du sang,
Du glaive et de la mort me laisse frémissant.
Le lion se dressait sur la plaine muette ;
Je regardais d'en bas sa haute silhouette ;
Son immobilité défiait l'infini ;
On sentait que ce fauve, au fond des cieux banni,
Relégué dans l'azur, fier de sa solitude,
Portait un souvenir affreux sans lassitude ;
Farouche, il était là, ce témoin de l'affront.
Je montais, et son ombre augmentait sur mon front.
Et tout en gravissant vers l'âpre plate-forme,
Je disais : Il attend que la terre s'endorme ;
Mais il est implacable ; et, la nuit, par moment
Ce bronze doit jeter un sourd rugissement ;
Et les hommes, fuyant ce champ visionnaire,

Doutent si c'est le monstre ou si c'est le tonnerre.
J'arrivai jusqu'à lui, pas à pas m'approchant...

J'attendais une foudre et j'entendis un chant.

Une humble voix sortait de cette bouche énorme.
Dans cette espèce d'antre effroyable et difforme
Un rouge-gorge était venu faire son nid ;
Le doux passant ailé que le printemps bénit,
Sans peur de la mâchoire affreusement levée,
Entre ces dents d'airain avait mis sa couvée ;
Et l'oiseau gazouillait dans le lion pensif.
Le mont tragique était debout comme un récif
Dans la plaine jadis de tant de sang vermeille ;
Et comme je songeais, pâle et prêtant l'oreille,
Je sentis un esprit profond me visiter,
Et, peuples, je compris que j'entendais chanter
L'espoir dans ce qui fut le désespoir naguère,
Et la paix dans la gueule horrible de la guerre.

IV

LES CRUCIFIÉS

La foule tient pour vrai ce qu'invente la haine.
Sur tout grand homme un ver, le mensonge, se traîne.
Tout front ceint de rayons est d'épines mordu ;
À la lèvre d'un dieu le fiel atroce est dû ;
Tout astre a pour manteau les ténèbres infâmes.
Ecoutez. Phidias était marchand de femmes,
Socrate avait un vice auquel son nom resta,
Horace ami des boucs faisait frémir Vesta,
Caton jetait un nègre esclave à la lamproie,
Michel-Ange, amoureux de l'or, homme de proie,
Vivait sous le bâton des papes, lui Romain,
Et leur tendait le dos en leur tendant la main ;
Dans l'œil de Dante errant la cupidité brille ;

Molière était un peu le mari de sa fille ;
Voltaire était avare et Diderot vénal ;
Devant le genre humain, orageux tribunal,
Pas un homme qu'on n'ait puni de son génie ;
Pas un qu'on n'ait cloué sur une calomnie ;
Pas un, des temps anciens comme de maintenant,
Qui sur le Golgotha de la gloire saignant,
Une auréole au front, ne pende à la croix vile ;
Et les uns ont Caïphe et les autres Zoïle[1].

V

FALKENFELS[1]

Falkenfels, qu'on distingue au loin dans la bruine,
Est le burg démoli d'un vieux comte en ruine.
Je voulus voir le burg et l'homme. Je montai
La montagne, à travers le bois, un jour d'été.
On rencontre à mi-côte, en un ravin tombée,
Une vieille chapelle où court le scarabée ;
Nul curé n'y venant prier, elle croula ;
Car tous sont appauvris dans ce dur pays-là,
Hélas, c'est en haillons qu'on danse à la kermesse,
Et personne n'a plus de quoi payer la messe.
Or, pas d'argent, voilà ce que le prêtre craint ;
Une niche indigente effarouche le saint,
Il déserte ; au moment d'entrer, le dieu renacle
Sur le seuil dédoré du pauvre tabernacle ;
C'est pourquoi la chapelle est morte. Je laissai
Ce cadavre d'église au fond du noir fossé,
Et je continuai ma route vers la cime.
J'arrivai. Je parvins au burg fauve et sublime.
Même en plein jour, une ombre effrayante est dessus.
Sur la brèche qui sert de porte, j'aperçus
Au pied des larges tours qu'un haut blason surmonte,
Un grand vieux paysan pensif, c'était le comte.

Cet homme était assis ; au bruit que fit mon pas,
Grave, il tourna la tête et ne se leva pas.
Il avait près de lui son fils, un enfant rose.
Saluer un vaincu, c'est déjà quelque chose,
Je saluai ce comte aboli. Je lui dis :
— Vous voilà pauvre, vous qui fûtes grand jadis.
Comte, je viens à vous d'une façon civile.
Donnez-moi votre fils pour qu'il vienne à la ville.
Redevenir sauvage est bon pour le vieillard
Et mauvais pour l'enfant ; l'aube craint le brouillard ;
La rose meurt dans l'ombre où se plaît la chouette.
Certe, avoir sur le front l'altière silhouette
De ces tours qu'aujourd'hui garde la ronce en fleur,
C'est beau ; mais habiter dans son siècle est meilleur.
Votre fils s'éteindrait dans ces brumes, vous dis-je.
Le monstre est dans nos temps à côté du prodige ;
Mais le prodige est sûr de vaincre. Donnez-nous,
Ô sombre aïeul, l'enfant charmant, farouche et doux,
Pour qu'il aille à Paris comme on allait à Rome,
Pour que, ne pouvant plus être comte, il soit homme,
Et pour qu'à son beau nom il ajoute un beau sort.
Il faut laisser entrer les autres quand on sort ;
L'aigle laisse envoler l'aiglon ; et que l'arbuste
Ne soit pas étouffé par le chêne, c'est juste.

Le sinistre vieillard sourit superbement,
Et me dit : — La ruine aime l'isolement.
Si je fus grand jadis, il me sied de m'en taire.
Les gens sont curieux de voir un homme à terre.
Vous m'avez vu, c'est bien. Pas de mots superflus.
Je ne connais personne et je n'existe plus.
Allez-vous-en.

                    — Mais quoi ! dis-je, cette jeune aile
N'est pas faite, ô vieillard, pour la nuit éternelle.
L'enfant sans avenir laisse au père un remord.

Il répondit : — J'entends dire, moi qui suis mort,
De vous autres vivants, des choses misérables ;
Que chez vous le triomphe est aux inexorables,

Que les hommes en sont encore au talion,
Qu'ils trouvent le renard plus grand que le lion,
Que leur vérité louche et que leur raison boite,
Et qu'on fusille à gauche et qu'on mitraille à droite,
Et qu'au milieu du sang, de l'horreur et des cris,
C'est un forfait d'offrir un asile aux proscrits.
Est-ce vrai ? je le crains. Est-ce faux ? je l'espère.
Mais laissez-moi, je suis honnête en mon repaire.
Mon fils boira la même eau pure que je bois.
Vous m'offrez la cité, je préfère les bois ;
Car je trouve, voyant les hommes que vous êtes,
Plus de cœur aux rochers, moins de bêtise aux bêtes.

VI

LES INSULTEURS

Pourvu que son branchage, au-dessus du marais,
Verdisse, et soit le dôme énorme des forêts,
Qu'importe au chêne l'eau hideuse où ses pieds trempent !
Les insectes affreux de la poussière rampent
Sous le bloc immobile aux broussailles mêlé ;
Mais au géant de marbre, auguste et mutilé,
Au sphinx de granit, rose et sinistre, qu'importe
Ce que de lui, sous lui, peut penser le cloporte !
Dans la nuit où frémit le palmier convulsif,
Le colosse, les mains sur ses genoux, pensif,
Calme, attend le moment de parler à l'aurore ;
Si la limace bave à sa base, il l'ignore ;
Ce dieu n'a jamais su qu'un crapaud remuait ;
Pendant qu'un ver sur lui glisse, il garde, muet,
Son mystère effrayant de sonorité sombre ;
Et le fourmillement des millepieds sans nombre
N'ôte pas à Memnon, subitement vermeil,
La formidable voix qui répond au soleil.

VII

LE PROCÈS À LA RÉVOLUTION

Lorsque vous traduisez, juges, à votre barre,
La Révolution, qui fut dure et barbare
Et féroce à ce point de chasser les hiboux ;
Qui, sans respect, fakirs, derviches, marabouts,
Molesta tous les gens d'église, et mit en fuite,
Rien qu'en les regardant, le prêtre et le jésuite,
La colère vous prend.

            Oui, c'est vrai, désormais
L'homme-roi, l'homme-dieu, fantômes des sommets,
S'effacent, revenants guerriers, goules papales ;
Un vent mystérieux souffle sur ces fronts pâles ;
Et vous, le tribunal, vous êtes indignés.
Quel deuil ! les noirs buissons de larmes sont baignés ;
Les fêtes de la nuit vorace sont finies ;
Le monde ténébreux râle ; que d'agonies !
Il fait jour, c'est affreux ! et la chauve-souris
Est aveugle, et la fouine erre en poussant des cris ;
Le ver perd sa splendeur ; hélas, le renard pleure ;
Les bêtes qui le soir allaient chasser, à l'heure
Où le petit oiseau s'endort, sont aux abois ;
La désolation des loups remplit les bois ;
Les spectres opprimés ne savent plus que faire ;
Si cela continue, et si cette lumière
Persiste à consterner l'orfraie et le corbeau,
Le vampire mourra de faim dans le tombeau ;
Le rayon sans pitié prend l'ombre et la dévore...—

Ô juges, vous jugez les crimes de l'aurore.

VIII

À HENRI V[1]

J'étais adolescent quand vous étiez enfant ;
J'ai sur votre berceau fragile et triomphant
Chanté mon chant d'aurore ; et le vent de l'abîme
Depuis nous a jetés chacun sur une cime,
Car le malheur, lieu sombre où le sort nous admet,
Étant battu de coups de foudre, est un sommet.
Le gouffre est entre nous comme entre les deux pôles.
Vous avez le manteau de roi sur les épaules
Et dans la main le sceptre, éblouissant jadis ;
Moi j'ai des cheveux blancs au front, et je vous dis :
C'est bien. L'homme est viril et fort qui se décide
À changer sa fin triste en un fier suicide ;
Qui sait tout abdiquer, hormis son vieil honneur ;
Qui cherche l'ombre ainsi qu'Hamlet dans Elseneur,
Et qui, se sentant grand surtout comme fantôme,
Ne vend pas son drapeau même au prix d'un royaume.
Le lys ne peut cesser d'être blanc. Il est bon,
Certes, de demeurer Capet, étant Bourbon ;
Vous avez raison d'être honnête homme. L'histoire
Est une région de chute et de victoire
Où plus d'un vient ramper, où plus d'un vient sombrer.
Mieux vaut en bien sortir, prince, qu'y mal entrer.

IX

LES PAMPHLÉTAIRES D'ÉGLISE[1]

Ils nous apportent Dieu dans une diatribe.
Ils sont le prêtre, ils sont le reître, ils sont le scribe.
Regardez écumer leur prose de bedeau.
Chacun d'eux·mêle un cri d'orfraie à son credo,

Souligne avec l'estoc sa prière, et ponctue
Ses oremus avec une balle qui tue.
Voyez, leur chair est faible et leur esprit est prompt.
Ils jettent au hasard et devant eux l'affront
Comme le goupillon jette de l'eau bénite.
La faulx sombre à leur gré ne va pas assez vite ;
On les entend crier au bourreau : Fainéant !
La mort leur semble avoir besoin d'un suppléant.
Ne pourrait-on trouver quelqu'un qui ressuscite
Besme et fasse sortir Laffemas du Cocyte ?
Où donc est Trestaillon, instrumentum regni ?
Où sont les bons chrétiens qui hachaient Coligny ?
Puisque décidément quatre-vingt-neuf abuse
Rendez-nous le roi Charle avec son arquebuse,
Et Montrevel, le fauve et rude compagnon.
Où sont les portefaix utiles d'Avignon
Qui traînaient Brune mort le long du quai du Rhône ?
Où sont ces grands bouchers de l'autel et du trône,
Dont le front au soleil des Cévennes suait,
Que conduisait Bâville et qu'aimait Bossuet ?
Certe, on fait ce qu'on peut avec les mitrailleuses,
Mais le bourgeois incline aux douceurs périlleuses,
Il en arrive presque à blâmer Galifet,
Le sang finit par faire aux crétins de l'effet,
Et l'attendrissement a gagné ce bipède.
Quel besoin on aurait d'un président d'Oppède !
Comme un Laubardemont serait le bienvenu !
L'arc-en-ciel de la paix, c'est un grand sabre nu.
Sans le glaive, après tout le meilleur somnifère,
Nulle société ne se tire d'affaire,
Et c'est un dogme auquel on doit s'habituer
Que, lorsqu'on sauve, il faut commencer par tuer.

Donc on est écrivain comme on est trabucaire !
On se fait lieutenant de l'empereur, vicaire
Du pape, et le fondé de pouvoirs de la mort !
On est celui qui ment, déchire, aboie et mord !
Ils viennent, louches, vils, dévots, frapper à terre
Rochefort, l'archer fier, le puissant sagittaire
Dont la flèche est au flanc de l'empire abattu.

Tu déterres Flourens, chacal ! qu'en feras-tu ?
Ils outragent leurs pleurs, les veuvages, les tombes,
Blanchissent les corbeaux, noircissent les colombes,
Lapident un berceau que protège un linceul,
Blessent Dieu dans le peuple et l'enfant dans l'aïeul,
Les pères dans les fils, les hommes dans les femmes,
Et pensent qu'ils sont forts parce qu'ils sont infâmes !

Nous les voyons s'ébattre au-dessus de Paris
Comme un troupeau d'oiseaux jetant au vent des cris,
Ou comme ce bon vieux télégraphe de Chappe
Faisant un geste obscur dont le sens nous échappe ;
Mais nous apercevons distinctement leur but.
L'opprobre que la France et que l'Europe but,
Ils veulent, meurtriers, nous le faire reboire.
Rome infaillible emploie à cela son ciboire.
Le sanglant droit divin, l'effrayant bon plaisir,
Le vice pour sultan, le crime pour visir,
Eux ayant le festin, le pauvre ayant les miettes,
L'espoir mort, la rentrée affreuse aux oubliettes,
Voilà leur rêve. Il faut pour vaincre jeter bas
Ce Christ, le peuple, et mettre au pavois Barabbas,
Il faut faire de tous et de tout table rase,
Il faut, si quelque front se dresse, qu'on l'écrase,
Il faut que le premier devienne le dernier,
Il faut jeter Voltaire et Jean-Jacque au panier !
Si Caton souffle un mot, qu'à la barre on le cite,
Et qu'on traîne devant monsieur Gaveau, Tacite !
Il s'agit du passé qu'on veut galvaniser ;
Il faut tant diffamer, insulter, dénoncer,
Mentir, calomnier, baver, hurler et mordre,
Que le bon goût renaisse à côté du bon ordre !

Et quel rire ! ô ciel noir ! railler la France en deuil !
Ils lui font de la honte avec son vieil orgueil.

Ils l'accusent d'avoir mis en liberté l'homme,
D'avoir fait Sparte avec les débris de Sodome,
D'avoir au front du peuple essuyé la sueur,
D'être le grand orage et la grande lueur,
D'être sur l'horizon la haute silhouette,
De s'être réveillée au cri de l'alouette
Et d'avoir réparti la tâche aux travailleurs ;
De dire à qui voit Dieu dans Rome : il est ailleurs ;
De confronter le dogme avec la conscience ;
D'avoir on ne sait quelle auguste impatience ;
D'épier la blancheur que sur nos horizons
Doivent faire en s'ouvrant les portes des prisons ;
De nous avoir crié : Marchez ! quand nous agîmes
Contre tous les vieux jougs et tous les vieux régimes,
Et de tenir là-haut la balance, et d'avoir
Dans un plateau le droit, dans l'autre le devoir.
Ils lui reprochent, quoi ? la fin des servitudes,
La chute du mur noir troué par les Latudes,
Le fanal allumé dans l'ombre où nous passions,
Le lever successif des constellations,
Tous ces astres parus au ciel l'un après l'autre,
Molière, ce moqueur pensif comme un apôtre,
Pascal et Diderot, Danton et Mirabeau ;
Ses fautes sont le Vrai, le Bien, le Grand, le Beau ;
Son crime, c'est cette œuvre étoilée et profonde,
La Révolution, par qui renaît le monde,
Cette création deuxième qui refait
L'homme après Christ, après Cécrops, après Japhet.
Là-dessus ces gredins font le procès en règle
À la patrie, à l'ange immense aux ailes d'aigle ;
Elle est vaincue, elle est sanglante ; on crie : À bas
Sa gloire ! à bas ses vœux, ses travaux, ses combats !
Le coupable de tous les désastres, c'est elle !
Et ces pieds ténébreux marchent sur l'immortelle ;
Elle est perverse, absurde et folle ! et chacun d'eux
Sur ce malheur sacré crache un rire hideux.
Or sachez-le, vous tous, toi vil bouffon, toi cuistre,
Mal parler de sa mère est un effort sinistre,
C'est un crime essayé qui fait frémir le ciel,
Ô monstres, c'est payer son lait avec du fiel,

C'est gangrener sa plaie, envenimer ses fièvres,
Et c'est le parricide, enfin, du bout des lèvres !

Mais quand donc ceux qui font le mal seront-ils las ?
Une minute peut blesser un siècle, hélas !
Je plains ces hommes d'être attendus par l'histoire.

Comme elle frémira la grande muse noire,
Et comme elle sera stupéfaite de voir
Qu'on cloue au pilori ceux qui font leur devoir,
Que le peuple est toujours pâture, proie et cible,
Que la tuerie en masse est encore possible,
Et qu'en ce siècle, après Locke et Voltaire, ont pu
Reparaître, dans l'air tout à coup corrompu,
Les Fréron, les Sanchez, les Montluc, les Tavannes,
Plus nombreux que les fleurs dans l'herbe des savanes !

Peuple, tu resteras géant malgré ces nains.
France, un jour sur le Rhin et sur les Apennins,
Ayant sous le sourcil l'éclair de Prométhée,
Tu te redresseras, grande ressuscitée !
Tu surgiras ; ton front jettera les frayeurs,
L'épouvante et l'aurore à tes noirs fossoyeurs ;
Tu crieras : Liberté ! Paix ! Clémence ! Espérance !
Eschyle dans Athène et Dante dans Florence
S'accouderont au bord du tombeau, réveillés,
Et te regardant, fiers, joyeux, les yeux mouillés,
Croiront voir l'un la Grèce et l'autre l'Italie.
Tu diras : Me voici ! j'apaise et je délie !
Tous les hommes sont l'Homme ! un seul peuple ! un seul
Ah ! par toute la terre, ô patrie, en tout lieu,   [Dieu !
Des mains se dresseront vers toi ; nulle couleuvre,
Nulle hydre, nul démon ne peut empêcher l'œuvre ;
Nous n'avons pas encor fini d'être Français ;
Le monde attend la suite et veut d'autres essais ;
Nous entendrons encor des ruptures de chaînes,
Et nous verrons encor frissonner les grands chênes !

X

Ô Charles, je te sens près de moi. Doux martyr[1],
            Sous terre où l'homme tombe,
Je te cherche, et je vois l'aube pâle sortir
            Des fentes de ta tombe.

Les morts, dans le berceau, si voisin du cercueil,
            Charmants, se représentent ;
Et pendant qu'à genoux je pleure, sur mon seuil
            Deux petits enfants chantent.

Georges, Jeanne, chantez ! Georges, Jeanne, ignorez !
            Reflétez votre père,
Assombris par son ombre indistincte, et dorés
            Par sa vague lumière.

Hélas ! que saurait-on si l'on ne savait point
            Que la mort est vivante !
Un paradis, où l'ange à l'étoile se joint,
            Rit dans cette épouvante.

Ce paradis sur terre apparaît dans l'enfant.
            Orphelins, Dieu vous reste.
Dieu, contre le nuage où je souffre, défend
            Votre lueur céleste.

Soyez joyeux pendant que je suis accablé.
            À chacun son partage.
J'ai vécu presque un siècle, enfants ; l'homme est troublé
            Par de l'ombre à cet âge.

Est-on sûr d'avoir fait, ne fût-ce qu'à demi,
            Le bien qu'on pouvait faire ?
A-t-on dompté la haine, et de son ennemi
            A-t-on été le frère ?

Même celui qui fit de son mieux a mal fait.
     Le remords suit nos fêtes.
Je sais que, si mon cœur quelquefois triomphait,
     Ce fut dans mes défaites.

En me voyant vaincu je me sentais grandi.
     La douleur nous rassure.
Car à faire saigner je ne suis pas hardi ;
     J'aime mieux ma blessure.

Et, loi triste ! grandir, c'est voir grandir ses maux.
     Mon faîte est une cible.
Plus j'ai de branches, plus j'ai de vastes rameaux,
     Plus j'ai d'ombre terrible.

De là mon deuil tandis que vous êtes charmants.
     Vous êtes l'ouverture
De l'âme en fleur mêlée aux éblouissements
     De l'immense nature.

George est l'arbuste éclos dans mon lugubre champ ;
     Jeanne dans sa corolle
Cache un esprit tremblant à nos bruits et tâchant
     De prendre la parole.

Laissez en vous, enfants qu'attendent les malheurs,
     Humbles plantes vermeilles,
Bégayer vos instincts, murmure dans les fleurs,
     Bourdonnement d'abeilles.

Un jour vous apprendrez que tout s'éclipse, hélas !
     Et que la foudre gronde
Dès qu'on veut soulager le peuple, immense Atlas,
     Sombre porteur du monde.

Vous saurez que, le sort étant sous le hasard,
     L'homme, ignorant auguste,
Doit vivre de façon qu'à son rêve plus tard
     La vérité s'ajuste.

Moi-même un jour, après la mort, je connaîtrai
        Mon destin que j'ignore,
Et je me pencherai sur vous, tout pénétré
        De mystère et d'aurore.

Je saurai le secret de l'exil, du linceul
        Jeté sur votre enfance,
Et pourquoi la justice et la douceur d'un seul
        Semble à tous une offense.

Je comprendrai pourquoi, tandis que vous chantiez,
        Dans mes branches funèbres,
Moi qui pour tous les maux veux toutes les pitiés,
        J'avais tant de ténèbres.

Je saurai pourquoi l'ombre implacable est sur moi,
        Pourquoi tant d'hécatombes,
Pourquoi l'hiver sans fin m'enveloppe, pourquoi
        Je m'accrois sur des tombes ;

Pourquoi tant de combats, de larmes, de regrets,
        Et tant de tristes choses ;
Et pourquoi Dieu voulut que je fusse un cyprès
        Quand vous étiez des roses.

XI

I

De tout ceci, du gouffre obscur, du fatal sort,
Des haines, des fureurs, des tombes, ce qui sort,
C'est de la clarté, peuple, et de la certitude.
Progrès ! Fraternité ! Foi ! que la solitude
L'affirme, et que la foule y consente à grands cris ;
Que le hameau joyeux le dise au grand Paris,
Et que le Louvre ému le dise à la chaumière !
La dernière heure est claire autant que la première

Fut sombre ; et l'on entend distinctement au fond
Du ciel noir la rumeur que les naissances font.
On distingue en cette ombre un bruissement d'ailes.

Et moi, dans ces feuillets farouches et fidèles,
Dans ces pages de deuil, de bataille et d'effroi,
Si la clameur d'angoisse éclata malgré moi,
Si j'ai laissé tomber le mot de la souffrance,
Une négation quelconque d'espérance,
J'efface ce sanglot obscur qui se perdit ;
Ce mot, je le rature et je ne l'ai pas dit.

Moi, le navigateur serein qui ne redoute
Aucun choc dans les flots profonds, j'aurais un doute !
J'admettrais qu'une main hideuse pût tenir
Le verrou du passé fermé sur l'avenir !
Quoi ! le crime prendrait au collet la justice,
L'ombre étoufferait l'astre allant vers le solstice,
Les rois à coups de fouet chasseraient devant eux
La conscience aveugle et le progrès boiteux ;
L'esprit humain, le droit, l'honneur, Jésus, Voltaire,
La vertu, la raison, n'auraient plus qu'à se taire,
La vérité mettrait sur ses lèvres son doigt,
Ce siècle s'en irait sans payer ce qu'il doit,
Le monde pencherait comme un vaisseau qui sombre,
On verrait lentement se consommer dans l'ombre,
À jamais, on ne sait sous quelles épaisseurs,
L'évanouissement sinistre des penseurs !
Non, et tu resteras, ô France, la première !
Et comment pourrait-on égorger la lumière ?
Le soleil ne pourrait, rongé par un vautour,
S'il répandait son sang, répandre que du jour ;
Quoi ! blesser le soleil ! tout l'enfer, s'il l'essaie,
Fera sortir des flots d'aurore de sa plaie.
Ainsi, France, du coup de lance à ton côté
Les rois tremblants verront jaillir la liberté.

II

Est-ce un écroulement ? non. C'est une genèse.

Que t'importe, ô Paris, ville de la fournaise,
Puits de flamme, un brouillard qui passe, et dans ton flanc
Sur son gonflement sombre un vent de plus soufflant ?
Que t'importe un combat de plus dans l'âpre joute ?
Que t'importe un soufflet de forge qui s'ajoute
À tous les aquilons tourmentant ton brasier ?
Ô fier volcan, qui donc peut te rassasier
D'explosions, de bruits, d'orage, de tonnerre,
De secousses faisant trembler toute la terre,
De métaux à mêler, d'âmes à mettre au feu !
Est-ce que tu t'éteins sous l'haleine de Dieu ?
Non. Ton feu se rallume et ta houle profonde
Bouillonne, ô fusion formidable d'un monde.
Paris, comme à la mer Dieu seul te dit : Assez.
Ta rude fonction, vous deux la connaissez.
Souvent l'homme, penché sur ton foyer sonore,
Prend pour reflet d'enfer une rougeur d'aurore.
Tu sais ce que tu dois construire ou transformer.
Qui t'irrite ne peut que te faire écumer.
Toute pierre jetée au gouffre où tu ruisselles
T'arrache un crachement énorme d'étincelles.
Les rois viennent frapper sur toi. Comme le fer
Battu des marteaux jette aux cyclopes l'éclair,
Tu réponds à leurs coups en les couvrant d'étoiles.

Ô destin ! déchirure admirable des toiles
Que tisse l'araignée et des pièges que tend
La noirceur sépulcrale au matin éclatant !
Ah ! le piège est abject, la toile est misérable,
Et rien n'arrêtera l'avenir vénérable.

III

Ville, ton sort est beau ! ta passion te met,
Ville, au milieu du genre humain, sur un sommet.
Personne ne pourra t'approcher sans entendre
Sortir de ton supplice auguste une voix tendre,
Car tu souffres pour tous et tu saignes pour tous.
Les peuples devant toi feront cercle à genoux.
Le nimbe de l'Etna ne craignait pas Éole,
Et nul vent n'éteindra ta farouche auréole ;
Car ta lumière illustre et terrible, brûlant
Tout ce qui n'est pas vie, honneur, travail, talent,
Devoir, droit, guérison, baume, parfum, dictame,
Est pour l'avenir pourpre et pour le passé flamme ;
Car dans ta clarté, triste et pure, braise et fleur,
L'immense amour se mêle à l'immense douleur.
Grâce à toi, l'homme croît, le progrès naît viable.
Ô ville, que ton sort tragique est enviable !
Ah ! ta mort laisserait l'univers orphelin.
Un astre est dans ta plaie ; et Carthage ou Berlin
Achèterait au prix de toutes ses rapines
Et de tous ses bonheurs ta couronne d'épines.
Jamais enclume autant que toi n'étincela.
Ville, tu fonderas l'Europe. Ah ! d'ici là
Que de tourments ! Paris, ce que ta gloire attire,
La dette qu'on te vient payer, c'est le martyre.
Accepte. Va, c'est grand. Sois le peuple héros.
Laisse après les tyrans arriver les bourreaux,
Après le mal subis le pire, et reste calme.
Ton épée en ta main devient lentement palme.
Fais ce qu'ont fait les Grecs, les Romains, les Hébreux.
Emplis de ta splendeur le moule ténébreux.
Les peuples t'auront vue, ô cité magnanime,
Après avoir été la lueur de l'abîme,
Après avoir lutté comme c'est le devoir,
Après avoir été cratère, après avoir
Fait bouillonner, forum, cirque, creuset, vésuve,
Toute la liberté du monde dans ta cuve,

Après avoir chassé la Prusse, affreux géant,
Te dressant tout à coup hors du gouffre béant,
En bronze, déité d'éternité vêtue,
Flamboyer lave, et puis te refroidir statue !

IV

Les hommes du passé se figurent qu'ils sont.
Ils s'imaginent vivre ; et le travail qu'ils font,
Le glissement visqueux de leurs replis sans nombre,
Leur allée et venue à plat ventre dans l'ombre,
N'est qu'un fourmillement de vers de terre heureux.
Le couvercle muet du sépulcre est sur eux.
Mais, Paris, rien de toi n'est mort, ville sacrée.
Ton agonie enfante et ta défaite crée.
Rien ne t'est refusé ; ce que tu veux sera.
Le jour où tu naquis, l'impossible expira.
Je l'affirme et l'affirme, et ma voix sans relâche
Le redit au parjure, au fourbe, au traître, au lâche,
Grande blessée, ô reine, ô déesse, tu vis.
Ceux qui de tes douleurs devraient être assouvis,
T'insultent ; mais tu vis, Paris ! dans ton artère,
D'où le sang de tout l'homme et de toute la terre
Coule sans s'arrêter, hélas, mais sans finir,
On sent battre le pouls profond de l'avenir.
On sent dans ton sein, mère en travail, ville émue,
Ce fœtus, l'univers inconnu, qui remue.
Qu'importe les rieurs sinistres ! Tout est bien.
Sans doute c'est lugubre ; on cherche, on ne voit rien,
Il fait nuit, l'horizon semble être une clôture.
On craint pour toi, cité de l'Europe future.
Quelle ruine, hélas ! quel aspect de cercueil !
Et quelle ressemblance avec l'éternel deuil !
Le plus ferme frissonne ; on pleure, on tremble, on doute ;
Mais si, penché sur toi, du dehors on écoute,
En cette ombre murée où ne luit nul flambeau,
En cette obscurité de gouffre et de tombeau,
On entend vaguement le chant d'une âme immense.

C'est quelque chose d'âpre et de grand qui commence.
C'est le siècle nouveau qui de la brume sort.

Tous nos pas ici-bas sont nocturnes, d'accord.
Hommes du passé, certe, il est vrai que la vie,
Malgré notre labeur et malgré notre envie,
Est terrestre et ne peut être divine avant
Que l'homme aille au grand ciel trouver le grand vivant.
La mort sera toujours la haute délivrance.
Le ciel a le bonheur, la terre a l'espérance
Rien de plus ; mais l'espoir croissant, mais les regrets
S'effaçant, mais notre œil s'ouvrant, c'est le progrès.
Tel atome est un astre ; il luit. Nous voyons poindre
Le bien-être plus grand dans la misère moindre ;
Et vous, vous savourez la morne obscurité.
Vous aimez la noirceur jusqu'à la cécité ;
Et votre rêve affreux serait d'aveugler l'âme.
Le suaire est pour nous piqué de trous de flamme ;
Qu'importe le zénith sombre si nous voyons
Des constellations se lever, des rayons
Resplendir, des soleils faire un échange auguste,
Là le vrai, là le beau, là le grand, là le juste,
Partout la vie avec mille auréoles d'or !
Vous, vous contemplez l'ombre, et l'ombre, et l'ombre encor,
Soit. C'est bien. Vous voyez, pris sous de triples voiles,
Les ténèbres, et nous, nous voyons les étoiles.
Nous cherchons ce qui sert. Vous cherchez ce qui nuit.
Chacun a sa façon de regarder la nuit.

XII

Terre et cieux ! si le mal régnait, si tout n'était
Qu'un dur labeur, suivi d'un infâme protêt,
Si le passé devait revenir, si l'eau noire,
Vomie, était rendue à l'homme pour la boire,
Si la nuit pouvait faire un affront à l'azur,

Si rien n'était fidèle et si rien n'était sûr,
Dieu devrait se cacher de honte, la nature
Ne serait qu'une lâche et lugubre imposture,
Les constellations resplendiraient en vain !
Que l'empyrée abrite un scélérat divin,
Que derrière le voile étoilé de l'abîme
Il se cache quelqu'un qui prémédite un crime,
Que l'homme donnant tout, ses jours, ses pleurs, son sang,
Soit l'auguste jouet d'un lâche Tout-Puissant,
Que l'avenir soit fait de méchanceté noire,
C'est ce que pour ma part je refuse de croire.
Non, ce ne serait pas la peine que les vents
Remuassent le flot orageux des vivants,
Que le matin sortît des mers, semant des pluies
De diamants aux fleurs vaguement éblouies,
Et que l'oiseau chantât, et que le monde fût,
Si le destin n'était qu'un chasseur à l'affût,
Si tout l'effort de l'homme enfantait la chimère,
Si l'ombre était sa fille et la cendre sa mère,
S'il ramait nuit et jour, voulant, saignant, créant,
Pour une épouvantable arrivée au néant !
Non, je ne consens pas à cette banqueroute.
Zéro somme de tout ! Rien au bout de la route !
Non, l'Infini n'est point capable de cela.
Quoi, pour berceau Charybde et pour tombeau Scylla !
Non, Paris, grand lutteur, France, grande vedette,
En faisant ton devoir, tu fais à Dieu sa dette.
Debout ! combats !

                    Je sais que Dieu semble incertain
Vu par la claire-voie affreuse du destin.
Ce Dieu, je le redis, a souvent dans les âges
Subi le hochement de tête des vieux sages,
Je sais que l'Inconnu ne répond à l'appel
Ni du calcul morose et lourd, ni du scalpel ;
Soit. Mais j'ai foi. La foi, c'est la lumière haute.
Ma conscience en moi, c'est Dieu que j'ai pour hôte.
Je puis, par un faux cercle, avec un faux compas,
Le mettre hors du ciel ; mais hors de moi, non pas.
Il est mon gouvernail dans l'écume où je vogue.

Si j'écoute mon cœur, j'entends un dialogue.
Nous sommes deux au fond de mon esprit, lui, moi.
Il est mon seul espoir et mon unique effroi.
Si par hasard je rêve une faute que j'aime,
Un profond grondement s'élève dans moi-même ;
Je dis : Qui donc est là ? l'on me parle ? Pourquoi ?
Et mon âme en tremblant me dit : C'est Dieu. Tais-toi.

☆

Quoi ! nier le progrès terrestre auquel adhère
Le vaste mouvement du monde solidaire ?
Non, non ! s'il arrivait que ce Dieu me trompât,
Et qu'il mît l'espérance en moi comme un appât
Pour m'attirer au piège, et me prendre, humble atome,
Entre le présent, songe, et l'avenir, fantôme ;
S'il n'avait d'autre but qu'une dérision ;
Moi l'œil sincère et lui la fausse vision,
S'il me leurrait de quelque exécrable mirage ;
S'il offrait la boussole et donnait le naufrage ;
Si par ma conscience il faussait ma raison ;
Moi qui ne suis qu'un peu d'ombre sur l'horizon,
Moi, néant, je serais son accusateur sombre ;
Je prendrais à témoin les firmaments sans nombre,
J'aurais tout l'infini contre ce Dieu, je croi
Que les gouffres prendraient fait et cause pour moi ;
Contre ce malfaiteur j'attesterais les astres ;
Je lui rejetterais nos maux et nos désastres ;
J'aurais tout l'Océan pour m'en laver les mains ;
Il ferait mes erreurs, ayant fait mes chemins ;
Je serais l'innocent, il serait le coupable.
Cet être inaccessible, invisible, impalpable,
J'irais, je le verrais, et je le saisirais
Dans les cieux, comme on prend un loup dans les forêts,
Et terrible, indigné, calme, extraordinaire,
Je le dénoncerais à son propre tonnerre !

Oh ! si le mal devait demeurer seul debout,
Si le mensonge immense était le fond de tout,
Tout se révolterait ! Oh ! ce n'est plus un temple

Qu'aurait sous les yeux l'homme en ce ciel qu'il contemple,
Dans la création pleine d'un vil secret,
Ce n'est plus un pilier de gloire qu'on verrait ;
Ce serait un poteau de bagne et de misère.
À ce poteau serait adossé le faussaire,
À qui tout jetterait l'opprobre, et que d'en bas
Insulteraient nos deuils, nos haillons, nos grabats,
Notre faim, notre soif, nos vices et nos crimes ;
Vers lui se tourneraient nos bourreaux ses victimes,
Et la guerre et la haine, et les yeux du savoir
Crevés, et le moignon sanglant du désespoir ;
Des champs, des bois, des monts, des fleurs empoisonnées,
Du chaos furieux et fou des destinées,
De tout ce qui paraît, disparaît, reparaît,
Une accusation lugubre sortirait ;
Le réel suinterait par d'affreuses fêlures ;
Les comètes viendraient tordre leurs chevelures ;
L'air dirait : Il me livre aux souffles pluvieux !
Le ver dirait à l'astre : Il est ton envieux,
Et, pour t'humilier, il nous fait tous deux luire !
L'écueil dirait : C'est lui qui m'ordonne de nuire !
La mer dirait : Mon fiel, c'est lui. J'en fais l'aveu !
Et l'univers serait le pilori de Dieu !

☆

Ah ! la réalité, c'est un paiement sublime.
Je suis le créancier tranquille de l'abîme ;
Mon œil ouvert d'avance attend les grands réveils.
Non, je ne doute pas du gouffre des soleils !
Moi croire vide l'ombre où je vois l'astre éclore !
Quoi, le grand azur noir, quoi, le puits de l'aurore
Serait sans loyauté, promettrait sans tenir !
Non, d'où sort le matin sortira l'avenir.
La nature s'engage envers la destinée ;
L'aube est une parole éternelle donnée.
Les ténèbres là-haut éclipsent les rayons ;
C'est dans la nuit qu'errants et pensifs, nous croyons ;
Le ciel est trouble, obscur, mystérieux ; qu'importe !
Rien de juste ne frappe en vain à cette porte.

La plainte est un vain cri, le mal est un mot creux ;
J'ai rempli mon devoir, c'est bien, je souffre heureux,
Car toute la justice est en moi, grain de sable.
Quand on fait ce qu'on peut on rend Dieu responsable,
Et je vais devant moi, sachant que rien ne ment,
Sûr de l'honnêteté du profond firmament !
Et je crie : Espérez ! à quiconque aime et pense ;
Et j'affirme que l'Être inconnu qui dépense,
Sans compter, les splendeurs, les fleurs, les univers,
Et, comme s'il vidait des sacs toujours ouverts,
Les astres, les saisons, les vents, et qui prodigue
Aux monts perçant la nue, aux mers rongeant la digue,
Sans relâche, l'azur, l'éclair, le jour, le ciel ;
Que celui qui répand un flot torrentiel
De lumière, de vie et d'amour dans l'espace,
J'affirme que celui qui ne meurt ni ne passe,
Qui fit le monde, un livre où le prêtre a mal lu,
Qui donne la beauté pour forme à l'absolu,
Réel malgré le doute et vrai malgré la fable,
L'éternel, l'infini, Dieu, n'est pas insolvable !

Épilogue

DANS L'OMBRE

LE VIEUX MONDE

Ô flot, c'est bien. Descends maintenant. Il le faut.
Jamais ton flux encor n'était monté si haut.
Mais pourquoi donc es-tu si sombre et si farouche ?
Pourquoi ton gouffre a-t-il un cri comme une bouche ?
Pourquoi cette pluie âpre, et cette ombre, et ces bruits,
Et ce vent noir soufflant dans le clairon des nuits ?
Ta vague monte avec la rumeur d'un prodige !
C'est ici ta limite. Arrête-toi, te dis-je.
Les vieilles lois, les vieux obstacles, les vieux freins,
Ignorance, misère et néant, souterrains
Où meurt le fol espoir, bagnes profonds de l'âme,
L'ancienne autorité de l'homme sur la femme,
Le grand banquet, muré pour les déshérités,
Les superstitions et les fatalités,
N'y touche pas, va-t'en ; ce sont les choses saintes.
Redescends, et tais-toi ! j'ai construit ces enceintes
Autour du genre humain et j'ai bâti ces tours.
Mais tu rugis toujours ! mais tu montes toujours !
Tout s'en va pêle-mêle à ton choc frénétique.
Voici le vieux missel, voici le code antique.
L'échafaud dans un pli de ta vague a passé.
Ne touche pas au roi ! ciel ! il est renversé.
Et ces hommes sacrés ! je les vois disparaître.
Arrête ! c'est le juge. Arrête ! c'est le prêtre.
Dieu t'a dit : Ne va pas plus loin, ô flot amer !
Mais quoi ! tu m'engloutis ! au secours, Dieu ! la mer
Désobéit ! la mer envahit mon refuge !

LE FLOT

Tu me crois la marée et je suis le déluge.

Actes et paroles
1870-1871-1872

(EXTRAITS)

On trouvera ici la majeure partie des textes que Hugo a recueillis dans Actes et paroles, 1870-1871-1872 ; ils sont reproduits selon l'édition originale parue en mars 1872, qui présente quelques différences de détail par rapport à l'édition définitive d'Actes et paroles, III, Depuis l'exil. Ont été écartés systématiquement les documents qui y sont joints mais qui ne sont pas des écrits de Hugo (en particulier à propos de la mort de Charles et de son enterrement, de « l'incident belge » et de ses suites judiciaires). Pour une raison principale de typographie (l'impossibilité ici d'une impression en plus petits caractères), on n'a pas reproduit les quelques lignes de présentation que Hugo a ajoutées, à la demande de Meurice et Vacquerie, en tête de chacun de ses textes. Si besoin est, ces textes de présentation sont cités ou résumés dans les notes. Toute autre coupure est signalée ici par une ligne de points.

Paris

Les paroles me manquent pour dire à quel point m'émeut l'inexprimable accueil que me fait le généreux peuple de Paris.

Citoyens, j'avais dit : le jour où la République rentrera, je rentrerai. Me voici.

Deux grandes choses m'appellent. La première, la République. La seconde, le danger.

Je viens ici faire mon devoir.

Quel est mon devoir ?

C'est le vôtre, c'est celui de tous.

Défendre Paris, garder Paris.

Sauver Paris, c'est plus que sauver la France, c'est sauver le monde.

Paris est le centre même de l'humanité. Paris est la ville sacrée.

Qui attaque Paris attaque en masse tout le genre humain.

Paris est la capitale de la civilisation, qui n'est ni un royaume, ni un empire, et qui est le genre humain tout entier dans son passé et dans son avenir. Et savez-vous pourquoi Paris est la ville de la civilisation ? C'est parce que Paris est la ville de la Révolution.

Qu'une telle ville, qu'un tel chef-lieu, qu'un tel foyer de lumière, qu'un tel centre des esprits, des cœurs et des âmes, qu'un tel cerveau de la pensée universelle puisse être violé, brisé, pris d'assaut, par qui ? par une invasion sauvage ? cela ne se peut. Cela ne sera pas. Jamais, jamais, jamais !

Citoyens, Paris triomphera, parce qu'il représente l'idée humaine et parce qu'il représente l'instinct populaire.

L'instinct du peuple est toujours d'accord avec l'idéal de la civilisation.

Paris triomphera, mais à une condition : c'est que vous, moi, nous tous qui sommes ici, nous ne serons qu'une seule âme ; c'est que nous ne serons qu'un seul soldat et un seul citoyen, un seul citoyen pour aimer Paris, un seul soldat pour le défendre.

À cette condition, d'une part la République une, d'autre part le peuple unanime, Paris triomphera.

Quant à moi, je vous remercie de vos acclamations, mais je les rapporte toutes à cette grande angoisse qui remue toutes les entrailles, la patrie en danger.

Je ne vous demande qu'une chose : l'union !

Par l'union, vous vaincrez.

Étouffez toutes les haines, éloignez tous les ressentiments, soyez unis, vous serez invincibles.

Serrons-nous tous autour de la République en face de l'invasion, et soyons frères. Nous vaincrons.

C'est par la fraternité qu'on sauve la liberté.

II. AUX ALLEMANDS

Allemands, celui qui vous parle est un ami.

Il y a trois ans, à l'époque de l'Exposition de 1867, du fond de l'exil, je vous souhaitais la bienvenue dans votre ville.

Quelle ville ?

Paris.

Car Paris ne nous appartient pas à nous seuls. Paris est à vous autant qu'à nous. Berlin, Vienne, Dresde, Munich, Stuttgart, sont vos capitales ; Paris est votre centre. C'est à Paris que l'on sent vivre l'Europe. Paris est la ville des villes. Paris est la ville des hommes. Il y a eu Athènes, il y a eu Rome, et il y a Paris.

Paris n'est autre chose qu'une immense hospitalité.

Aujourd'hui vous y revenez.

Comment ?

En frères, comme il y a trois ans ?

Non, en ennemis.

Pourquoi ?

Quel est ce malentendu sinistre ?

Deux nations ont fait l'Europe. Ces deux nations sont la France et l'Allemagne. L'Allemagne est pour l'occident ce que l'Inde est pour l'orient, une sorte de grande aïeule. Nous la vénérons. Mais que se passe-t-il donc ? et qu'est-ce que cela veut dire ? Aujourd'hui, cette Europe, que l'Allemagne a construite par son expansion et la France par son rayonnement, l'Allemagne veut la défaire.

Est-ce possible ?

L'Allemagne déferait l'Europe en mutilant la France.

L'Allemagne déferait l'Europe en détruisant Paris.

Réfléchissez.

Pourquoi cette invasion. Pourquoi cet effort sauvage contre un peuple frère ?

Qu'est-ce que nous vous avons fait ?

Cette guerre, est-ce qu'elle vient de nous ? c'est l'empire qui l'a voulue, c'est l'empire qui l'a faite. Il est mort. C'est bien.

Nous n'avons rien de commun avec ce cadavre.

Il est le passé, nous sommes l'avenir.

Il est la haine, nous sommes la sympathie.

Il est la trahison, nous sommes la loyauté.

Il est Capoue et Gomorrhe, nous sommes la France.

Nous sommes la République française ; nous avons pour devise : *Liberté, Égalité, Fraternité ;* nous écrivons sur notre drapeau : *États-Unis d'Europe.* Nous sommes le même peuple que vous. Nous avons eu Vercingétorix comme vous avez eu Arminius. Le même rayon fraternel, trait d'union sublime, traverse le cœur allemand et l'âme française.

Cela est si vrai que nous vous disons ceci :

Si par malheur votre erreur fatale vous poussait aux suprêmes violences, si vous veniez nous attaquer dans cette ville auguste confiée en quelque sorte par l'Europe à la France, si vous donniez l'assaut à Paris, nous nous défendrons jusqu'à la dernière extrémité, nous lutterons de toutes nos forces contre vous ; mais, nous vous le déclarons, nous continuerons d'être vos frères ; et vos blessés, savez-vous où nous les mettrons ? dans le palais de la nation. Nous assignons d'avance pour hôpital aux blessés prussiens les Tuileries. Là sera l'ambulance de vos braves soldats prisonniers. C'est là que nos femmes iront les soigner et les secourir. Vos blessés seront nos hôtes, nous les traiterons royalement, et Paris les recevra dans son Louvre.

C'est avec cette fraternité dans le cœur que nous accepterons votre guerre.

Mais cette guerre, Allemands, quel sens a-t-elle ? Elle est finie, puisque l'empire est fini. Vous avez tué votre ennemi qui était le nôtre. Que voulez-vous de plus ?

Vous venez prendre Paris de force ! Mais nous vous l'avons toujours offert avec amour. Ne faites pas fermer les portes par un peuple qui de tout temps vous a tendu les bras. N'ayez pas d'illusions sur Paris. Paris vous aime ; mais Paris vous combattra. Paris vous combattra avec toute la majesté formidable de sa gloire et de son deuil. Paris, menacé de ce viol brutal, peut devenir effrayant.

Jules Favre vous l'a dit éloquemment, et tous nous vous le répétons, attendez-vous à une résistance indignée.

Vous prendrez la forteresse, vous trouverez l'enceinte ; vous prendrez l'enceinte, vous trouverez la barricade ; vous prendrez la barricade, et peut-être alors, qui sait ce que peut conseiller le patriotisme en détresse ? vous trouverez l'égout miné faisant sauter des rues entières. Vous aurez à accepter cette condamnation terrible : prendre Paris pierre par pierre, y égorger l'Europe sur place, tuer la France en détail, dans chaque rue, dans chaque maison ; et cette grande lumière, il faudra l'éteindre âme par âme. Arrêtez-vous.

Allemands, Paris est redoutable. Soyez pensifs devant Paris. Toutes les transformations lui sont possibles. Ses mollesses vous donnent la mesure de ses énergies ; on semblait dormir, on se réveille ; on tire l'idée du fourreau comme l'épée, et cette ville qui était hier Sybaris peut être demain Saragosse.

Est-ce que nous disons ceci pour vous intimider ? Non, certes ! On ne vous intimide pas, Allemands. Vous avez eu Galgacus contre Rome et Kœrner contre Napoléon. Nous sommes le peuple de la *Marseillaise*, mais vous êtes le peuple des *Sonnets cuirassés* et du *Cri de*

l'Épée[2]. Vous êtes cette nation de penseurs qui devient au besoin une
légion de héros. Vos soldats sont dignes des nôtres ; les nôtres sont la
bravoure impassible, les vôtres sont la tranquillité intrépide.

Écoutez pourtant :

Vous avez des généraux rusés et habiles, nous avions des chefs inep-
tes ; vous avez fait la guerre adroite plutôt que la guerre éclatante ; vos
généraux ont préféré l'utile au grand, c'était leur droit ; vous nous
avez pris par surprise ; vous êtes venus dix contre un ; nos soldats se
sont laissé stoïquement massacrer par vous qui aviez mis savamment
toutes les chances de votre côté ; de sorte que, jusqu'à ce jour, dans
cette effroyable guerre, la Prusse a la victoire, mais la France a la
gloire.

À présent, songez-y, vous croyez avoir un dernier coup à faire : vous
ruer sur Paris, profiter de ce que notre admirable armée, trompée et
trahie, est à cette heure presque tout entière étendue morte sur le
champ de bataille, pour vous jeter, vous sept cent mille soldats, avec
toutes vos machines de guerre, vos mitrailleuses, vos canons d'acier,
vos boulets Krupp, vos fusils Dreyse, vos innombrables cavaleries, vos
artilleries épouvantables, sur trois cent mille citoyens debout sur leur
rempart, sur des pères défendant leur foyer, sur une cité pleine de
familles frémissantes, où il y a des femmes, des sœurs, des mères, et
où, à cette heure, moi qui vous parle, j'ai mes deux petits-enfants,
dont un à la mamelle. C'est sur cette ville innocente de cette guerre,
sur cette cité qui ne vous a rien fait que vous donner sa clarté, c'est sur
Paris isolé, superbe et désespéré, que vous vous précipitez, vous,
immense flot de tuerie et de bataille ! ce serait là votre rôle, hommes
vaillants, grands soldats, illustre armée de la noble Allemagne ! Oh !
réfléchissez !

Le dix-neuvième siècle verrait cet affreux prodige : une nation, de
policée devenue sauvage, abolissant la ville des nations ; l'Allemagne
éteignant Paris ; la Germanie levant la hache sur la Gaule ! Vous, les
descendants des chevaliers teutoniques, vous feriez la guerre déloyale,
vous extermineriez le groupe d'hommes et d'idées dont le monde a
besoin, vous anéantiriez la cité organique, vous recommenceriez
Attila et Alaric, vous renouvelleriez, après Omar, l'incendie de la
bibliothèque humaine, vous raseriez l'Hôtel de Ville comme les Huns
ont rasé le Capitole, vous bombarderiez Notre-Dame comme les
Turcs ont bombardé le Parthénon ; vous donneriez au monde ce spec-
tacle : les Allemands redevenus les Vandales, et vous seriez la barbarie
décapitant la civilisation !

Non, non, non !

Savez-vous ce que serait pour vous cette victoire ? ce serait le dés-
honneur.

Ah ! certes, personne ne peut songer à vous effrayer, Allemands,
magnanime armée, courageux peuple ! mais on peut vous rensei-
gner. Ce n'est pas, à coup sûr, l'opprobre que vous cherchez ; eh
bien, c'est l'opprobre que vous trouveriez ; et moi, Européen, c'est-
à-dire ami de Paris, moi, Parisien, c'est-à-dire ami des peuples, je
vous avertis du péril où vous êtes, mes frères d'Allemagne, parce
que je vous admire et que je vous honore, et parce que je sais bien

que, si quelque chose peut vous faire reculer, ce n'est pas la peur, c'est la honte.

Ah ! nobles soldats, quel retour dans vos foyers ! Vous seriez des vainqueurs la tête basse ; et qu'est-ce que vos femmes vous diraient ?

La mort de Paris, quel deuil !

L'assassinat de Paris, quel crime !

Le monde aurait le deuil, vous auriez le crime.

N'acceptez pas cette responsabilité formidable. Arrêtez-vous.

Et puis, un dernier mot. Paris poussé à bout, Paris soutenu par toute la France soulevée, peut vaincre et vaincrait ; et vous auriez tenté en pure perte cette voie de fait qui déjà indigne le monde. Dans tous les cas, effacez de ces lignes écrites en hâte les mots *destruction, abolition, mort.* Non, on ne détruit pas Paris. Parvînt-on, ce qui est malaisé, à le démolir matériellement, on le grandirait moralement. En ruinant Paris, vous le sanctifieriez. La dispersion des pierres ferait la dispersion des idées. Jetez Paris aux quatre vents, vous n'arriverez qu'à faire de chaque grain de cette cendre la semence de l'avenir. Ce sépulcre criera Liberté, Égalité, Fraternité ! Paris est ville, mais Paris est âme. Brûlez nos édifices, ce ne sont que nos ossements ; leur fumée prendra forme, deviendra énorme et vivante, et montera jusqu'au ciel, et l'on verra à jamais, sur l'horizon des peuples, au-dessus de nous, au-dessus de vous, au-dessus de tout et de tous, attestant notre gloire, attestant votre honte, ce grand spectre fait d'ombre et de lumière, Paris.

Maintenant, j'ai dit. Allemands, si vous persistez, soit, vous êtes avertis. Faites, allez, attaquez la muraille de Paris. Sous vos bombes et vos mitrailles, elle se défendra. Quant à moi, vieillard, j'y serai, sans armes. Il me convient d'être avec les peuples qui meurent, je vous plains d'être avec les rois qui tuent.

Paris, 9 septembre 1870.

III. AUX FRANÇAIS

Nous avons fraternellement averti l'Allemagne.

L'Allemagne a continué sa marche sur Paris.

Elle est aux portes.

L'empire a attaqué l'Allemagne comme il avait attaqué la République, à l'improviste, en traître ; et aujourd'hui l'Allemagne, de cette guerre que l'empire lui a faite, se venge sur la République.

Soit. L'histoire jugera.

Ce que l'Allemagne fera maintenant la regarde ; mais nous France, nous avons des devoirs envers les nations et envers le genre humain. Remplissons-les.

Le premier des devoirs est l'exemple.

Le moment où nous sommes est une grande heure pour les peuples.

Chacun va donner sa mesure.

La France a ce privilège, qu'a eu jadis Rome, qu'a eu jadis la Grèce, que son péril va marquer l'étiage de la civilisation.

Où en est le monde ? Nous allons le voir.

S'il arrivait, ce qui est impossible, que la France succombât, la quantité de submersion qu'elle subirait indiquerait la baisse de niveau du genre humain.

Mais la France ne succombera pas.

Par une raison bien simple, et nous venons de le dire. C'est qu'elle fera son devoir.

La France doit à tous les peuples et à tous les hommes de sauver Paris, non pour Paris, mais pour le monde.

Ce devoir, la France l'accomplira.

Que toutes les communes se lèvent ! que toutes les campagnes prennent feu ! que toutes les forêts s'emplissent de voix tonnantes ! Tocsin ! tocsin ! Que de chaque maison il sorte un soldat ; que le faubourg devienne régiment ; que la ville se fasse armée. Les Prussiens sont huit cent mille, vous êtes quarante millions d'hommes. Dressez-vous, et soufflez sur eux ! Lille, Nantes, Tours, Bourges, Orléans, Dijon, Toulouse, Bayonne, ceignez vos reins. En marche ! Lyon, prends ton fusil, Bordeaux, prends ta carabine, Rouen, tire ton épée, et toi Marseille, chante ta chanson et viens terrible. Cités, cités, cités, faites des forêts de piques, épaississez vos bayonnettes, attelez vos canons, et toi village, prends ta fourche. On n'a pas de poudre, on n'a pas de munitions, on n'a pas d'artillerie ? Erreur. On en a. D'ailleurs les paysans suisses n'avaient que des cognées, les paysans polonais n'avaient que des faulx, les paysans bretons n'avaient que des bâtons. Et tout s'évanouissait devant eux ! Tout est secourable à qui fait bien. Nous sommes chez nous. La saison sera pour nous, la bise sera pour nous, la pluie sera pour nous. Guerre ou Honte ! Qui veut peut. Un mauvais fusil est excellent quand le cœur est bon ; un vieux tronçon de sabre est invincible quand le bras est vaillant. C'est aux paysans d'Espagne que s'est brisé Napoléon. Tout de suite, en hâte, sans perdre un jour, sans perdre une heure, que chacun, riche, pauvre, ouvrier, bourgeois, laboureur, prenne chez lui ou ramasse à terre tout ce qui ressemble à une arme ou à un projectile. Roulez des rochers, entassez des pavés, changez les socs en haches, changez les sillons en fosses, combattez avec tout ce qui vous tombe sous la main, prenez les pierres de notre terre sacrée, lapidez les envahisseurs avec les ossements de notre mère la France. Ô citoyens, dans les cailloux du chemin, ce que vous jetez à la face, c'est la patrie.

Que tout homme soit Camille Desmoulins, que toute femme soit Théroigne, que tout adolescent soit Bara ! Faites comme Bonbonnel, le chasseur de panthères, qui, avec quinze hommes, a tué vingt Prussiens et fait trente prisonniers. Que les rues des villes dévorent l'ennemi, que la fenêtre s'ouvre furieuse, que le logis jette ses meubles, que le toit jette ses tuiles, que les vieilles mères indignées attestent leurs cheveux blancs. Que les tombeaux crient, que derrière toute muraille on sente le peuple et Dieu, qu'une flamme sorte partout de terre, que toute broussaille soit le buisson ardent ! Harcelez ici, foudroyez là, interceptez les convois, coupez les prolonges, brisez les ponts, rompez les routes, effondrez le sol, et que la France sous la Prusse devienne abîme.

Ah ! peuple ! te voilà acculé dans l'antre. Déploie ta stature inatten-due. Montre au monde le formidable prodige de ton réveil. Que le lion de 92 se dresse et se hérisse, et qu'on voie l'immense volée noire des vautours à deux têtes s'enfuir à la secousse de cette crinière !

Faisons la guerre de jour et de nuit, la guerre des montagnes, la guerre des plaines, la guerre des bois. Levez-vous ! levez-vous ! Pas de trêve, pas de repos, pas de sommeil. Le despotisme attaque la liberté, l'Allemagne attente à la France. Qu'à la sombre chaleur de notre sol cette colossale armée fonde comme la neige. Que pas un point du territoire ne se dérobe au devoir. Organisons l'effrayante bataille de la patrie. Ô francs-tireurs, allez, traversez les halliers, passez les torrents, profitez de l'ombre et du crépuscule, serpentez dans les ravins, glis-sez-vous, rampez, ajustez, tirez, exterminez l'invasion. Défendez la France avec héroïsme, avec désespoir, avec tendresse. Soyez terribles, ô patriotes ! Arrêtez-vous seulement, quand vous passerez devant une chaumière, pour baiser au front un petit enfant endormi.

Car l'enfant c'est l'avenir. Car l'avenir c'est la République.

Faisons cela, Français.

Quant à l'Europe, que nous importe l'Europe ! Qu'elle regarde, si elle a des yeux. On vient à nous si l'on veut. Nous ne quêtons pas d'auxiliaires. Si l'Europe a peur, qu'elle ait peur. Nous rendons ser-vice à l'Europe, voilà tout. Qu'elle reste chez elle, si bon lui semble. Pour le redoutable dénoûment que la France accepte si l'Allemagne l'y contraint, la France suffit à la France, et Paris suffit à Paris. Paris a toujours donné plus qu'il n'a reçu. S'il engage les nations à l'aider, c'est dans leur intérêt plus encore que dans le sien. Qu'elles fassent comme elles voudront, Paris ne prie personne. Un si grand suppliant que lui étonnerait l'histoire. Sois grande ou sois petite, Europe, c'est ton affaire. Incendiez Paris, Allemands, comme vous avez incendié Strasbourg. Vous allumerez les colères plus encore que les maisons.

Paris a des forteresses, des remparts, des fossés, des canons, des casemates, des barricades, des égouts qui sont des sapes ; il a de la poudre, du pétrole et de la nitroglycérine ; il a trois cent mille citoyens armés ; l'honneur, la justice, le droit, la civilisation indignée, fermentent en lui ; la fournaise vermeille de la République s'enfle dans son cratère ; déjà sur ses pentes se répandent et s'allongent des coulées de lave, et il est plein, ce puissant Paris, de toutes les explo-sions de l'âme humaine. Tranquille et formidable, il attend l'invasion, et il sent monter son bouillonnement. Un volcan n'a pas besoin d'être secouru.

Français, vous combattrez. Vous vous dévouerez à la cause univer-selle, parce qu'il faut que la France soit grande afin que la terre soit affranchie ; parce qu'il ne faut pas que tant de sang ait coulé et que tant d'ossements aient blanchi sans qu'il en sorte la liberté ; parce que toutes les ombres illustres, Léonidas, Brutus, Arminius, Dante, Rienzi, Washington, Danton, Riego, Manin, sont là souriantes et fiè-res autour de vous ; parce qu'il est temps de montrer à l'univers que la

vertu existe, que le devoir existe et que la patrie existe ; et vous ne
faiblirez pas, et vous irez jusqu'au bout, et le monde saura par vous
que si la diplomatie est lâche, le citoyen est brave ; que, s'il y a des
rois, il y a aussi des peuples ; que si le continent monarchique
s'éclipse, la République rayonne, et que, si, pour l'instant, il n'y a plus
d'Europe, il y a toujours une France.

Paris, 17 septembre 1870.

IV. AUX PARISIENS[3]

Il paraît que les Prussiens ont décrété que la France serait Allema-
gne et que l'Allemagne serait Prusse ; que moi qui parle, né lorrain, je
suis allemand ; qu'il faisait nuit en plein midi ; que l'Eurotas, le Nil,
le Tibre et la Seine étaient des affluents de la Sprée ; que la ville qui
depuis quatre siècles éclaire le globe n'avait plus de raison d'être ; que
Berlin suffisait ; que Montaigne, Rabelais, d'Aubigné, Pascal, Cor-
neille, Molière, Montesquieu, Diderot, Jean-Jacques, Mirabeau, Dan-
ton et la Révolution française n'ont jamais existé ; qu'on n'avait plus
besoin de Voltaire puisqu'on avait M. de Bismarck ; que l'univers
appartient aux vaincus de Napoléon-le-Grand et aux vainqueurs de
Napoléon-le-Petit ; que dorénavant la pensée, la conscience, la poésie,
l'art, le progrès, l'intelligence, commenceraient à Potsdam et fini-
raient à Spandau ; qu'il n'y aurait plus de civilisation, qu'il n'y aurait
plus d'Europe, qu'il n'y aurait plus de Paris ; qu'il n'était pas démon-
tré que le soleil fût nécessaire ; que d'ailleurs nous donnions le mau-
vais exemple ; que nous sommes Gomorrhe et qu'ils sont, eux, Prus-
siens, le feu du ciel ; qu'il est temps d'en finir, et que désormais le
genre humain ne sera plus qu'une puissance de second ordre.

Ce décret, Parisiens, on l'exécute sur vous. En supprimant Paris, on
mutile le monde. L'attaque s'adresse *urbi et orbi*[4]. Paris éteint, et la
Prusse ayant seule la fonction de briller, l'Europe sera dans les ténè-
bres.

Cet avenir est-il possible ?

Ne nous donnons pas la peine de dire non.

Répondons simplement par un sourire.

Deux adversaires sont en présence en ce moment. D'un côté la
Prusse, toute la Prusse, avec neuf cent mille soldats ; de l'autre Paris
avec quatre cent mille citoyens. D'un côté la force, de l'autre la
volonté. D'un côté une armée, de l'autre un peuple. D'un côté la nuit,
de l'autre la lumière.

C'est le vieux combat de l'archange et du dragon qui recom-
mence.

Il aura aujourd'hui la fin qu'il a eue autrefois.

La Prusse sera précipitée.

Cette guerre, si épouvantable qu'elle soit, n'a encore été que petite.
Elle va devenir grande.

J'en suis fâché pour vous, Prussiens, mais il va falloir changer votre façon de faire. Cela va être moins commode. Vous serez toujours deux ou trois contre un, je le sais ; mais il faut aborder Paris de front. Plus de forêts, plus de broussailles, plus de ravins, plus de tactique tortueuse, plus de glissement dans l'obscurité. La stratégie des chats ne sert pas à grand'chose devant le lion. Plus de surprises. On va vous entendre venir. Vous aurez beau marcher doucement, la mort écoute. Elle a l'oreille fine, cette guetteuse terrible. Vous espionnez, mais nous épions. Paris, le tonnerre en main et le doigt sur la détente, veille et regarde l'horizon. Allons, attaquez. Sortez de l'ombre. Montrez-vous. C'en est fini des succès faciles. Le corps à corps commence. On va se colleter. Prenez-en votre parti. La victoire maintenant exigera un peu d'imprudence. Il faut renoncer à cette guerre d'invisibles, à cette guerre à distance, à cette guerre à cache-cache, où vous nous tuez sans que nous ayons l'honneur de vous connaître.

Nous allons voir enfin la vraie bataille. Les massacres tombant sur un seul côté sont finis. L'imbécillité ne nous commande plus. Vous allez avoir affaire au grand soldat qui s'appelait la Gaule du temps que vous étiez les Borusses, et qui s'appelle la France aujourd'hui que vous êtes les Vandales ; la France : *miles magnus,* disait César ; *soldat de Dieu,* disait Shakespeare.

Donc, guerre, et guerre franche, guerre loyale, guerre farouche. Nous vous la demandons et nous vous la promettons. Nous allons juger vos généraux. La glorieuse France grandit volontiers ses ennemis. Mais il se pourrait bien après tout que ce que nous avons appelé l'habileté de Moltke ne fût autre chose que l'ineptie de Lebœuf. Nous allons voir.

Vous hésitez, cela se comprend. Sauter à la gorge de Paris est difficile. Notre collier est garni de pointes.

Vous avez deux ressources qui ne feront pas précisément l'admiration de l'Europe :

Affamer Paris.

Bombarder Paris.

Faites. Nous attendons vos projectiles. Et tenez, si une de vos bombes, roi de Prusse, tombe sur ma maison, cela prouvera une chose, c'est que je ne suis pas Pindare, mais que vous n'êtes pas Alexandre.

On vous prête, Prussiens, un autre projet. Ce serait de cerner Paris sans l'attaquer, et de réserver toute votre bravoure contre nos villes sans défense, contre nos bourgades, contre nos hameaux. Vous enfonceriez héroïquement ces portes ouvertes, et vous vous installeriez là, rançonnant vos captifs, l'arquebuse au poing. Cela s'est vu au moyenâge. Cela se voit encore dans les cavernes. La civilisation stupéfaite assisterait à un banditisme gigantesque. On verrait cette chose : un peuple détroussant un autre peuple. Nous n'aurions plus affaire à Arminius, mais à Jean l'Écorcheur. Non ! nous ne croyons pas cela. La Prusse attaquera Paris, mais l'Allemagne ne pillera pas les villages. Le meurtre, soit. Le vol, non. Nous croyons à l'honneur des peuples.

Attaquez Paris, Prussiens. Bloquez, cernez, bombardez.

Essayez.

Pendant ce temps-là l'hiver viendra.

Et la France.

L'hiver, c'est-à-dire la neige, la pluie, la gelée, le verglas, le givre, la glace. La France, c'est-à-dire la flamme.

Paris se défendra, soyez tranquilles.

Paris se défendra victorieusement.

Tous au feu, citoyens ! Il n'y a plus désormais que la France ici et la Prusse là. Rien n'existe que cette urgence. Quelle est la question d'aujourd'hui ? combattre. Quelle est la question de demain ? vaincre. Quelle est la question de tous les jours ? mourir. Ne vous tournez pas d'un autre côté. Le souvenir que tu dois au devoir se compose de ton propre oubli. Union et unité. Les griefs, les ressentiments, les rancunes, les haines, jetons ça au vent. Que ces ténèbres s'en aillent dans la fumée des canons. Aimons-nous pour lutter ensemble. Nous avons tous les mêmes mérites. Est-ce qu'il y a eu des proscrits ? je n'en sais rien. Quelqu'un a-t-il été en exil ? je l'ignore. Il n'y a plus de personnalités, il n'y a plus d'ambitions, il n'y a plus rien dans les mémoires que ce mot : salut public. Nous ne sommes qu'un seul Français, qu'un seul Parisien, qu'un seul cœur ; il n'y a plus qu'un seul citoyen qui est vous, qui est moi, qui est nous tous. Où sera la brèche seront nos poitrines. Résistance aujourd'hui, délivrance demain ; tout est là. Nous ne sommes plus de chair, mais de pierre. Je ne sais plus mon nom, je m'appelle Patrie. Face à l'ennemi ! Nous nous appelons tous France, Paris, muraille !

Comme elle va être belle, notre cité ! Que l'Europe s'attende à un spectacle impossible ; qu'elle s'attende à voir grandir Paris ; qu'elle s'attende à voir flamboyer la ville extraordinaire. Paris va terrifier le monde. Dans ce charmeur il y a un héros. Cette ville d'esprit a du génie. Quand elle tourne le dos à Tabarin, elle est digne d'Homère. On va voir comment Paris sait mourir. Sous le soleil couchant, Notre-Dame à l'agonie est d'une gaîté superbe. Le Panthéon se demande comment il fera pour recevoir sous sa voûte tout ce peuple qui va avoir droit à son dôme. La garde sédentaire est vaillante ; la garde mobile est intrépide ; jeunes hommes par le visage, vieux soldats par l'allure. Les enfants chantent mêlés aux bataillons. Et dès à présent, chaque fois que la Prusse attaque, pendant le rugissement de la mitraille, que voit-on dans les rues ? les femmes sourire. Ô Paris, tu as couronné de fleurs la statue de Strasbourg ; l'histoire te couronnera d'étoiles !

Paris, 2 octobre 1870.

V. LES *CHÂTIMENTS*

. . . .

A M. GUSTAVE CHAUDEY[5]

22 novembre.

Mon honorable concitoyen, quand notre éloquent et vaillant Gambetta, quelques jours avant son départ, est venu me voir, croyant que je pouvais être de quelque utilité à la République et à la patrie, je lui ai dit : *Usez de moi comme vous voudrez pour l'intérêt public. Dépensez-moi comme l'eau.*

Je vous dirai la même chose. Mon livre comme moi, nous appartenons à la France. Qu'elle fasse du livre et de l'auteur ce qu'elle voudra.

C'est du reste ainsi que je parlais à Lausanne, vous en souvenez-vous ? Vous ne pouvez avoir oublié Lausanne, où vous avez laissé, vous personnellement, un tel souvenir. Je ne vous avais jamais vu, je vous entendais pour la première fois, j'étais charmé. Quelle loyale, vive et ferme parole ! laissez-moi vous le dire. Vous vous êtes montré à Lausanne un vrai et solide serviteur du peuple, connaissant à fond les questions, socialiste et républicain, voulant le progrès, tout le progrès, rien que le progrès, et voulant cela comme il faut le vouloir, avec résolution, mais avec lucidité.

En ce moment-ci, soit dit en passant, j'irais plus loin que vous, je le crois, dans le sens des aspirations populaires, car le problème s'élargit et la solution doit s'agrandir. Mais vous êtes de mon avis et je suis absolument du vôtre sur ce point que, tant que la Prusse sera là, nous ne devons songer qu'à la France. Tout doit être ajourné. À cette heure pas d'autre ennemi que l'ennemi. Quant à la question sociale, c'est un problème insubmersible, et nous la retrouverons plus tard. Selon moi, il faudra la résoudre dans le sens à la fois le plus sympathique et le plus pratique. La disparition de la misère, la production du bien-être, aucune spoliation, aucune violence, le crédit public sous la forme de monnaie fiduciaire à rente créant le crédit individuel, l'atelier communal et le magasin communal assurant le droit au travail, la propriété, non collective, ce qui serait un retour au moyen-âge, mais démocratisée et rendue accessible à tous, la circulation, qui est la vie, décuplée, en un mot l'assainissement des hommes par le devoir combiné avec le droit ; tel est le but. Le moyen, je suis de ceux qui croient l'entrevoir. Nous en causerons.

Ce qui me plaît en vous, c'est votre haute et simple raison. Les hommes tels que vous sont précieux. Vous marcherez un peu plus de notre côté, parce que votre cœur le voudra, parce que votre esprit le voudra, et que vous êtes appelé à rendre aux idées et aux faits de très grands services.

Pour moi l'homme n'est complet que s'il réunit ces trois conditions, science, prescience, conscience.

Savoir, prévoir, vouloir. Tout est là.

Vous avez ces dons. Vous n'avez qu'un pas de plus à faire en avant. Vous le ferez.

Je reviens à la demande que vous voulez bien m'adresser.

Ce n'est pas une lecture des *Châtiments* que je vous concède. C'est autant de lectures que vous voudrez.

Et ce n'est pas seulement dans les *Châtiments* que vous pouvez puiser, c'est dans toutes mes œuvres.

Je vous redis à vous la déclaration que j'ai déjà faite à tous.

Tant que durera cette guerre, j'autorise qui le veut à dire ou à représenter tout ce qu'on voudra de moi, sur n'importe quelle scène et n'importe de quelle façon, pour les canons, les combattants, les blessés, les ambulances, les municipalités, les ateliers, les orphelinats, les veuves et les enfants, les victimes de la guerre, les pauvres, et j'abandonne tous mes droits d'auteur sur ces lectures et sur ces représentations.

C'est dit, n'est-ce pas ? Je vous serre la main.

Victor Hugo.

Quand vous verrez votre ami M. Cernuschi[6], dites-lui bien combien j'ai été touché de sa visite. C'est un très noble et très généreux esprit. Il comprend qu'en ce moment où la grande civilisation latine est menacée, les Italiens doivent être français. De même que demain, si Rome courait les dangers que court aujourd'hui Paris, les Français devraient être italiens. D'ailleurs, de même qu'il n'y a qu'une seule humanité, il n'y a qu'un seul peuple. Défendre partout le progrès humain en péril, c'est l'unique devoir. Nous sommes les nationaux de la civilisation.

Bordeaux

. . . .

II

ASSEMBLÉE NATIONALE
SÉANCE DU 1ᵉʳ MARS 1871

Présidence de M. Grévy.

M. le Président. — La parole est à M. Victor Hugo. *(Mouvement d'attention.)*

M. Victor Hugo. — L'empire a commis deux parricides : le meurtre de la République, en 1851, le meurtre de la France, en 1871. Pendant dix-neuf ans, nous avons subi — pas en silence — l'éloge officiel et public de l'affreux régime tombé ; mais, au milieu des douleurs de cette discussion poignante, une stupeur muette était réservée, c'était d'entendre ici, dans cette assemblée, bégayer la défense de l'empire, devant le corps agonisant de la France assassinée. *(Mouvement.)*

Je ne prolongerai pas cet incident, qui est clos, et je me borne à constater l'unanimité de l'Assemblée...

Quelques voix. Moins cinq !

M. Victor Hugo. — Messieurs, Paris, en ce moment, est sous le canon prussien ; rien n'est terminé et Paris attend ; et nous, ses représentants, qui avons pendant cinq mois vécu de la même vie que lui, nous avons le devoir de vous apporter sa pensée.

Depuis cinq mois, Paris combattant fait l'étonnement du monde ; Paris, en cinq mois de République, a conquis plus d'honneur qu'il n'en avait perdu en dix-neuf ans d'empire. *(Bravo ! bravo !)*

Ces cinq mois de République ont été cinq mois d'héroïsme. Paris a fait face à toute l'Allemagne ; une ville a tenu en échec une invasion ; dix peuples coalisés, ce flot des hommes du nord qui, plusieurs fois déjà, a submergé la civilisation, Paris a combattu cela. Trois cent mille pères de famille se sont improvisés soldats. Ce grand peuple parisien a créé des bataillons, fondu des canons, élevé des barricades, creusé des mines, multiplié ses forteresses, gardé son rempart ; et il a eu faim, et il a eu froid ; en même temps que tous les courages, il a eu toutes les souffrances. Les énumérer n'est pas inutile, l'histoire écoute.

Plus de bois, plus de charbon, plus de gaz, plus de feu, plus de pain ! Un hiver horrible, la Seine charriant, quinze degrés de glace, la famine, le typhus, les épidémies, la dévastation, la mitraille, le bombardement. Paris, à l'heure qu'il est, est cloué sur sa croix et saigne aux quatre membres. Eh bien, cette ville qu'aucune n'égalera dans l'histoire, cette ville majestueuse comme Rome et stoïque comme Sparte, cette ville que les Prussiens peuvent souiller, mais qu'ils n'ont pas prise *(Très bien ! très bien !),* — cette cité auguste, Paris, nous a donné un mandat qui accroît son péril et qui ajoute à sa gloire, c'est de voter contre le démembrement de la patrie *(bravos sur les bancs de la gauche)* ; Paris a accepté pour lui les mutilations, mais il n'en veut pas pour la France.

Paris se résigne à sa mort, mais non à notre déshonneur *(Très bien ! très bien !),* et, chose digne de remarque, c'est pour l'Europe en même temps que pour la France que Paris nous a donné le mandat d'élever la voix. Paris fait sa fonction de capitale du continent.

Nous avons une double mission à remplir qui est aussi la vôtre :

Relever la France, avertir l'Europe. Oui, la cause de l'Europe, à l'heure qu'il est, est identique à la cause de la France. Il s'agit pour l'Europe de savoir si elle va redevenir féodale, il s'agit de savoir si nous allons être rejetés d'un écueil à l'autre, du régime théocratique au régime militaire.

Car, dans cette fatale année de concile et de carnage... *(Oh ! oh !)*

Voix à gauche : Oui ! oui ! très bien !

M. Victor Hugo. — Je ne croyais pas qu'on pût nier l'effort du pontificat pour se déclarer infaillible, et je ne crois pas qu'on puisse contester ce fait, qu'à côté du pape gothique, qui essaye de revivre, l'empereur gothique reparaît. *(Bruit à droite — Approbation sur les bancs de la gauche.)*

Un membre à droite. Ce n'est pas la question !

Un autre membre à droite. Au nom des douleurs de la patrie, laissons tout cela de côté. *(Interruption.)*

M. le Président. — Vous n'avez pas la parole. Continuez, monsieur Victor Hugo.

M. Victor Hugo. — Si l'œuvre violente à laquelle on donne en ce moment le nom de traité s'accomplit, si cette paix inexorable se conclut, c'en est fait du repos de l'Europe ! L'immense insomnie du monde va commencer. *(Assentiment à gauche.)*

Il y aura désormais en Europe deux nations qui seront redoutables : l'une parce qu'elle sera victorieuse, l'autre parce qu'elle sera vaincue. *(Sensation.)*

M. le Chef du pouvoir exécutif. — C'est vrai !

M. Dufaure, *ministre de la justice.* — C'est très vrai !

M. Victor Hugo. De ces deux nations, l'une, la victorieuse, l'Allemagne, aura l'empire, la servitude, le joug soldatesque, l'abrutissement de la caserne, la discipline jusque dans les esprits, un parlement tempéré par l'incarcération des orateurs... *(Mouvement.)*

Cette nation, la nation victorieuse, aura un empereur de fabrique militaire en même temps que de droit divin, le césar byzantin doublé du césar germain ; elle aura la consigne à l'état de dogme, le sabre fait sceptre, la parole muselée, la pensée garrottée, la conscience agenouillée ; pas de tribune ! pas de presse ! Les ténèbres !

L'autre, la vaincue, aura la lumière. Elle aura la liberté, elle aura la République ; elle aura, non le droit divin, mais le droit humain ; elle aura la tribune libre, la presse libre, la parole libre, la conscience libre, l'âme haute ! Elle aura et elle gardera l'initiative du progrès, la mise en marche des idées nouvelles, et la clientèle des races opprimées ! *(Très bien ! très bien !)* Et pendant que la nation victorieuse, l'Allemagne, baissera le front sous son lourd casque de horde esclave, elle, la vaincue sublime, la France, elle aura sur la tête sa couronne de peuple souverain. *(Mouvement.)*

Et la civilisation, remise face à face avec la barbarie, cherchera sa voie entre ces deux nations, dont l'une a été la lumière de l'Europe et dont l'autre en sera la nuit.

De ces deux nations, l'une triomphante et sujette, l'autre vaincue et souveraine, laquelle faut-il plaindre ? Toutes les deux. *(Nouveau mouvement.)*

Permis à l'Allemagne de se trouver heureuse et d'être fière avec deux provinces de plus et la liberté de moins. Mais nous, nous la plaignons ; nous la plaignons de cet agrandissement, qui contient tant d'abaissement, nous la plaignons d'avoir été un peuple et de n'être plus qu'un empire. *(Bravo ! bravo !)*

Je viens de dire : l'Allemagne aura deux provinces de plus. — Mais

ce n'est pas fait encore, et j'ajoute : — cela ne sera jamais fait. Jamais,
jamais ! Prendre n'est pas posséder. Possession suppose consentement.
Est-ce que la Turquie possédait Athènes ? Est-ce que l'Autriche pos-
sédait Venise ? Est-ce que la Russie possède Varsovie ? *(Mouvement.)*
Est-ce que l'Espagne possède Cuba ? Est-ce que l'Angleterre possède
Gibraltar ? *(Rumeurs diverses.)* De fait, oui ; de droit, non ! *(Bruit.)*

Voix à droite. Ce n'est pas la question !

M. Victor Hugo. — Comment, ce n'est pas la question !

À gauche. Parlez ! parlez !

M. le Président. — Veuillez continuer, monsieur Victor Hugo.

M. Victor Hugo. — La conquête est la rapine, rien de plus. Elle
est un fait, soit ; le droit ne sort pas du fait. L'Alsace et la Lorraine —
suis-je dans la question ? — veulent rester France ; elles resteront
France malgré tout, parce que la France s'appelle république et civi-
lisation ; et la France, de son côté, n'abandonnera rien de son devoir
envers l'Alsace et la Lorraine, envers elle-même, envers le monde.

Messieurs, à Strasbourg, dans cette glorieuse Strasbourg écrasée
sous les bombes prussiennes, il y a deux statues, Gutenberg et Kléber.
Eh bien, nous sentons en nous une voix qui s'élève, et qui jure à
Gutenberg de ne pas laisser étouffer la civilisation, et qui jure à Klé-
ber de ne pas laisser étouffer la République. *(Bravo ! bravo ! —
Applaudissements.)*

Je sais bien qu'on nous dit : Subissez les conséquences de la situa-
tion faite par vous. On nous dit encore : Résignez-vous, la Prusse vous
prend l'Alsace et une partie de la Lorraine, mais c'est votre faute et
c'est son droit ; pourquoi l'avez-vous attaquée ? elle ne vous faisait
rien ; la France est coupable de cette guerre et la Prusse en est inno-
cente.

La Prusse innocente !... Voilà plus d'un siècle que nous assistons
aux actes de la Prusse, de cette Prusse qui n'est pas coupable, dit-on,
aujourd'hui. Elle a pris... *(Bruit dans quelques parties de la salle.)*

M. le Président. — Messieurs, veuillez faire silence. Le bruit
interrompt l'orateur et prolonge la discussion.

M. Victor Hugo. — Il est extrêmement difficile de parler à l'As-
semblée, si elle ne veut pas laisser l'orateur achever sa pensée.

De tous côtés. Parlez ! parlez ! continuez !

M. le Président. — Monsieur Victor Hugo, les interruptions n'ont
pas la signification que vous leur attribuez.

M. Victor Hugo. — J'ai dit que la Prusse est sans droit. Les Prus-
siens sont vainqueurs, soit ; maîtriseront-ils la France ? non ! Dans le
présent, peut-être ; dans l'avenir, jamais ! *(Très bien ! — Bravo !)*

Les Anglais ont conquis la France, ils ne l'ont pas gardée ; les Prus-
siens investissent la France, ils ne la tiennent pas. Toute main d'étran-
ger qui saisira ce fer rouge, la France, le lâchera. Cela tient à ce que la
France est quelque chose de plus qu'un peuple. La Prusse perd sa
peine ; son effort sauvage sera un effort inutile.

Se figure-t-on quelque chose de pareil à ceci : la suppression de
l'avenir par le passé ? Eh bien, la suppression de la France par la
Prusse, c'est le même rêve. Non ! la France ne périra pas ! Non !
quelle que soit la lâcheté de l'Europe, non ! sous tant d'accablement,

sous tant de rapines, sous tant de blessures, sous tant d'abandons, sous cette guerre scélérate, sous cette paix épouvantable, mon pays ne succombera pas ! Non !

M. THIERS, *chef du pouvoir exécutif.* — Non !

De toutes parts. Non ! non !

M. VICTOR HUGO. — Je ne voterai point cette paix, parce que, avant tout, il faut sauver l'honneur de son pays ; je ne la voterai point, parce qu'une paix infâme est une paix terrible. Et pourtant, peut-être aurait-elle un mérite à mes yeux : c'est qu'une telle paix, ce n'est plus la guerre, soit, mais c'est la haine. *(Mouvement.)* La haine contre qui ? Contre les peuples ? non ! contre les rois. Que les rois recueillent ce qu'ils ont semé. Faites, princes ; mutilez, coupez, tranchez, volez, annexez, démembrez ! Vous créez la haine profonde ; vous indignez la conscience universelle. La vengeance couve, l'explosion sera en raison de l'oppression. Tout ce que la France perdra, la Révolution le gagnera. *(Approbation sur les bancs de la gauche.)*

Oh ! une heure sonnera — nous la sentons venir — cette revanche prodigieuse. Nous entendons dès à présent notre triomphant avenir marcher à grands pas dans l'histoire. Oui, dès demain, cela va commencer ; dès demain, la France n'aura plus qu'une pensée : se recueillir, se reposer dans la rêverie redoutable du désespoir ; reprendre des forces ; élever ses enfants, nourrir de saintes colères ces petits qui deviendront grands ; forger des canons et former des citoyens, créer une armée qui soit un peuple ; appeler la science au secours de la guerre ; étudier le procédé prussien, comme Rome a étudié le procédé punique : se fortifier, s'affermir, se régénérer, redevenir la grande France, la France de 92, la France de l'idée et la France de l'épée. *(Très bien ! très bien !)*

Puis, tout à coup, un jour, elle se redressera ! Oh ! elle sera formidable ; on la verra, d'un bond, ressaisir la Lorraine, ressaisir l'Alsace !

Est-ce tout ? non ! non ! saisir — écoutez-moi —, saisir Trèves, Mayence, Cologne, Coblentz...

Sur divers bancs. Non ! non !

M. VICTOR HUGO. — Écoutez-moi, messieurs. De quel droit une assemblée française interrompt-elle l'explosion du patriotisme ?

Plusieurs membres. — Parlez ! achevez l'expression de votre pensée.

M. VICTOR HUGO. — On verra la France se redresser, on la verra ressaisir la Lorraine, ressaisir l'Alsace. *(Oui ! oui ! — Très bien !)* Et puis, est-ce tout ? Non... saisir Trèves, Mayence, Cologne, Coblentz, toute la rive gauche du Rhin... Et on entendra la France crier : C'est mon tour ! Allemagne, me voilà ! Suis-je ton ennemie ? Non ! je suis ta sœur. *(Très bien ! très bien !)* Je t'ai tout repris, et je te rends tout, à une condition : c'est que nous ne ferons plus qu'un seul peuple, qu'une seule famille, qu'une seule république. *(Mouvements divers.)* Je vais démolir mes forteresses, tu vas démolir les tiennes. Ma vengeance, c'est la fraternité ! *(À gauche : Bravo ! bravo !)* Plus de frontières ! Le Rhin à tous ! Soyons la même République, soyons les États-Unis d'Europe, soyons la fédération continentale, soyons la liberté européenne, soyons la paix universelle ! Et maintenant serrons-nous la main, car nous nous sommes rendu service l'une à l'autre ; tu m'as délivrée de mon empereur, et je te délivre du tien. *(Bravo ! bravo ! — Applaudissements.)*

. . . .

IV. LA QUESTION DE PARIS[1]

Nous sommes plusieurs ici qui avons été enfermés dans Paris et qui avons assisté à toutes les phases de ce siège, le plus extraordinaire qu'il y ait dans l'histoire. Ce peuple a été admirable. Je l'ai dit déjà et je le dirai encore. Chaque jour la souffrance augmentait et l'héroïsme croissait. Rien de plus émouvant que cette transformation : la ville de luxe était devenue ville de misère, la ville de mollesse était devenue ville de combat ; la ville de joie était devenue ville de terreur et de sépulcre. La nuit, les rues étaient toutes noires : pas un délit. Moi qui parle, toutes les nuits, je traversais, seul, et presque d'un bout à l'autre, Paris ténébreux et désert ; il y avait là bien des souffrants et bien des affamés, tout manquait, le feu et le pain ; eh bien, la sécurité était absolue. Paris avait la bravoure au-dehors et la vertu au-dedans. Deux millions d'hommes donnaient ce mémorable exemple. C'était l'inattendu dans la grandeur. Ceux qui l'ont vu ne l'oublieront pas. Les femmes étaient aussi intrépides devant la famine que les hommes devant la bataille. Jamais plus superbe combat n'a été livré de toutes parts à toutes les calamités à la fois. Oui, l'on souffrait, mais savez-vous comment ? on souffrait avec joie, parce qu'on se disait : Nous souffrons pour la patrie.

Et puis, on se disait : Après la guerre finie, après les Prussiens partis, ou chassés — je préfère chassés —, on se disait : comme ce sera beau la récompense ! Et l'on s'attendait à ce spectacle sublime, l'immense embrassement de Paris et de la France.

On s'attendait à quelque chose comme ceci : la mère se jetant éperdue dans les bras de sa fille ! la grande nation remerciant la grande cité !

On se disait : Nous sommes isolés de la France ; la Prusse a élevé une muraille entre la France et nous ; mais la Prusse s'en ira, et la muraille tombera.

Eh bien ! non, messieurs. Paris débloqué reste isolé. La Prusse n'y est plus, et la muraille y est encore.

Entre Paris et la France il y avait un obstacle, la Prusse ; maintenant il y en a un autre, l'Assemblée.

Réfléchissez, messieurs.

Paris espérait votre reconnaissance, et il obtient votre suspicion ! Mais qu'est-ce donc qu'il vous a fait ?

Ce qu'il vous a fait, je vais vous le dire :

Dans la défaillance universelle, il a levé la tête ; quand il a vu que la France n'avait plus de soldats, Paris s'est transfiguré en armée ; il a espéré, quand tout désespérait ; après Phalsbourg tombée, après Toul tombée, après Strasbourg tombée, après Metz tombée, Paris est resté debout. Un million de Vandales ne l'a pas étonné. Paris s'est dévoué pour tous : il a été la ville superbe du sacrifice. Voilà ce qu'il vous a fait. Il a plus que sauvé la vie à la France, il lui a sauvé l'honneur.

Et vous vous défiez de Paris ! et vous mettez Paris en suspicion !

Vous mettez en suspicion le courage, l'abnégation, le patriotisme, la magnifique initiative de la résistance dans le désespoir, l'intrépide volonté d'arracher à l'ennemi la France, toute la France ! Vous vous défiez de cette cité qui a fait la philosophie universelle, qui envahit le monde à votre profit par son rayonnement et qui vous le conquiert par ses orateurs, par ses écrivains, par ses penseurs ; de cette cité qui a donné l'exemple de toutes les audaces et aussi de toutes les sagesses ; de ce Paris qui fera l'univers à son image, et d'où est sorti l'exemplaire nouveau de la civilisation ! Vous avez peur de Paris, de Paris qui est la fraternité, la liberté, l'autorité, la puissance, la vie ! Vous mettez en suspicion le progrès ! Vous mettez en surveillance la lumière !

Ah ! songez-y.

Cette ville vous tend les bras ; vous lui dites : Ferme tes portes. Cette ville vient à vous, vous reculez devant elle. Elle vous offre son hospitalité majestueuse où vous pouvez mettre toute la France à l'abri, son hospitalité, gage de concorde et de paix publique, et vous hésitez, et vous refusez, et vous avez peur du port comme d'un piège !

Oui, je le dis, pour vous, pour nous tous, Paris, c'est le port.

Messieurs, voulez-vous être sages, soyez confiants. Voulez-vous être des hommes politiques, soyez des hommes fraternels.

Rentrez dans Paris, et rentrez-y immédiatement.

Paris vous en saura gré et s'apaisera. Et quand Paris s'apaise, tout s'apaise.

Votre absence de Paris inquiétera tous les intérêts et sera pour le pays une cause de fièvre lente.

Vous avez cinq milliards à payer ; pour cela il vous faut le crédit ; pour le crédit, il vous faut la tranquillité, il vous faut Paris. Il vous faut Paris rendu à la France, et la France rendue à Paris.

C'est-à-dire l'Assemblée nationale siégeant dans la ville nationale.

L'intérêt public est ici étroitement d'accord avec le devoir public.

Si le séjour de l'Assemblée en province, qui n'est qu'un accident, devenait un système, c'est-à-dire la négation du droit suprême de Paris, je le déclare, je ne siégerais point hors de Paris. Mais ma résolution particulière n'est qu'un détail sans importance. Je ferais ce que je crois être mon devoir. Cela me regarde et je n'y insiste pas.

Vous, c'est autre chose. Votre résolution est grave. Pesez-la.

On vous dit : — N'entrez pas dans Paris ; les Prussiens sont là. — Qu'importe les Prussiens ! moi je les dédaigne. Avant peu, ils subiront la domination de ce Paris qu'ils menacent de leurs canons et qui les éclaire de ses idées.

La seule vue de Paris est une propagande. Désormais le séjour des

Prussiens en France est dangereux surtout pour le roi de Prusse.

Messieurs, en rentrant dans Paris, vous faites de la politique, et de la bonne politique.

Vous êtes un produit momentané. Paris est une formation séculaire. Croyez-moi, ajoutez Paris à l'Assemblée, appuyez votre faiblesse sur cette force, asseyez votre fragilité sur cette solidité.

Tout un côté de cette assemblée, côté fort par le nombre et faible autrement, a la prétention de discuter Paris, d'examiner ce que la France doit faire de Paris, en un mot de mettre Paris aux voix.

Cela est étrange.

Est-ce qu'on met Paris en question ?

Paris s'impose.

Une vérité qui peut être contestée en France, à ce qu'il paraît, mais qui ne l'est pas dans le reste du monde, c'est la suprématie de Paris.

Par son initiative, par son cosmopolitisme, par son impartialité, par sa bonne volonté, par ses arts, par sa littérature, par sa langue, par son industrie, par son esprit d'invention, par son instinct de justice et de liberté, par sa lutte de tous les temps, par son héroïsme d'hier et de toujours, par ses révolutions, Paris est l'éblouissant et mystérieux moteur du progrès universel.

Niez cela, vous rencontrez le sourire du genre humain. Le monde n'est peut-être pas français, mais à coup sûr il est parisien.

Nous, consentir à discuter Paris ? Non. Il est puéril de l'attaquer, il serait puéril de le défendre.

Messieurs, n'attentons pas à Paris.

N'allons pas plus loin que la Prusse.

Les Prussiens ont démembré la France, ne la décapitons pas.

Et puis, songez-y :

Hors Paris il peut y avoir une Assemblée provinciale ; il n'y a d'Assemblée nationale qu'à Paris.

Pour les législateurs souverains qui ont le devoir de compléter la Révolution française, être hors de Paris, c'est être hors de France. *(Interruption.)*

On m'interrompt. Alors j'insiste.

Isoler Paris, refaire après l'ennemi le blocus de Paris, tenir Paris à l'écart, succéder dans Versailles, vous assemblée républicaine, au roi de France, et, vous assemblée française, au roi de Prusse, créer à côté de Paris on ne sait quelle fausse capitale politique, croyez-vous en avoir le droit ? Est-ce comme représentants de la France que vous feriez cela ? Entendons-nous. Qui est-ce qui représente la France ? c'est ce qui contient le plus de lumière. Au-dessus de vous, au-dessus de moi, au-dessus de nous tous, qui ayons un mandat aujourd'hui et qui n'en aurons pas demain, la France a un immense représentant, un représentant de sa grandeur, de sa puissance, de sa volonté, de son histoire, de son avenir, un représentant permanent, un mandataire irrévocable ; et ce représentant est un héros, et ce mandataire est un géant ; et savez-vous son nom ? Il s'appelle Paris.

Et c'est vous, représentants éphémères, qui voudriez destituer ce représentant éternel !

Ne faites pas ce rêve et ne faites pas cette faute.

V. DÉMISSION DE VICTOR HUGO

SÉANCE DU 8 MARS 1871

M. Victor Hugo. — Je demande la parole.

M. le Président. — M. Victor Hugo a la parole. *(Mouvements divers.)*

M. Victor Hugo. — Je ne dirai qu'un mot.

La France vient de traverser une épreuve terrible, d'où elle est sortie sanglante et vaincue. On peut être vaincu et rester grand : la France le prouve. La France accablée, en présence des nations, a rencontré la lâcheté de l'Europe. *(Mouvement.)*

De toutes les puissances européennes, aucune ne s'est levée pour défendre cette France qui, tant de fois, avait pris en main la cause de l'Europe... *(bravo ! à gauche)*, pas un roi, pas un État, personne ! un seul homme excepté... *(Sourires ironiques à droite. — Très bien ! à gauche.)*

Ah ! les puissances, comme on dit, n'intervenaient pas ; eh bien, un homme est intervenu, et cet homme est une puissance. *(Exclamations sur plusieurs bancs à droite.)*

Cet homme, messieurs, qu'avait-il ? son épée.

M. le vicomte de Lorgeril. — Et Bordone[2] ! *(On rit.)*

M. Victor Hugo. — Son épée, et cette épée avait déjà délivré un peuple... *(exclamations)* et cette épée pouvait en sauver un autre. *(Nouvelles exclamations.)*

Il l'a pensé ; il est venu, il a combattu.

À droite. Non ! Non !

M. le vicomte de Lorgeril. — Ce sont des réclames qui ont été faites ; il n'a pas combattu.

M. Victor Hugo. — Les interruptions ne m'empêcheront pas d'achever ma pensée.

Il a combattu... *(Nouvelles interruptions.)*

Voix nombreuses à droite. — Non ! non !

À gauche. —Si ! si !

M. le vicomte de Lorgeril. — Il a fait semblant !

Un membre à droite. — Il n'a pas vaincu en tout cas !

M. Victor Hugo. — Je ne veux blesser personne dans cette Assemblée, mais je dir i qu'il est le seul des généraux qui ont lutté pour la France, le seul qui n'ait pas été vaincu. *(Bruyantes réclamations à droite. — Applaudissements à gauche.)*

Plusieurs membres à droite. — À l'ordre ! à l'ordre !

M. de Jouvenel. — Je prie M. le président d'inviter l'orateur à retirer une parole qui est antifrançaise.

M. le vicomte de Lorgeril. — C'est un comparse de mélodrame. *(Vives réclamations à gauche.)* Il n'a pas été vaincu parce qu'il ne s'est pas battu.

M. le Président. — M. de Lorgeril, veuillez garder le silence ;

vous aurez la parole ensuite. Mais respectez la liberté de l'orateur. *(Très bien !)*

M. LE GÉNÉRAL DUCROT. — Je demande la parole. *(Mouvement.)*

M. LE PRÉSIDENT. — Général, vous aurez la parole après M. Victor Hugo.

(Plusieurs membres se lèvent et interpellent vivement M. Victor Hugo.)

M. LE PRÉSIDENT *aux interrupteurs.* — La parole est à M. Victor Hugo seul.

M. RICHIER. — Un Français ne peut pas entendre des paroles semblables à celles qui viennent d'être prononcées. *(Agitation générale.)*

M. LE VICOMTE DE LORGERIL. — L'Assemblée refuse la parole à M. Victor Hugo, parce qu'il ne parle pas français. *(Oh ! oh ! — Rumeurs confuses.)*

M. LE PRÉSIDENT. — Vous n'avez pas la parole, M. de Lorgeril... Vous l'aurez à votre tour.

M. LE VICOMTE DE LORGERIL. — J'ai voulu dire que l'Assemblée ne veut pas écouter parce qu'elle n'entend pas ce français-là. *(Bruit.)*

Un membre. — C'est une insulte au pays !

M. LE GÉNÉRAL DUCROT. — J'insiste pour demander la parole.

M. LE PRÉSIDENT. — Vous aurez la parole si M. Victor Hugo y consent.

M. VICTOR HUGO. — Je demande à finir.

Plusieurs membres à M. Victor Hugo. —Expliquez-vous ! *(Assez ! assez !)*

M. LE PRÉSIDENT. — Vous demandez à M. Victor Hugo de s'expliquer ; il va le faire. Veuillez l'écouter et garder le silence... *(Non ! non ! — À l'ordre !)*

M. LE GÉNÉRAL DUCROT. — On ne peut pas rester là-dessus.

M. VICTOR HUGO. — Vous y resterez pourtant, général.

M. LE PRÉSIDENT. — Vous aurez la parole après l'orateur.

M. LE GÉNÉRAL DUCROT. — Je proteste contre des paroles qui sont un outrage... *(À la tribune ! à la tribune !)*

M. VICTOR HUGO. — Il est impossible... *(Les cris : À l'ordre ! continuent.)*

Un membre. — Retirez vos paroles. On ne vous les pardonne pas.

(Un autre membre à droite se lève et adresse à l'orateur des interpellations qui se perdent dans le bruit.)

M. LE PRÉSIDENT. — Veuillez vous asseoir !

Le même membre. — À l'ordre ! Rappelez l'orateur à l'ordre !

M. LE PRÉSIDENT. — Je vous rappellerai vous-même à l'ordre, si vous continuez à le troubler. *(Très bien ! très bien !)* Je rappellerai à l'ordre ceux qui empêcheront le président d'exercer sa fonction. Je suis le juge du rappel à l'ordre.

Sur plusieurs bancs à droite. — Nous le demandons, le rappel à l'ordre !

M. LE PRÉSIDENT. — Il ne suffit pas que vous le demandiez. *(Très bien ! — Interpellations diverses et confuses.)*

M. DE CHABAUD-LATOUR. — Paris n'a pas été vaincu, il a été affamé. *(C'est vrai ! c'est vrai ! — Assentiment général.)*

M. LE PRÉSIDENT. — Je donne la parole à M. Victor Hugo pour s'expliquer, et ceux qui l'interrompront seront rappelés à l'ordre. *(Très bien !)*

M. VICTOR HUGO. — Je vais vous satisfaire, messieurs, et aller plus loin que vous.

Il y a trois semaines, vous avez refusé d'entendre Garibaldi...

Un membre. — Il avait donné sa démission !

M. VICTOR HUGO. — Aujourd'hui vous refusez de m'entendre. Cela me suffit. Je donne ma démission. *(Longues rumeurs. — Non ! non ! — Applaudissements à gauche.)*

Un membre. — L'Assemblée n'accepte pas votre démission !

M. VICTOR HUGO. — Je l'ai donnée et je la maintiens.

(L'honorable membre qui se trouve, en descendant de la tribune, au pied du bureau sténographique situé à l'entrée du couloir de gauche, saisit la plume de l'un des sténographes de l'Assemblée et écrit, debout, sur le rebord extérieur du bureau, sa lettre de démission au président.)

M. LE GÉNÉRAL DUCROT. — Messieurs, avant de juger le général Garibaldi, je demande qu'une enquête sérieuse soit faite sur les faits qui ont amené le désastre de l'armée de l'est. *(Très bien ! très bien !)*

Quand cette enquête sera faite, nous vous produirons des télégrammes émanant de M. Gambetta, et prouvant qu'il reprochait au général Garibaldi son inaction dans un moment où cette inaction amenait le désastre que vous connaissez. On pourra examiner alors si le général Garibaldi est venu payer une dette de reconnaissance à la France, ou s'il n'est pas venu, plutôt, défendre la République universelle. *(Applaudissements prolongés sur un grand nombre de bancs.)*

M. LOCKROY. — Je demande la parole.

M. LE PRÉSIDENT. — M. Victor Hugo est-il présent ?

Voix diverses. — Oui ! — Non ! il est parti !

M. LE PRÉSIDENT. — Avant de donner lecture à l'Assemblée de la lettre que vient de me remettre M. Victor Hugo, je voulais le prier de se recueillir et de se demander à lui-même s'il y persiste.

M. VICTOR HUGO, *au pied de la tribune.* — J'y persiste.

M. LE PRÉSIDENT. — Voici la lettre de M. Victor Hugo ; mais M. Victor Hugo... *(Rumeurs diverses.)*

M. VICTOR HUGO. — J'y persiste. Je le déclare, je ne paraîtrai plus dans cette enceinte.

M. LE PRÉSIDENT. — Mais M. Victor Hugo ayant écrit cette lettre dans la vivacité de l'émotion que ce débat a soulevée, j'ai dû en quelque sorte l'inviter à se recueillir lui-même, et je crois avoir exprimé l'impression de l'Assemblée. *(Oui, oui ! Très bien !)*

M. VICTOR HUGO. — M. le président, je vous remercie ; mais je déclare que je refuse de rester plus longtemps dans cette Assemblée. *(Non ! non !)*

De toutes parts. — À demain ! à demain !

M. VICTOR HUGO. — Non ! non ! j'y persiste. Je ne rentrerai pas dans cette Assemblée !

(M. Victor Hugo sort de la salle.)

M. LE PRÉSIDENT. — Si l'Assemblée veut me le permettre, je ne lui

donnerai connaissance de cette lettre que dans la séance de demain.
(Oui ! oui ! Assentiment général.)
    Cet incident est terminé, et je regrette que les élections de l'Algérie
y aient donné lieu...
    Un membre à gauche. — C'est la violence de la droite qui y a donné
lieu.

. . . .

Bruxelles

. . . .

IV. À MM. MEURICE ET VACQUERIE

Bruxelles, 28 avril[1].

Chers amis,

Nous traversons une crise.
Vous me demandez toute ma pensée. Je pourrais me borner à ce
seul mot : c'est la vôtre.
Ce qui me frappe, c'est à quel point nous sommes d'accord. Le
public m'attribue dans le *Rappel* une participation que je n'ai pas, et
m'en croit, sinon le rédacteur, du moins l'inspirateur ; vous savez
mieux que personne à quel point j'ai dit la vérité quand j'ai écrit dans
vos colonnes mêmes que j'étais un simple lecteur du *Rappel* et rien de
plus. Eh bien, cette erreur du public a sa raison d'être. Il y a, au fond,
entre votre pensée et la mienne, entre votre appréciation et la mienne,
entre votre conscience et la mienne, identité presque absolue. Per-
mettez-moi de le constater et de m'en applaudir. Ainsi, dans l'heure
décisive où nous sommes, heure qui, si elle finit mal, pourrait être
irréparable, vous avez une pensée dominante que vous dites chaque
matin dans le *Rappel*, la conciliation. Or, ce que vous écrivez à Paris,
je le pense à Bruxelles. La fin de la crise serait dans ce simple accès de
sagesse : concessions mutuelles. Alors le dénouement serait pacifique.
Autrement il y aura guerre à outrance. On n'est pas quitte avec un
problème parce qu'on a sabré la solution.
J'écrivais en avril 1869 ces deux mots qui résoudraient les compli-
cations d'avril 1871, et j'ajoute toutes les complications. Ces deux
mots, vous vous en souvenez, sont : Conciliation et Réconciliation. Le
premier pour les idées, le second pour les hommes.
Le salut serait là.

Comme vous, je suis pour la Commune en principe, et contre la Commune dans l'application.

Certes le droit de Paris est patent. Paris est une commune, la plus nécessaire de toutes, comme la plus illustre. Paris commune est la résultante de la France république. Comment ! Londres est une commune, et Paris n'en serait pas une ! Londres, sous l'oligarchie, existe, et Paris, sous la démocratie, n'existerait pas ! La cité de Londres a de tels droits qu'elle arrête tout net devant sa porte le roi d'Angleterre. À Temple-Bar le roi finit et le peuple commence. La porte se ferme, et le roi n'entre qu'en payant l'amende. La monarchie respecte Londres, et la république violerait Paris ! Énoncer de telles choses suffit ; n'insistons pas. Paris est de droit commune, comme la France est de droit république, comme je suis de droit citoyen. La vraie définition de la République, la voici : moi souverain de moi. C'est ce qui fait qu'elle ne dépend pas d'un vote. Elle est de droit naturel, et le droit naturel ne se met pas aux voix. Or une ville a un moi comme un individu ; et Paris, parmi toutes les villes, a un moi suprême. C'est ce moi suprême qui s'affirme par la Commune. L'Assemblée n'a pas plus la faculté d'ôter à Paris la Commune que la Commune n'a la faculté d'ôter à la France l'Assemblée.

Donc aucun des deux termes ne pouvant exclure l'autre, il s'ensuit cette nécessité rigoureuse, absolue, logique : s'entendre.

Le moi national prend cette forme, la République ; le moi local prend cette forme, la Commune ; le moi individuel prend cette forme, la Liberté.

Mon moi n'est complet et je ne suis citoyen qu'à cette triple condition : la liberté dans ma personne, la commune dans mon domicile, la République dans ma patrie.

Est-ce clair ?

Le droit de Paris de se déclarer Commune est incontestable.

Mais à côté du droit, il y a l'opportunité.

Ici apparaît la vraie question.

Faire éclater un conflit à une pareille heure ! la guerre civile après la guerre étrangère ! Ne pas même attendre que les ennemis soient partis ! amuser la nation victorieuse du suicide de la nation vaincue ! donner à la Prusse, à cet empire, à cet empereur, ce spectacle, un cirque de bêtes s'entre-dévorant, et que ce cirque soit la France !

En dehors de toute appréciation politique, et avant d'examiner qui a tort et qui a raison, c'est là le crime du 18 mars.

Le moment choisi est épouvantable.

Mais ce moment a-t-il été choisi ?

Choisi par qui ?

Examinons.

Qui a fait le 18 mars ?

Est-ce la Commune ?

Non. Elle n'existait pas.

Est-ce le comité central ?

Non. Il a saisi l'occasion, il ne l'a pas créée.

Qui donc a fait le 18 mars ?

C'est l'Assemblée ; ou pour mieux dire la majorité.

Circonstance atténuante : elle ne l'a pas fait exprès.

La majorité et son gouvernement voulaient simplement enlever les canons de Montmartre. Petit motif pour un si grand risque.

Soit. Enlever les canons de Montmartre.

C'était l'idée ; comment s'y est-on pris ?

Adroitement.

Montmartre dort. On envoie la nuit des soldats saisir les canons. Les canons pris, on s'aperçoit qu'il faut les emmener. Pour cela il faut des chevaux. Combien ? Mille. Mille chevaux ! où les trouver ? On n'a pas songé à cela. Que faire ? On les envoie chercher. Le temps passe, le jour vient, Montmartre se réveille ; le peuple accourt et veut ses canons ; il commençait à n'y plus songer, mais puisqu'on les lui prend il les réclame ; les soldats cèdent, les canons sont repris, une insurrection éclate, une révolution commence.

Qui a fait cela ?

Le gouvernement, sans le vouloir et sans le savoir.

Cet innocent est bien coupable.

Si l'Assemblée eût laissé Montmartre tranquille, Montmartre n'eût pas soulevé Paris. Il n'y aurait pas eu de 18 mars.

Ajoutons ceci : les généraux Clément Thomas et Lecomte vivraient.

J'énonce les faits simplement, avec la froideur historique.

Quant à la Commune, comme elle contient un principe, elle se fût produite plus tard, à son heure, les Prussiens partis. Au lieu de mal venir, elle fût bien venue.

Au lieu d'être une catastrophe, elle eût été un bienfait.

Dans tout ceci à qui la faute ? au gouvernement de la majorité.

Être le coupable, cela devrait rendre indulgent.

Eh bien, non.

Si l'Assemblée de Bordeaux eût écouté ceux qui lui conseillaient de rentrer à Paris, et notamment la haute et intègre éloquence de Louis Blanc, rien de ce que nous voyons ne serait arrivé, il n'y eût pas eu de 18 mars.

Du reste, je ne veux pas aggraver le tort de la majorité royaliste.

On pourrait presque dire : c'est sa faute, et ce n'est pas sa faute.

Qu'est-ce que la situation actuelle ? un effrayant malentendu.

Il est presque impossible de s'entendre.

Cette impossibilité, qui n'est, selon moi, qu'une difficulté, vient de ceci :

La guerre, en murant Paris, a isolé la France. La France, sans Paris, n'est plus la France. De là l'Assemblée, de là aussi la Commune. Deux fantômes. La Commune n'est pas plus Paris que l'Assemblée n'est la France. Toutes deux, sans que ce soit leur faute, sont sorties d'un fait violent, et c'est ce fait violent qu'elles représentent. J'y insiste, l'Assemblée a été nommée par la France séparée de Paris, la Commune a été nommée par Paris séparé de la France. Deux élections viciées dans leur origine. Pour que la France fasse une bonne élection, il faut qu'elle consulte Paris ; et pour que Paris s'incarne vraiment dans ses élus, il faut que ceux qui représentent Paris représentent aussi la France. Or évidemment l'Assemblée actuelle ne représente pas Paris qu'elle fuit, non parce qu'elle le hait, mais, ce qui est plus triste, parce qu'elle l'ignore. Ignorer Paris, c'est curieux, n'est-ce pas ? Eh bien, nous autres, nous ignorons bien le soleil. Nous savons seulement qu'il a des taches. C'est tout ce que l'Assemblée sait de Paris. Je reprends. L'Assemblée ne reflète point Paris, et de son côté la Commune, presque toute composée d'inconnus, ne reflète pas la France. C'est cette pénétration d'une représentation par l'autre qui rendrait la conciliation possible ; il faudrait dans les deux groupes, assemblée et commune, la même âme, France, et le même cœur, Paris. Cela manque. De là le refus de s'entendre.

C'est le phénomène qu'offre la Chine : d'un côté les Tartares, de l'autre les Chinois.

Et cependant la Commune incarne un principe, la vie municipale, et l'Assemblée en incarne un autre, la vie nationale. Seulement, dans l'Assemblée comme dans la Commune, on peut s'appuyer sur le principe, non sur les hommes. Là est le malheur. Les choix ont été funestes. Les hommes perdent le principe. Raison des deux côtés et tort des deux côtés. Pas de situation plus inextricable.

Cette situation crée la frénésie.

Les journaux belges annoncent que le *Rappel* va être supprimé par la Commune. C'est probable. Dans tous les cas n'ayez pas peur que la suppression vous manque. Si vous n'êtes pas supprimés par la Commune, vous serez supprimés par l'Assemblée. Le propre de la raison c'est d'encourir la proscription des extrêmes.

Du reste, vous et moi, quel que soit le devoir, nous le ferons.

Cette certitude nous satisfait. La conscience ressemble à la mer. Si violente que soit la tempête de la surface, le fond est tranquille.

Nous ferons le devoir, aussi bien contre la Commune que contre l'Assemblée ; aussi bien pour l'Assemblée que pour la Commune.

Peu importe nous ; ce qui importe, c'est le peuple. Les uns l'exploitent, les autres le trahissent. Et sur toute la situation, il y a on ne sait quel nuage ; en haut stupidité, en bas stupeur.

Depuis le 18 mars, Paris est mené par des inconnus, ce qui n'est pas bon, mais par des ignorants, ce qui est pire. À part quelques chefs, qui suivent la foule plutôt qu'ils ne guident le peuple[2], la Commune, c'est l'ignorance. Je n'en veux pas d'autre preuve que les motifs donnés pour la destruction de la Colonne ; ces motifs, ce sont les souvenirs que la Colonne rappelle. S'il faut détruire un monument à cause des souvenirs qu'il rappelle, jetons bas le Parthénon qui rappelle la superstition païenne, jetons bas l'Alhambra qui rappelle la superstition mahométane, jetons bas le Colisée qui rappelle ces fêtes atroces où les bêtes mangeaient les hommes, jetons bas les Pyramides qui rappellent et éternisent d'affreux rois, les Pharaons, dont elles sont les tombeaux ; jetons bas tous les temples à commencer par le Rhamseïon, toutes les mosquées à commencer par Sainte-Sophie, toutes les cathédrales à commencer par Notre-Dame. En un mot, détruisons tout ; car jusqu'à ce jour tous les monuments ont été faits par la royauté et sous la royauté, et le peuple n'a pas encore commencé les siens. Détruire tout, est-ce là ce qu'on veut ? Évidemment non. On fait donc ce qu'on ne veut pas faire. Faire le mal en le voulant faire, c'est la scélératesse ; faire le mal sans le vouloir faire, c'est l'ignorance.

La Commune a la même excuse que l'Assemblée : l'ignorance.

L'ignorance, c'est la grande plaie publique. C'est l'explication de tout le contresens actuel.

De l'ignorance naît l'inconscience. Mais que! danger !

Dans la nuit on peut aller à des précipices, et dans l'ignorance on peut aller à des crimes.

Tel acte commence par être imbécile et finit par être féroce.

Tenez, en voici un qui s'ébauche, il est monstrueux ; c'est le décret des otages.

Tous les jours, indignés comme moi, vous dénoncez à la conscience du peuple ce décret hideux, infâme point de départ des catastrophes. Ce décret ricochera contre la république. J'ai le frisson quand je songe à tout ce qui peut en sortir. La Commune, dans laquelle il y a, quoi qu'on en dise, des cœurs droits et honnêtes, a subi ce décret plutôt qu'elle ne l'a voté. C'est l'œuvre de quatre ou cinq despotes, mais c'est abominable. Emprisonner des innocents et les rendre responsables des crimes possibles d'autrui, c'est faire du brigandage un moyen de gouvernement. C'est de la politique de caverne. Quel deuil et quel opprobre s'il arrivait, dans quelque moment suprême, que les misérables qui ont rendu ce décret trouvassent des bandits pour l'exécuter ! Quel contre-coup cela aurait ! Vous verriez les représailles ! Je ne veux rien prédire, mais je me figure la terreur blanche répliquant à la terreur rouge.

Ce que représente la Commune est immense ; elle pourrait faire de grandes choses, elle n'en fait que de petites. Et des choses petites qui sont des choses odieuses, c'est lamentable.

Entendons-nous. Je suis un homme de révolution. J'étais même cet homme-là sans le savoir, dès mon adolescence, du temps où, subissant à la fois mon éducation qui me retenait dans le passé et mon instinct qui me poussait vers l'avenir, j'étais royaliste en politique et révolutionnaire en littérature ; j'accepte donc les grandes nécessités ; à une seule condition, c'est qu'elles soient la confirmation des principes, et non leur ébranlement.

Toute ma pensée oscille entre ces deux pôles : Civilisation, Révolution. Quand la liberté est en péril, je dis : Civilisation, mais Révolution ; quand c'est l'ordre qui est en danger, je dis : Révolution, mais Civilisation.

Ce qu'on appelle l'exagération est parfois utile, et peut même, à de certains moments, sembler nécessaire. Quelquefois pour faire marcher un côté arriéré de l'idée, il faut pousser un peu trop en avant l'autre côté. On force la vapeur ; mais il y a possibilité d'explosion, chance de déchirure pour la chaudière et de déraillement pour la locomotive. Un homme d'État est un mécanicien. La bonne conduite de tous ces périls vers un grand but, la science du succès selon les principes à travers le risque et malgré l'obstacle, c'est la politique.

Mais, dans les actes de la Commune, ce n'est pas à l'exagération des principes qu'on a affaire, c'est à leur négation.

Quelquefois même à leur dérision.

De là, la résistance de toutes les grandes consciences.

Non, la ville de la science ne peut pas être menée par l'ignorance ; non, la ville de l'humanité ne peut pas être gouvernée par le talion ; non, la ville de la clarté ne peut pas être conduite par la cécité ; non, Paris, qui vit d'évidence, ne peut pas vivre de confusion ; non, non, non !

La Commune est une bonne chose mal faite.

Toutes les fautes commises se résument en deux malheurs : mauvais choix du moment, mauvais choix des hommes.

Ne retombons jamais dans ces démences. Se figure-t-on Paris disant de ceux qui le gouvernent : *Je ne les connais pas !* Ne compliquons pas une nuit par l'autre ; au problème qui est dans les faits, n'ajoutons pas une énigme dans les hommes. Quoi ! ce n'est pas assez d'avoir affaire à l'inconnu ; il faut aussi avoir affaire aux inconnus !

L'énormité de l'un est redoutable ; la petitesse des autres est plus redoutable encore.

En face du géant il faudrait le titan ; on prend le myrmidon !

L'obscure question sociale se dresse et grandit sur l'horizon avec des épaississements croissant d'heure en heure. Toutes nos lumières ne seraient pas de trop devant ces ténèbres.

Je jette ces lignes rapidement. Je tâche de rester dans le vrai historique.

Je conclus par où j'ai commencé. Finissons-en.

Dans la mesure du possible, concilions les idées et réconcilions les hommes.

Des deux côtés on devrait sentir le besoin de s'entendre, c'est-à-dire de s'absoudre.

L'Angleterre admet des privilèges ; la France n'admet que des droits ; là est essentiellement la différence entre la monarchie et la république. C'est pourquoi en regard des privilèges de la cité de Londres, nous ne réclamons que le droit de Paris. En vertu de ce droit, Paris veut, peut et doit offrir à la France, à l'Europe, au monde, le patron communal, la cité exemple.

Paris est la ferme-modèle du progrès.

Supposons un temps normal ; pas de majorité législative royaliste en présence d'un peuple souverain républicain, pas de complication financière, pas d'ennemi sur notre territoire, pas de plaie, pas de Prusse. La Commune fait la loi parisienne qui sert d'éclaireur et de précurseur à la loi française faite par l'Assemblée. Paris, je l'ai dit déjà plus d'une fois, a un rôle européen à remplir. Paris est un propulseur. Paris est l'initiateur universel. Il marche et prouve le mouvement. Sans sortir de son droit, qui est identique à son devoir, il peut, dans son enceinte, abolir la peine de mort, proclamer le droit de la femme et le droit de l'enfant, appeler la femme au vote, décréter l'instruction gratuite et obligatoire, doter l'enseignement laïque, supprimer les procès de presse, pratiquer la liberté absolue de publicité, d'affichage et de colportage, d'association et de meeting, se refuser à la juridiction de la magistrature impériale, installer la magistrature élective, prendre le tribunal de commerce et l'institution des prud'hommes comme expérience faite devant servir de base à la réforme judiciaire, étendre le jury aux causes civiles, mettre en location les églises, n'adopter, ne salarier et ne persécuter aucun culte, proclamer la liberté des banques, proclamer le droit au travail, lui donner pour organisme l'atelier communal et le magasin communal, reliés l'un à l'autre par la monnaie fiduciaire à rente, supprimer l'octroi, constituer l'impôt unique qui est l'impôt sur le revenu ; en un mot abolir l'ignorance, abolir la misère, et en fondant la cité, créer le citoyen.

Mais, dira-t-on, ce sera mettre un État dans l'État. Non, ce sera mettre un pilote dans le navire.

Figurons-nous Paris, ce Paris-là, en travail. Quel fonctionnement suprême ! quelle majesté dans l'innovation ! Les réformes viennent l'une après l'autre. Paris est l'immense essayeur. L'univers civilisé attentif regarde, observe, profite. La France voit le progrès se construire lentement de toutes pièces sous ses yeux ; et, chaque fois que Paris fait un pas heureux, elle suit ; et ce que suit la France est suivi par l'Europe. L'expérience politique, à mesure qu'elle avance, crée la science politique. Rien n'est plus laissé au hasard. Plus de commotions à craindre, plus de tâtonnements, plus de reculs, plus de réactions ; ni coups de trahison du pouvoir, ni coups de colère du peuple. Ce que Paris dit est dit pour le monde ; ce que Paris fait est fait pour le monde. Aucune autre ville, aucun autre groupe d'hommes, n'a ce privilège. L'*income-tax* réussit en Angleterre ; que Paris l'adopte, la preuve sera faite. La liberté des banques, qui implique le droit de papier-monnaie, est en plein exercice dans les îles de la Manche ; que Paris le pratique, le progrès sera admis. Paris en mouvement, c'est la vie universelle en activité. Plus de force stagnante ou perdue. La roue motrice travaille, l'engrenage obéit, la vaste machine humaine marche désormais mais pacifiquement, sans temps d'arrêt, sans secousse, sans soubresaut, sans fracture. La Révolution française est finie, l'évolution européenne commence.

Nous avons perdu nos frontières ; la guerre, certes, nous les rendra ; mais la paix nous les rendrait mieux encore. J'entends la paix ainsi comprise, ainsi pratiquée, ainsi employée. Cette paix-là nous donnerait plus que la France redevenue France ; elle nous donnerait la France devenue Europe. Par l'évolution européenne, dont Paris est le moteur, nous tournons la situation, et l'Allemagne se réveille brusquement prise et brusquement délivrée par les États-Unis d'Europe.

Que penser de nos gouvernants ! avoir ce prodigieux outil de civilisation et de suprématie, Paris, et ne pas s'en servir !

N'importe, ce qui est dans Paris en sortira. Tôt ou tard, Paris Commune s'imposera. Et l'on sera stupéfait de voir ce mot Commune se transfigurer, et de redoutable devenir pacifique. La Commune sera une œuvre sûre et calme. Le procédé civilisateur définitif que je viens d'indiquer tout à l'heure sommairement n'admet ni effraction ni escalade. La civilisation comme la nature n'a que deux moyens : infiltration et rayonnement. L'un fait la sève, l'autre fait le jour ; par l'un on croît, par l'autre on voit : et les hommes comme les choses n'ont que ces deux besoins : la croissance et la lumière.

Vaillants et chers amis, je vous serre la main.

Un dernier mot. Quelles que soient les affaires qui me retiennent à Bruxelles, il va sans dire que si vous jugiez, pour quoi que ce soit, ma présence utile à Paris, vous n'avez qu'à faire un signe, j'accourrais.

V. H.

V. L'INCIDENT BELGE

§1

A M. le Rédacteur de l'*Indépendance belge*.

Bruxelles, 27 mai 1871.

Monsieur,

Je proteste contre la déclaration du gouvernement belge relative aux vaincus de Paris.

Quoi qu'on dise et quoi qu'on fasse, ces vaincus sont des hommes politiques.

Je n'étais pas avec eux.

J'accepte le principe de la Commune, je n'accepte pas les hommes.

J'ai protesté contre leurs actes, loi des otages, représailles, arrestations arbitraires, violation des libertés, suppression des journaux, spoliations, confiscations, démolitions, destruction de la Colonne, attaques au droit, attaques au peuple.

Leurs violences m'ont indigné comme m'indigneraient aujourd'hui les violences du parti contraire.

La destruction de la Colonne est un acte de lèse-nation. La destruction du Louvre eût été un crime de lèse-civilisation.

Mais des actes sauvages, étant inconscients, ne sont point des actes scélérats. La démence est une maladie et non un forfait. L'ignorance n'est pas le crime des ignorants.

La Colonne détruite a été pour la France une heure triste ; le Louvre détruit eût été pour tous les peuples un deuil éternel.

Mais la Colonne sera relevée, et le Louvre est sauvé.

Aujourd'hui Paris est repris. L'Assemblée a vaincu la Commune. Qui a fait le 18 mars ? De l'Assemblée ou de la Commune, laquelle est la vraie coupable ? L'histoire le dira.

L'incendie de Paris est un fait monstrueux, mais n'y a-t-il pas deux incendiaires ? Attendons pour juger.

Je n'ai jamais compris Billioray, et Rigault m'a étonné jusqu'à l'exécration ; mais fusiller Billioray est un crime ; mais fusiller Rigault est un crime[3].

Ceux de la Commune, Johannard et ses soldats qui font fusiller un enfant de quinze ans sont des criminels ; ceux de l'Assemblée, qui font fusiller Jules Vallès, Bosquet, Parisel, Amouroux, Lefrançais, Brunet et Dombrowski, sont des criminels[4].

Ne faisons pas verser l'indignation d'un seul côté. Ici le crime est aussi bien dans les agents de l'Assemblée que dans ceux de la Commune, et le crime est évident.

Premièrement, pour tous les hommes civilisés, la peine de mort est abominable ; deuxièmement, l'exécution sans jugement est infâme. L'une n'est plus dans le droit, l'autre n'y a jamais été.

Jugez d'abord, puis condamnez, puis exécutez. Je pourrai blâmer, mais je ne flétrirai pas. Vous êtes dans la loi.

Si vous tuez sans jugement, vous assassinez.

Je reviens au gouvernement belge.

Il a tort de refuser l'asile.

La loi lui permet ce refus, le droit le lui défend.

Moi qui vous écris ces lignes, j'ai une maxime : *Pro jure contra legem*[5].

L'asile est un vieux droit. C'est le droit sacré des malheureux.

Au moyen-âge, l'Église accordait l'asile même aux parricides.

Quant à moi, je déclare ceci :

Cet asile que le gouvernement belge refuse aux vaincus, je l'offre.

Où ? en Belgique.

Je fais à la Belgique cet honneur.

J'offre l'asile à Bruxelles.

J'offre l'asile place des Barricades, nº 4.

Qu'un vaincu de Paris, qu'un homme de la réunion dite Commune, que Paris a fort peu élue et que, pour ma part, je n'ai jamais approuvée, qu'un de ces hommes, fût-il mon ennemi personnel, surtout s'il est mon ennemi personnel, frappe à ma porte, j'ouvre. Il est dans ma maison ; il est inviolable.

Est-ce que, par hasard, je serais un étranger en Belgique ? je ne le crois pas. Je me sens le frère de tous les hommes et l'hôte de tous les peuples.

Dans tous les cas, un fugitif de la Commune chez moi, ce sera un vaincu chez un proscrit ; le vaincu d'aujourd'hui chez le proscrit d'hier.

Je n'hésite pas à le dire, deux choses vénérables.

Une faiblesse protégeant l'autre.

Si un homme est hors la loi, qu'il entre dans ma maison. Je défie qui que ce soit de l'en arracher.

Je parle ici des hommes politiques.

Si l'on vient chez moi prendre un fugitif de la Commune, on me prendra. Si on le livre, je le suivrai. Je partagerai sa sellette. Et, pour la défense du droit, on verra, à côté de l'homme de la Commune, qui est le vaincu de l'Assemblée de Versailles, l'homme de la République, qui a été le proscrit de Bonaparte.

Je ferai mon devoir. Avant tout les principes.

Un mot encore.

Ce qu'on peut affirmer, c'est que l'Angleterre ne livrera pas les réfugiés de la Commune.

Pourquoi mettre la Belgique au-dessous de l'Angleterre ?

La gloire de la Belgique, c'est d'être un asile. Ne lui ôtons pas cette gloire.

En défendant la France, je défends la Belgique.

Le gouvernement belge sera contre moi, mais le peuple belge sera avec moi.

Dans tous les cas, j'aurai ma conscience.
Recevez, monsieur, l'assurance de mes sentiments distingués.

VICTOR HUGO.

. . . .

Post-scriptum[1]

I. AUX RÉDACTEURS DU *RAPPEL*

Mes amis,

Le *Rappel* va reparaître. Avant que je rentre dans ma solitude et dans mon silence, vous me demandez pour lui une parole. Vous, lutteurs généreux, qui allez recommencer le rude effort quotidien de la propagande pour la vérité, vous attendez de moi, et avec raison, le serrement de main que l'écrivain vétéran, absent des polémiques et étranger aux luttes de la presse, doit à ce combattant de toutes les heures qu'on appelle le journaliste. Je prends donc encore une fois la parole dans votre tribune, pour en redescendre aussitôt après et me mêler à la foule. Je parle aujourd'hui, ensuite je ne ferai plus qu'écouter.

Les devoirs de l'écrivain n'ont jamais été plus grands qu'à cette heure.

Au moment où nous sommes il y a une chose à faire ; une seule. Laquelle ?

Relever la France.

Relever la France. Pour qui ? Pour la France ? Non. Pour le monde. On ne rallume pas le flambeau pour le flambeau.

On le rallume pour ceux qui sont dans la nuit ; pour ceux qui étendent les mains dans la cave et tâtent le mur funeste de l'obstacle ; pour ceux à qui manquent le guide, le rayon, la chaleur, le courage, la certitude du chemin, la vision du but ; pour ceux qui ont de l'ombre dans leur horizon, dans leur travail, dans leur itinéraire, dans leur conscience ; pour ceux qui ont besoin de voir clair dans leur chute ou dans leur victoire. On rallume le flambeau pour celui même qui l'a éteint, et qui, en l'éteignant, s'est aveuglé ; et c'est pour l'Allemagne qu'il faut relever la France.

Oui, pour l'Allemagne. Car l'Allemagne est esclave, et c'est de la France que lui reviendra la liberté.

La lumière délivre.

Mais pour rallumer le flambeau, pour relever la France, comment s'y prendre ? Qu'y a-t-il à faire ?

Cela est difficile, mais simple.

Il faut faire jaillir l'étincelle.

D'où ?

De l'âme du peuple.

Cette âme n'est jamais morte. Elle subit des occultations comme tout astre, puis, tout à coup, lance un jet de clarté et reparaît.

La France avait deux grandeurs, sa grandeur matérielle et sa grandeur morale. Sa puissance matérielle seule est atteinte, sa puissance intellectuelle est entière. On amoindrit un territoire, non un rayonnement ; jamais un rayon ne rebrousse chemin. La civilisation connaît peu Berlin et continue de se tourner vers Paris. Après les désastres, voyons le résultat. Il ne reste plus à la France que ceci : tous les peuples. La France a perdu deux provinces, mais elle a gardé le monde.

C'est le phénomène d'Athènes, c'est le phénomène de Rome. Et cela tient à une chose profonde, l'Art. Être la nation de l'idéal, c'est être la nation du droit ; être le peuple du beau, c'est être le peuple du vrai.

Être un colosse n'est rien si l'on n'est un esprit. La Turquie a été colosse, la Russie l'est, l'empire allemand le sera ; énormités faites de ténèbres ; géants reptiles. Le géant, plus les ailes, c'est l'archange. La France est suprême parce qu'elle est ailée et lumineuse. C'est parce qu'elle est la grande nation lettrée qu'elle est la grande nation révolutionnaire. La Marseillaise, qui est sa chanson, est aussi son épée. 1789 avait besoin de cette préface, l'Encyclopédie. Voltaire prépare Mirabeau. Ôtez Diderot, vous n'aurez pas Danton. Qui eût séché ce germe, Rousseau, au commencement du dix-huitième siècle, eût, par contre-coup, séché à la fin cet autre germe, Robespierre. Corrélations impénétrables, mystérieuses influences, complicités de l'idéal avec l'absolu, que le philosophe constate, mais qui ne sont pas justiciables des conseils de guerre.

Le journal, donc, comme l'écrivain, a deux fonctions, la fonction politique, la fonction littéraire. Ces deux fonctions, au fond, n'en sont qu'une ; car sans littérature pas de politique. On ne fait pas de révolutions avec du mauvais style. C'est parce qu'ils sont de grands écrivains que Juvénal assainit Rome et que Dante féconde Florence.

Puisque vous me permettez de dire ma pensée chez vous, précisons la mission du journal, telle que je la comprends à l'heure qu'il est.

Le dix-neuvième siècle, augmentateur logique de la Révolution française, a engagé avec le passé deux batailles, une bataille politique et une bataille littéraire. De ces deux batailles, l'une, la bataille politique, livrée aux reflux les plus contraires, est encore couverte d'ombre ; l'autre, la bataille littéraire, est gagnée. C'est pourquoi il faut continuer le combat en politique et le cesser en littérature. Qui a vaincu et conquis doit pacifier. La paix est la dette de la victoire.

Donc faisons, au profit du progrès et des idées, la paix littéraire. La paix littéraire sera le commencement de la paix morale. Selon moi, il faut encourager tous les talents, aider toutes les bonnes volontés, seconder toutes les tentatives, compléter le courage par l'applaudissement, saluer les jeunes renommées, couronner les vieilles gloires. En

faisant cela, on rehausse la France. Rehausser la France, c'est la rele-
ver. Grand devoir, je viens de le dire.

Ceci, je ne le dis pas pour un journal, ni pour un groupe d'écri-
vains, je le dis pour la littérature entière. Le moment est venu de
renoncer aux haines et de couper court aux querelles. Alliance ! fra-
ternité ! concorde ! La France militaire a fléchi, mais la France litté-
raire est restée debout. Ce magnifique côté de notre gloire, que l'Eu-
rope nous envie, respectons-le.

Le dénigrement de nous-mêmes par nous-mêmes est détestable.
L'étranger en profite. Nos déchirements et nos divisions lui donnent
le droit insolent d'ironie. Quoi ! pendant qu'il nous mutile, nous
nous égratignons ! Il nous fait pleurer et nous le faisons rire. Cessons
cette duperie. Ni les Allemands ni les Anglais ne tombent dans cette
faute. Voyez comme ils surfont leurs moindres renommées. Fussent-
ils indigents, ils se déclarent opulents. Quant à nous, qui sommes
riches, n'ayons pas l'air de pauvres. Là où nous sommes vainqueurs,
n'ayons pas une modestie de vaincus. Ne jouons pas le jeu de l'en-
nemi. Faisons-lui front de toute notre lumière. Ne diminuons rien
de ce grand siècle littéraire que la France ajoute fièrement à trois
autres. Ce siècle a commencé avec splendeur, il continue avec éclat.
Disons-le. Constatons, à l'honneur de notre pays, tous les succès, les
nouveaux comme les anciens. Être bons confrères, c'est être bons
patriotes.

En parlant ainsi à vous qui êtes de si nobles intelligences, je vais au
devant de votre pensée ; et, remarquez-le, en donnant ce conseil à
tous les écrivains, je suis fidèle à l'habitude de ma vie entière. Jeune,
dans une ode adressée à Lamartine, je disais :

> *Poëte, j'eus toujours un chant pour les poëtes ;*
> *Et jamais le laurier qui pare d'autres têtes*
> *N'a jeté d'ombre sur mon front.*

Donc paix en littérature, mais guerre en politique.

Désarmons où nous pouvons désarmer, pour mieux combattre là où
le combat est nécessaire.

La République en ce moment est attaquée, chez elle, en France,
par trois ou quatre monarchies ; tout le passé, passé royal, passé théo-
cratique, passé militaire, prend corps à corps la Révolution. La Révo-
lution vaincra, tôt ou tard. Tâchons que ce soit tôt. Luttons. N'est-ce
pas quelque chose que d'avancer l'heure ?

De ce côté encore, relevons la France. France est synonyme de
liberté. La Révolution victorieuse, ce sera la France victorieuse.

Ce qui met le plus la Révolution en danger, le phénomène artifi-
ciel, mais sérieux, qu'il faut surtout combattre, d'autant plus effrayant
qu'il séduit la foule, le grand péril, le vrai péril, je dirais presque le
seul péril, le voici : c'est la victoire de la loi sur le droit. Grâce à ce
funeste prodige, la Révolution peut être à la merci d'une assemblée.
La légalité viciant par infiltration la vérité et la justice, cela se voit à
cette heure presque dans tout. La loi opprime le droit. Elle l'opprime
dans la pénalité où elle introduit l'irréparable, dans le mariage où elle
introduit l'irrévocable, dans la paternité, déformée et parfois faussée

par les axiomes romains, dans l'éducation d'où elle retire l'égalité en supprimant la gratuité, dans l'instruction qui est facultative et qui devrait être obligatoire, le droit de l'enfant étant ici supérieur au droit du père, dans le travail auquel elle chicane son organisme, dans la presse dont elle exclut le pauvre, dans le suffrage universel dont elle exclut la femme. Grave désordre, l'exagération de la loi. Tout ce qui est de trop dans la loi est de moins dans le droit.

Les gouvernants, assemblées souveraines ou princes, ont de l'appétit et se font aisément illusion. Rappelons-nous les sous-entendus de l'assemblée de Bordeaux, qui a été depuis l'assemblée de Versailles, et qui n'est pas encore l'assemblée de Paris. Cette assemblée, dont j'ai l'honneur de ne plus être, avait vu le plébiscite du 8 mai et croyait tout possible par le suffrage universel. Elle se trompait. On incline aujourd'hui à abuser du pouvoir plébiscitaire. Le gouvernement direct du peuple par le peuple est, certes, le but auquel il faut tendre ; mais il faut se défier du plébiscite ; avant de s'en servir, il importe de le définir ; la politique est une mathématique, et aucune force ne doit être employée sans être précisée ; la longueur du levier veut être proportionnée à la masse de l'obstacle. Eh bien, le plébiscite ne saurait soulever le droit, ni le déplacer ni le retourner. Le droit préexiste. Il était avant, il sera après. Le droit existe avant le peuple, comme la morale existe avant les mœurs. Le droit crée le suffrage universel, le suffrage universel crée la loi. Voyez l'énorme distance qui sépare la loi du droit, et l'infériorité de ce qui est humain devant ce qui est éternel. Tous les hommes réunis ne pourraient pas créer un droit, et moi qui parle j'ai fait dans ma vie plusieurs centaines de lois. La loi employant le suffrage universel à détruire le droit, c'est la fille employant le père à tuer l'aïeul. Est-il rien de plus monstrueux ? Tel est pourtant le rêve de ceux qui s'imaginent qu'on peut mettre la République aux voix, donner au suffrage universel d'aujourd'hui la souveraineté sur le suffrage universel de demain, et faire supprimer le droit absolu de l'homme par le caprice momentané de l'individu.

À cette heure, l'antagonisme de la loi et du droit éclate. La révolte de l'inférieur contre le supérieur est flagrante.

Quel embarras pour les consciences et quoi de plus inquiétant que ceci, le droit et la loi coulant en sens contraire ! le droit allant vers l'avenir, la loi allant vers le passé ! le droit charriant les problèmes sociaux, la loi charriant les expédients politiques ; ceux-ci descendant, ceux-là remontant, et à chaque instant le choc ! les problèmes, qui sont les ténèbres, se heurtant aux expédients, qui sont la noirceur ! De solutions, point. Rien de plus redoutable.

Aux questions permanentes s'ajoutent les questions momentanées ; les premières sont pressantes, les secondes sont urgentes. La dissolution de l'Assemblée ; l'enquête sur les faits de mars, et aussi sur les faits de mai et de juin ; l'amnistie. Quel labeur pour l'écrivain, et quelle responsabilité ! À côté des questions qui menacent, les questions qui suppliment. Les cachots, les pontons, les mains jointes des femmes et des enfants. Ici la mère, ici les fils et les filles, là-bas le père ! Les familles coupées en deux, un tronçon dans le grenier, un tronçon dans la casemate. Ô mes amis, l'amnistie ! l'amnistie ! voici l'hiver. L'amnistie !

Demandons-la, implorons-la, exigeons-la. Et cela dans l'intérêt de tous. Une guérison locale est une guérison générale ; la plaie pansée au pied ôte la fièvre du cerveau.

L'amnistie tout de suite ! l'amnistie avant tout ! Lions l'artère, c'est le plus pressé. Disons-le au pouvoir, en ces matières la promptitude est habileté. On a déjà trop hésité, les clémences tardives aigrissent. Ne vous laissez pas contraindre par la pression souveraine de l'opinion ; faites l'amnistie de gré et non de force, n'attendez pas. Faites l'amnistie aujourd'hui, elle est pour vous ; faites-la demain, elle est contre vous.

Regardez le pavé, il vous conseille l'amnistie. Les amnisties sont des lavages. Tout le monde en profite.

L'amnistie est aussi bien pour ceux qui la donnent que pour ceux qui la reçoivent. Elle a cela d'admirable qu'elle fait grâce des deux côtés.

Mes amis, les pontons sont dévorants. Après ceux qui ont péri, je ne puis me résigner à en voir périr d'autres.

Nous assistons en ce moment à une chose terrible, c'est le triomphe de la mort. On croyait la mort vaincue. On la croyait vaincue dans la loi, on la croyait vaincue dans la diplomatie. On entrevoyait la fin du coupe-tête et la fin du reître. En 93, une année de guillotine avait formidablement répliqué aux douze siècles de potence, de roue et d'écartèlement de la monarchie, et après la Révolution on pouvait croire l'échafaud épuisé ; puis était venue une bataille de quinze ans, et après Napoléon on pouvait croire la guerre vidée. La peine capitale, abolie dans toutes les consciences, commençait à disparaître des codes ; vingt-sept gouvernements, dans l'ancien et le nouveau continent, l'avaient raturée ; la paix se faisait dans la loi, et la concorde naissait entre les nations ; les juges n'osaient plus condamner les hommes à mort par l'échafaud, et les rois n'osaient plus condamner les peuples à mort par la guerre. Les poëtes, les philosophes, les écrivains, avaient fait ce travail magnifique. Les Tyburn et les Montfaucon s'abîmaient dans leur honte, et les Austerlitz et les Rosbach dans leur gloire. Plus de tuerie, ni juridique, ni militaire ; le principe de l'inviolabilité humaine était admis. Pour la première fois depuis six mille ans, le genre humain avait la respiration libre. Cette montagne, la mort, était ôtée de dessus la poitrine du titan. La civilisation vraie allait commencer. Tout à coup l'an 1870 s'est levé, ayant dans sa main droite l'épée, et dans sa main gauche la hache. La mort a reparu, Janus épouvantable, avec ses deux faces de spectre, l'une qui est la guerre, l'autre qui est le supplice. On a entendu cet affreux cri : Représailles ! Le talion imbécile a été évoqué par la guerre étrangère et par la guerre civile. Œil pour œil, dent pour dent, province pour province. Le meurtre sous ses deux espèces, bataille et massacre, s'est rué d'abord sur la France, ensuite sur le peuple ; des Européens ont conçu ce projet : supprimer la France, et des Français ont machiné ce crime : supprimer Paris. On en est là.

Et au lieu de l'affirmation que veut ce siècle, c'est la négation qui est venue. L'échafaud, qui était une larve, est devenu une réalité ; la guerre, qui était un fantôme, est devenue une nécessité ; sa disparition dans le passé se complique d'une réapparition dans l'avenir ; en ce moment-ci les mères allaitent leurs enfants pour la tombe ; il y a une échéance entre la France et l'Allemagne, c'est la revanche ; la mort se nourrit de la mort ; on tuera parce qu'on a tué. Et, chose fatale, pendant que la revanche se dresse au-dehors, la vengeance se dresse au-dedans. La vindicte, si vous voulez. On a fait ce progrès, adosser les patients à un mur au lieu de les coucher sur une planche, et remplacer la guillotine par la mitrailleuse. Et tout le terrain qu'on croyait gagné est perdu, et le monstre qu'on croyait vaincu est victorieux, et le glaive règne sous sa double forme, hache du bourreau, épée du soldat : de sorte qu'à cette minute sinistre où le commerce râle, où l'industrie périt, où le travail expire, où la lumière s'éteint, où la vie agonise, quelque chose est vivant, c'est la mort.

Ah ! affirmons la vie ! affirmons le droit, la justice, la liberté, l'idéal, la bonté, le pardon, la vérité éternelle ! À cette heure la conscience humaine est à tâtons ; voilà ce que c'est que l'éclipse de la France. À Bruxelles, j'ai poussé ce cri : Clémence ! et l'on m'a jeté des pierres. Affirmons la France. Relevons-la. Rallumons-la. Rendons aux hommes cette lumière. La France est un besoin de l'univers. Nous avons tous, nous Français, une tendance à être plutôt hommes que citoyens, plutôt cosmopolites que nationaux, plutôt frères de l'espèce entière que fils de la race locale ; conservons cette tendance, elle est bonne ; mais rendons-nous compte que la France n'est pas une patrie comme une autre, qu'elle est le moteur du progrès, l'organisme de la civilisation, le pilier de l'ensemble humain, et, que, lorsqu'elle fléchit, tout s'écroule ; constatons cet immense recul moral des nations correspondant aux pas qu'a faits la France en arrière ; constatons la guerre revenue, l'échafaud revenu, la tuerie revenue, la mort revenue, la nuit revenue ; voyons l'horreur sur la face des peuples, secourons-les en restaurant la France, resserrons entre nous Français le lien national, et reconnaissons qu'il y a des heures où la meilleure manière d'aimer la patrie, c'est d'aimer la famille, et où la meilleure manière d'aimer l'humanité, c'est d'aimer la patrie.

VICTOR HUGO.

Paris, 31 octobre 1871.

Derniers faits[1]

ÉLECTION DU 7 JANVIER 1872
(SEINE)

AU PEUPLE DE PARIS

Paris ne peut échouer. Les échecs apparents couvrent des triomphes définitifs. Les hommes passent, le peuple reste. La ville que l'Allemagne n'a pu vaincre ne sera pas vaincue par la réaction.

À de certaines époques étranges, la société a peur et demande secours aux impitoyables. La violence seule a la parole, les implacables sont les sauveurs ; être sanguinaire, c'est avoir du bon sens. Le *vae victis*[2] devient la raison d'État ; la compassion semble une trahison, et on lui impute les catastrophes. On tient pour ennemi public l'homme atteint de cette folie, la clémence ; Beccaria épouvante, et Las Casas fait l'effet de Marat.

Ces crises où la peur engendre la terreur durent peu ; leur emportement même les précipite. Au bout de peu de temps, l'ordre faux que fait le sabre est vaincu par l'ordre vrai que fait la liberté. Pour obtenir cette victoire, aucune lutte violente n'est nécessaire. La marche en avant du genre humain ébranle pacifiquement ce qui doit tomber. Le pas grave et mesuré du progrès suffit pour l'écroulement des choses fausses.

Ce que Paris veut sera. Des problèmes sont posés ; ils auront leur solution, et cette solution sera fraternelle. Paris veut l'apaisement, la concorde, la guérison des plaies sociales. Paris veut la fin des guerres civiles. La fin des guerres ne s'obtient que par la fin des haines. Comment finissent les haines ? Par l'amnistie.

L'amnistie, aujourd'hui, est la condition profonde de l'ordre.

Le grand peuple de Paris, méconnu et calomnié à cause de sa grandeur même, aura raison de tous les obstacles. Il triomphera par le calme et la volonté. Le suffrage universel a beau avoir des éclipses, il est l'unique mode de gouvernement ; le suffrage universel, c'est la puissance, bien supérieure à la force. Désormais, tout par le vote, rien par le fusil. La justice et la vérité ont une clarté souveraine. Le passé ne se tient pas debout en face de l'avenir. Une ville comme Versailles, qui représente la royauté, ne peut être longtemps regardée fixement par une ville comme Paris, qui personnifie la République.

VICTOR HUGO.

Paris, 8 janvier 1872.

DOSSIER

CHRONOLOGIE

1802. Février : le 26, naissance à Besançon de Victor-Marie Hugo, fils de Sophie Trébuchet (née à Nantes en 1772) et de Léopold Hugo (né à Nancy en 1773), frère cadet d'Abel (né à Paris en 1798) et d'Eugène (né à Nancy en 1800).

1804. Février : Mme Hugo s'installe à Paris avec ses fils ; le général Lahorie, compromis avec le général Moreau, se réfugie chez elle.

1808. Janvier : Mme Hugo arrive avec ses fils dans le royaume de Naples, où son mari est gouverneur d'Avellino.
Juillet : élevé au grade de colonel, Léopold Hugo part pour l'Espagne, où va régner Joseph Bonaparte.

1809. Février : Mme Hugo et ses fils de retour à Paris.
Juin : s'installent dans l'ancien couvent des Feuillantines ; Lahorie s'y cache ; il fait lire Tacite à son filleul Victor.
Août : Léopold est nommé général.

1810. Décembre : arrestation de Lahorie aux Feuillantines.

1811. Juin : Mme Hugo et ses fils arrivent à Madrid.
Juillet : Léopold met en pension ses deux plus jeunes fils.

1812. Avril : Mme Hugo de retour aux Feuillantines avec Eugène et Victor.
Octobre : impliqué dans la conspiration de Malet, Lahorie est fusillé ; Pierre Foucher, ami des Hugo, a participé au Conseil de guerre qui l'a condamné.

1813. Décembre : Mme Hugo quitte les Feuillantines, et s'installe avec ses trois fils rue des Vieilles-Thuileries (rue du Cherche-Midi).

1814. Janvier : la France envahie ; Léopold est chargé de la défense de Thionville.
Avril : abdication de Napoléon ; Kellermann félicite Léopold pour sa défense de Thionville.
Juin : début de la procédure de séparation des parents de VH.

1815. Février : Léopold enlève Eugène et VH à leur mère et les met en pension chez Cordier, rue Sainte-Marguerite (à côté de Saint-Germain-des-Prés).
Mars : retour de Napoléon ; Léopold à nouveau chargé de défendre Thionville.

Juin : Waterloo, seconde abdication de Napoléon, début de la Terreur blanche. La France restera occupée pendant plus de trois ans.

Décembre : premiers vers politiques de VH : « Le Corse a mordu la poussière/L'Europe a proclamé Louis. »

1818. Février : séparation légale des époux Hugo ; les enfants sont confiés à leur mère.

Septembre : ayant terminé leurs études secondaires, ils vont habiter chez elle, rue des Petits-Augustins (rue Bonaparte).

1819. Avril : VH et Adèle Foucher se confient leur amour.

1820. Avril : Mme Hugo s'oppose à leur mariage. VH publie *Bug-Jargal* dans son journal *Le Conservateur littéraire*.

Juillet : Mme Hugo va se loger avec ses fils rue de Mézières.

Octobre : ode de VH : *La Naissance du duc de Bordeaux* (futur « Henri V »).

Décembre : VH assiste à l'exécution d'un parricide en place de Grève.

1821. Juin : mort de Mme Hugo.

Septembre : remariage du général Hugo à Blois.

Novembre : conflit entre Eugène et Victor à propos d'Adèle Foucher ; VH ne voulant plus demeurer avec son frère va se loger rue du Dragon.

1822. Mai : *Odes et poésies diverses*.

Octobre : mariage de VH et Adèle. Violente crise d'Eugène, dont les troubles mentaux se sont accrus depuis la mort de sa mère. VH et Adèle s'installent chez les Foucher, rue du Cherche-Midi.

1823. Février : *Han d'Islande*.

Mai : crise de fureur d'Eugène contre sa belle-mère à Blois ; on le fait entrer dans la maison de santé d'Esquirol ;

Juin : il est interné à Charenton, d'où il ne sortira jamais.

Novembre : *Mémoires* du général Hugo ; VH écrit l'ode *À l'Arc de triomphe de l'Étoile*.

1824. Mars : *Nouvelles Odes*.

Juin : installation rue de Vaugirard.

Août : naissance de Léopoldine Hugo.

1825. Mai : VH au sacre de Charles X à Reims.

1826. Janvier : nouvelle version de *Bug-Jargal*.

Novembre : *Odes et Ballades*. Naissance de Charles Hugo.

1827. Février : ode *À la colonne de la place Vendôme*.

Avril : installation rue Notre-Dame-des-Champs.

Décembre : *Cromwell*.

1828. Janvier : mort subite du général Hugo.

Octobre : naissance de François-Victor Hugo.

1829. Janvier : *Les Orientales*.

Février : *Le Dernier Jour d'un condamné*.

Août : interdiction de *Marion Delorme*. Note dans la *Revue de Paris* « sur la destruction des monuments en France ».

1830. Février : première d'*Hernani*.

Avril : installation rue Jean-Goujon.

Juillet : naissance d'Adèle Hugo.

Août : ode *À la jeune France*, hommage aux étudiants insurgés des « trois glorieuses » (recueillie dans *Les Chants du crépuscule* sous le titre : *Dicté après juillet 1830*).

Octobre : deuxième ode *À la Colonne*. VH proteste contre l'annulation de son élection au grade de sous-lieutenant dans la Garde nationale.

1831. Mars : *Notre-Dame de Paris.*
Novembre : *Les Feuilles d'automne.*

1832. Mars : article *Guerre aux démolisseurs !* (cf. août 1829).
Avril : Charles Hugo frappé par l'épidémie de choléra.
Juin : insurrection républicaine à Paris (cf. *Les Misérables*).
Octobre : installation Place Royale (6 place des Vosges) — treizième et principal domicile de VH à Paris.
Novembre : interdiction du *Roi s'amuse.*

1833. Février : *Lucrèce Borgia*. Début de l'union de VH avec Juliette Drouet.
Novembre : *Marie Tudor.*

1834. Mars : *Littérature et philosophie mêlées* (recueil de notes et d'articles sous les titres *Journal [...] d'un jeune jacobite de 1819* et *Journal [...] d'un révolutionnaire de 1830*).
Septembre : *Claude Gueux.*

1835. Janvier : création du « Comité des monuments... » (sept membres, dont VH).
Mai : *Angelo.*
Octobre : *Les Chants du crépuscule.*

1837. Février : achèvement du poème *À l'Arc de triomphe* (monument inauguré en juillet 1836). Mort d'Eugène Hugo à Charenton.
Juin : *Les Voix intérieures.*

1838. Novembre : *Ruy Blas.*

1839. Mai : insurrection républicaine à Paris (Blanqui, Barbès).
Juillet : intervention de VH auprès de Louis-Philippe pour la grâce de Barbès, condamné à mort.

1840. Mai : *Les Rayons et les ombres.*
Décembre : poème sur le transfert des cendres de Napoléon aux Invalides : *Le Retour de l'Empereur.*

1841. Janvier : élection de VH à l'Académie française.

1842. Janvier : *Le Rhin* (préface : « Si l'auteur n'était pas français, il voudrait être allemand » ; conclusion : « L'union de l'Allemagne et de la France, ce serait le salut de l'Europe, la paix du monde »).

1843. Février : mariage de Léopoldine avec Charles Vacquerie.
Mars : *Les Burgraves.*
Septembre : le 4, noyade à Villequier de Léopoldine et de son mari.

1845. Avril : VH est fait pair de France.
Juillet : le peintre Biard fait établir un flagrant délit d'adultère de sa femme Léonie avec VH.
Novembre : VH commence à écrire le roman qui deviendra *Les Misérables*.

1846. Juin : mort de Claire, fille de Juliette et du sculpteur Pradier, âgée de
vingt ans.
Septembre : VH va voir pour la première fois à la tombe de sa fille, au
cimetière de Villequier.

1848. Février : insurrection populaire avec l'appui de la Garde nationale (qui
était destinée à la répression des émeutes) ; le gouvernement provisoire
de Lamartine proclame la République ; VH soutient d'abord la tentative
de régence de la duchesse d'Orléans. Interruption du roman « *Les Misè-
res* », alors en voie d'achèvement.
Mars : VH ne se présente pas aux élections mais accepte d'être élu.
Avril : 34 élus parisiens à l'Assemblée constituante ; VH vient en 48^e
position.
Mai : insurrection réprimée à Paris ; Clément Thomas mis à la tête de la
Garde nationale ; VH candidat aux élections complémentaires, pour la
république de la « civilisation » contre la république de la « terreur ».
Juin : VH élu député de Paris en même temps que Thiers et Louis Bona-
parte. Insurrection ouvrière : VH est l'un des 60 commissaires de la
Constituante auprès des forces de l'ordre.
Juillet : pour s'éloigner du quartier des émeutes, installation rue d'Isly.
Intervention en faveur des prisonniers politiques.
Août : Meurice et Vacquerie fondent avec les fils Hugo le journal *L'Évé-
nement* ; l'Assemblée autorise des poursuites contre Louis Blanc, VH est
de ceux qui s'y opposent.
Septembre : discours pour la levée de l'état de siège et contre la peine de
mort.
Octobre : installation rue de la Tour-d'Auvergne. *L'Événement* soutient
la candidature de Louis-Napoléon à la présidence de la République.
Décembre : triomphe de Louis-Napoléon. VH écrit : « Je veux *l'influence*
et non le pouvoir. »

1849. Mai : VH candidat du parti de l'ordre à l'Assemblée législative ; élu au
dixième rang à Paris.
Juillet : discours de VH : pour rétablir l'ordre, il faut détruire la misère
(approbations à gauche, murmures à droite).
Août : VH préside le Congrès international de la Paix.
Novembre : discours contre le rétablissement de l'autorité civile du
pape.

1850. Janvier : discours contre le parti clérical en France, pour la laïcité de
l'enseignement.
Mai : discours contre les restrictions au suffrage universel.

1851. Février : discours contre l'aspiration manifeste de Louis Bonaparte à
l'Empire.
Juillet : discours contre la révision de la Constitution (« parce que nous
avons eu Napoléon-le-Grand, il faut que nous ayons Napoléon-le-
Petit ! »).
Septembre : *L'Événement* suspendu reparaît sous le titre *L'Avènement du
peuple* ; les fondateurs de *L'Événement* sont tous emprisonnés.
Décembre : le 2, coup d'État de Louis-Napoléon, formation par les dépu-
tés républicains d'un Comité de résistance dont VH est l'un des sept

dirigeants ; le 3, un appel aux armes signé VH est affiché dans Paris, le député Baudin est tué sur une barricade ; le 4, fusillade par l'armée sur les grands boulevards ; le 11, l'insurrection ayant échoué, VH part clandestinement pour Bruxelles avec Juliette ; commence à écrire l'*Histoire d'un crime*, qu'il laissera inachevée au mois de mai suivant.

1852. Août : publication en Belgique de *Napoléon-le-Petit* ; Hugo et sa famille gagnent Jersey et s'installent à Marine-Terrace.
Décembre : plébiscite sur le rétablissement de l'Empire : 7 824 189 *oui*, 253 145 *non* et plus de deux millions d'abstentions.

1853. Avril : enterrement d'un proscrit à Jersey, VH y salue le drapeau rouge comme symbole de la lumière et de la vie.
Septembre : début à Marine-Terrace des conversations avec les morts par l'intermédiaire d'une table.
Novembre : *Châtiments*.

1854. Janvier : début de l'écriture du poème qui s'intitulera *La Fin de Satan*.
Octobre : achèvement du principal poème métaphysique des *Contemplations* : *Ce que dit la Bouche d'ombre*.

1855. Février : écriture de la première partie du poème qui s'intitulera *Dieu*.
Octobre : diatribe des proscrits français à Londres contre la reine d'Angleterre ; VH solidaire est expulsé de Jersey ; va s'installer à Guernesey.

1856. Avril : *Les Contemplations*. Achat à Saint-Pierre-Port de « Hauteville-House ».

1857. Novembre-décembre : travaillant aux « Petites Épopées », VH écrit notamment *La Révolution* et *Le Verso de la page* (deux longs extraits de ce dernier poème entreront dans *L'Année terrible*).

1859. Août : VH refuse l'amnistie.
Septembre : *La Légende des siècles — Petites Épopées*.
Décembre : vain appel de VH aux États-Unis d'Amérique en faveur de John Brown, condamné à mort pour avoir fomenté une insurrection d'esclaves.

1860. Avril : abandon de l'achèvement de *La Fin de Satan* et reprise du roman « *Les Misères* » pour écrire *Les Misérables*.
Juillet : intervention de VH au meeting des Jersiais en faveur de Garibaldi (libération de la Sicile et du Sud de l'Italie).

1861. Juin : fin de la rédaction des *Misérables* sur le champ de bataille de Waterloo (à Mont-Saint-Jean).

1862. Mars-juin : *Les Misérables*.

1863. Juin : Adèle Hugo part en secret pour le Canada, où elle espère se faire épouser par le lieutenant Pinson, qu'elle poursuivra à La Barbade en 1866.
Septembre : premier séjour de VH à Vianden, au Luxembourg.

1864. Avril : *William Shakespeare*.
Juillet : début de l'écriture des *Travailleurs de la mer*.

1865. Janvier : mort de la fiancée guernesiaise de François-Victor Hugo qui va s'installer à Bruxelles avec sa mère et son frère Charles ; VH reste seul à Guernesey avec sa belle-sœur Julie Chenay et Juliette Drouet.

Avril : achèvement des *Travailleurs de la mer*.

Octobre : *Les Chansons des rues et des bois*. Mariage de Charles avec Alice Lehaene.

1866. Mars : *Les Travailleurs de la mer*. VH s'est remis au théâtre : achèvement de *Mille francs de récompense* (mélodrame situé à Paris sous la Restauration).

Juillet : début de l'écriture de *L'Homme qui rit*.

1867. Mars : naissance d'un premier enfant de Charles, prénommé Georges.

Mai : introduction de VH au *Paris-Guide* composé pour l'Exposition universelle.

Novembre : poème *La Voix de Guernesey* adressé à Garibaldi pour protester contre l'expédition française qui l'a vaincu à Mentana.

1868. Avril : mort du premier Georges Hugo.

Août : naissance du second Georges, aïeul des actuels descendants de VH ; mort d'Adèle Foucher, femme de VH, enterrée à Villequier.

1869. Avril-mai : *L'Homme qui rit*. — Création par les fils Hugo, Meurice, Vacquerie et Rochefort du journal *Le Rappel*.

Juin : élection de Jules Favre à Paris contre Rochefort.

Juillet : achèvement du drame *Torquemada*.

Septembre : VH préside le Congrès de la Paix à Lausanne. Naissance de Jeanne Hugo.

Novembre : élection complémentaire à Paris, élection de Rochefort.

Décembre : procès de Charles pour un article antimilitariste publié dans *Le Rappel* ; son défenseur est Gambetta.

1870. Mars : VH prépare un recueil de « *Nouveaux Châtiments* ».

Mai : plébiscite de l'« Empire libéral » : 7 358 000 *oui*, 1 572 000 *non* (majorité de *non* dans les grandes villes).

VH travaille à un nouveau recueil de ses poèmes d'exil, *Les Quatre Vents de l'esprit*.

Juin : publication de *Turba* (qui deviendra le *Prologue* de *L'Année terrible*) dans *Le Rappel*. Venue à Hauteville-House de Charles, sa femme et leurs deux enfants.

Juillet : proclamation par le Concile du Vatican de l'infaillibilité pontificale ; déclaration de guerre de la France à la Prusse.

Août   (3) Défaite française à Wissembourg.

(6) Défaites à Forbach et à Frœschwiller (Mac-Mahon).

(7) Manifestations à Paris ; l'impératrice met la capitale en état de siège.

(12) Strasbourg assiégé ; l'empereur met Bazaine à la tête des armées.

(13) Début du bombardement de Strasbourg.

(15) VH et les siens quittent Guernesey.

(16) Défaite à Rezonville (Bazaine).

(17) VH et les siens s'installent à Bruxelles (place des Barricades, domicile de Charles) ; l'impératrice nomme le général Trochu gouverneur de Paris.

(18) Défaites à Gravelotte et Saint-Privat (Bazaine) ; Metz assiégé.

(19) VH demande un passeport pour rentrer en France, « comme garde national de Paris ».

(30) Défaite de Beaumont (Mac-Mahon).

(31) L'armée de Mac-Mahon arrive à Sedan.

Septembre (2) Napoléon III capitule à Sedan avec l'armée de Mac-Mahon.

(3) Réunion des proscrits français à Bruxelles ; VH note : « Question : drapeau tricolore ou drapeau rouge ? »

(4) Manifestations à Paris ; déchéance de l'Empire proclamée par les députés républicains ; formation d'un « gouvernement de Défense nationale », présidé par Trochu, avec Jules Favre aux Affaires étrangères, Gambetta à l'Intérieur (il fait adopter à l'Hôtel de Ville le drapeau tricolore) et entre autres Rochefort, comme membre non ministre.

(5) Arrivée de VH à Paris : voir ici p. 229. Des « comités de vigilance » commencent à se constituer dans chaque arrondissement.

(7) Ajournement des élections ; nomination par Gambetta des municipalités parisiennes ; proclamation de Jules Favre (la politique du gouvernement est de ne rien céder : « Ni un pouce de notre territoire ni une pierre de nos forteresses ! ») ; premier numéro du journal de Blanqui, *La Patrie en danger*, daté du « 20 fructidor an 78 ».

(8) Création de principe d'une Délégation du gouvernement à Tours.

(9) Appel de VH « aux Allemands » : voir ici p. 230.

(11) Formation du Comité central républicain des vingt arrondissements.

(12) Crémieux, garde des Sceaux, va représenter le gouvernement à Tours ; Thiers, au nom du gouvernement, part pour Londres (puis Vienne et Saint-Pétersbourg) afin de « faire naître, si possible, l'occasion d'un armistice ».

(13) Première « affiche rouge » du Comité central réclamant des élections et la levée en masse. VH voit Louise Michel.

(14) Élections à une Assemblée constituante fixées au 2 octobre, et pour toutes les communes (sauf Paris et Lyon) au 25 septembre.

(17) Appel de VH « aux Français » : voir ici p. 233.

(18) Gambetta obtient du gouvernement des élections municipales à Paris. VH se promène avec Louise Michel.

(19) Investissement complet de Paris par l'armée allemande ; sur sa propre demande Jules Favre entame des pourparlers d'armistice avec Bismarck, à Ferrières.

(20) La divulgation de la démarche de Favre l'empêche de lui donner une suite immédiate ; le Comité central adopte le principe d'une « Commune de Paris » ; VH reçoit la visite de Gambetta.

(21) Anniversaire de la première République ; appel de Gambetta pour qu'on suive l'exemple de la France de 1792.

(22) Appel du Comité central : « La Commune de Paris doit vivre ou périr avec la capitale. »

(24) Le gouvernement ajourne les élections ; mais les munici-palités parisiennes continuent à les préparer.

(26) VH reçoit à dîner Gustave Flourens.

(28) Capitulation de Strasbourg (général Uhrich).

(29) Premier anniversaire de « Petite Jeanne ».

(30) Sortie et repli (ou comme dit Trochu « reconnaissance offensive très vigoureuse ») du côté de Choisy ; VH écrit son appel « aux Parisiens » qu'il datera du surlendemain : voir ici p. 236.

Octobre   (3) VH refuse d'être candidat à la mairie du XIe arrondisse-ment : « Je n'accepte pas la candidature de clocher. J'accepte-rais avec dévouement la candidature de la ville de Paris. Je veux le vote, non par arrondissement, mais par scrutin de liste. »

(4) VH écrit à Julie Chenay (restée à la garde de Hauteville-House) une lettre qui sera expédiée par ballon.

(5) Manifestation à l'Hôtel de Ville des gardes nationaux de Belleville commandés par Flourens.

(7) VH s'achète un képi de garde national ; assiste au départ en ballon de Gambetta pour Tours. Arrivée de Garibaldi à Marseille.

(8) Manifestation à l'Hôtel de Ville de gardes nationaux diri-gés par Blanqui et Millière ; VH note : « Ajournement de la Commune. Faute. Une autre faute serait de jeter bas le gou-vernement. Le péril de le renverser est plus grand que le péril de le maintenir. »

(10) Défaite d'Artenay.

(11) Occupation d'Orléans.

(13) « Sortie » à Bagneux.

(15) Les Allemands prennent Châteaudun, défendue par 1 200 francs-tireurs parisiens.

(16) VH note : « Il se confirme qu'on donne mon nom au bou-levard Haussmann. Je n'ai pas été voir. »

(18) VH va voir l'emplacement des Feuillantines : « La mai-son et le jardin de mon enfance ont disparu. Une rue passe dessus. »

(20) Édition nouvelle, première en France. 'es *Châtiments*.

(21) « Sortie » à la Malmaison ; retour en France de Thiers, qui s'installe à Tours pour intriguer contre Gambetta.

(22) VH offre ses premiers gains des *Châtiments* pour l'achat d'un canon.

(27) Capitulation de Bazaine à Metz.

(28) « Sortie » au Bourget, tandis que Gambetta prépare une offensive vers le Sud de Paris.

(30) VH demande qu'on nomme « Châteaudun » le premier canon que paieront les lectures publiques des *Châtiments*. Défaite à Bourges.

(31) VH note : « Échauffourée à l'Hôtel de Ville. Blanqui, Flourens et Delescluze veulent renverser le pouvoir provisoire

Trochu-Jules Favre. Je refuse de m'associer à eux. Prise d'armes. Foule immense. On mêle mon nom à des listes de gouvernement. Je persiste dans mon refus [...]. On va élire la Commune de Paris. »

Novembre (2) Rochefort quitte le gouvernement. Gambetta décrète la levée en masse.

(3) Plébiscite du gouvernement à Paris : 557 000 pour, 61 000 contre.

(5-8) Élections municipales à Paris : majorité pour le gouvernement (minorité : Malon dans le XVIIe, Delescluze dans le XIXe, Ranvier dans le XXe).

(6) Le gouvernement juge inopportune la poursuite des pourparlers de Thiers avec Bismarck (depuis le 1er novembre).

(9) Victoire de Coulmiers (Aurelle de Paladines).

(10) Reprise d'Orléans.

(21) Prise de Compiègne ; défaite à Nogent-le-Rotrou.

(22) Accord ministériel pour fondre avec le revenu des *Châtiments* deux canons, dont l'un s'appellera le « Victor Hugo » ; lettre de VH à Gustave Chaudey : voir ici p. 239.

(25) Première édition en France de *Napoléon-le-Petit* (cf. août 1852).

(26) *La Patrie en danger* (Blanqui) publie un manifeste de la section française de l'Internationale pour la guerre à outrance « des ouvriers et des paysans ».

(29) Début de la grande « sortie » de Champigny.

(30) VH note : « Pelletan me fait dire de la part du gouvernement que la journée de demain sera décisive. »

Décembre (2) Échec de la « sortie » de Champigny. Louise Michel emprisonnée est libérée sur l'intervention de VH.

(4) Nouvelle évacuation d'Orléans.

(6) Entrée des Allemands à Rouen ; à Paris, arrestation de Flourens ; à Tours Gambetta limoge Aurelle de Paladines et forme deux armées, l'une à l'ouest sous les ordres de Chanzy, l'autre à l'est sous les ordres de Bourbaki.

(9) VH note : « Cette nuit, je me suis réveillé et j'ai fait des vers. En même temps, j'entendais le canon. » — Gambetta décide de transférer à Bordeaux la délégation du gouvernement.

(10) L'armée de Chanzy repliée sur Le Mans se prépare pour une contre-offensive organisée par Gambetta, avec l'armée de Faidherbe au nord et celle de Bourbaki.

(18) VH envoie une lettre à Julie Chenay par ballon.

(21) « Sortie » au Bourget, annoncée comme une grande bataille.

(22) VH sollicité de mettre Trochu en demeure de « sauver Paris ou de quitter le pouvoir » s'y refuse, pour ne pas « entraver un combat qui peut-être réussira » (il ne sait pas que les généraux y ont déjà mis fin).

(26) Nouveau refus de VH de faire pression sur le gouvernement.

(27) Succès de Garibaldi à Nuits-Saint-Georges ; reprise de Dijon ; offensive de Chanzy sur la Loire.

(29) VH note : « Canonnade toute la nuit. L'attaque prussienne semble vaincue. » (En fait les Allemands ont obtenu ce qu'ils voulaient : l'évacuation du plateau d'Avron.) « On me presse de plus en plus d'entrer dans le gouvernement. [...] Je persiste à refuser. »

(30) VH note : « Ce n'est même plus du cheval que nous mangeons. C'est *peut-être* du chien ? C'est *peut-être* du rat ? [...] Nous mangeons de l'inconnu. »

(31) Vœux de VH à Juliette, « entre ces deux années, l'une terrible, l'autre inconnue ».

1871. Janvier (3) VH note : « Le club montagnard demande de nouveau que Louis Blanc et moi soyons adjoints au gouvernement pour le diriger. Je refuse. » Victoire à Bapaume (Faidherbe).

(5) Début du bombardement de Paris *intra muros* ; un obus tombe près de Hugo rue des Feuillantines.

(6) Seconde « affiche rouge » du Comité central : « Place au peuple ! Place à la Commune ! » Delescluze démissionne de sa mairie.

(7) Affiche de Trochu : « Le Gouverneur de Paris ne capitulera pas. »

(9) Victoire de Villersexel (Bourbaki).

(11) Évacuation du Mans.

(16) Publication dans *Le Rappel* du poème *Dans le cirque*, voir ici p. 98.

(18) Le roi de Prusse Guillaume Ier est proclamé empereur d'Allemagne à Versailles.

(19) « Sortie » de Buzenval, la dernière du siège et la seule où l'on ait engagé la Garde nationale.

(22) Le général Vinoy succède à Trochu comme gouverneur de Paris ; Flourens est facilement arraché à sa prison ; des gardes nationaux manifestent devant l'Hôtel de Ville, on fait tirer sur eux les mobiles bretons (cinq morts) ; quatre-vingts arrestations, dont celles de Pyat et de Delescluze.

(23) Début des pourparlers de Favre avec Bismarck pour « un armistice général ayant pour objet des élections en France ».

(24) VH note : « Ce matin, Flourens est venu. Il m'a demandé conseil. Je lui ai dit : "Nulle pression violente sur la situation." »

(25) VH apprend que la capitulation est imminente.

(27) VH note : « On est encore venu me demander de me mettre à la tête d'une manifestation contre l'Hôtel de Ville. J'ai refusé » (le gouvernement siégeait à l'Hôtel de Ville).

(28) Signature de l'armistice à Versailles. VH note : « Petite Jeanne est un peu souffrante. »

(29) Proclamation de l'armistice qui prévoit l'élection d'une Assemblée nationale pour la conclusion d'un traité de paix. VH note : « Je suis venu à Paris dans l'espérance d'y trouver

un tombeau. J'irai à Bordeaux avec la pensée d'en remporter l'exil. »

(31) Gambetta proteste contre l'armistice, qui a été conclu à son insu.

Février   (1) « Petite Jeanne va mieux. »

(6) Démission de Gambetta.

(8) Élections à l'Assemblée nationale ; VH élu député de Paris en deuxième position après Louis Blanc (il a obtenu deux fois plus de suffrages que Thiers).

(13) VH part pour Bordeaux avec les siens.

(16) Grévy président de l'Assemblée.

(17) Thiers élu « chef du pouvoir exécutif ». VH préside la « réunion de la gauche » (Louis Blanc, Schoelcher, Lockroy, Clemenceau...). Note : « Pauvre Petite Jeanne ! Elle est faible et délicate. Peut-être ne vient-elle que pour un moment. J'ai dans l'idée qu'elle et moi nous mourrons ensemble, et que c'est l'ange chargé de m'emmener. »

(18) Lettre de VH à Meurice : « L'Assemblée est une Chambre introuvable. [...] C'est 1815 combiné avec 1851. »

(19) Thiers présente son ministère et part pour Versailles.

(21) VH note : « Je promène Petit Georges et Petite Jeanne à tous mes moments de liberté. On pourrait me qualifier ainsi : Victor Hugo, représentant du peuple et bonne d'enfants. »

(26) Conclusion des préliminaires du traité de paix à Versailles.

(27) VH renonce à la présidence des réunions de la gauche, où il n'a pu créer l'union.

(28) « Affiche noire » du nouveau Comité central (celui des fédérés de la Garde nationale) exhortant les Parisiens à ne pas se laisser provoquer par l'entrée des Allemands dans la capitale.

Mars   (1) Ratification des préliminaires du traité de paix par l'Assemblée. VH s'y est opposé : voir ici p. 240. Gambetta, député du Bas-Rhin, démissionne.

(2) Démission des députés d'Alsace et de Lorraine. VH note : « Je voudrais donner ma démission. Louis Blanc ne veut pas. Gambetta et Rochefort sont de mon avis. »

(3) Démission de cinq autres députés, dont Rochefort. À Paris, le Comité central récuse l'autorité du général Vinoy sur la Garde nationale, et celle du gouvernement sur la capitale s'il ne vient pas s'y installer.

(6) La « question de Paris » débattue à l'Assemblée, intervention de VH en faveur de Paris : voir ici p. 245.

(8) Annulation de l'élection de Garibaldi, député d'Alger ; discours de VH qui, interrompu, donne sa démission de député : voir ici p. 248.

(10) L'Assemblée vote son transfert à Versailles, et supprime le moratoire accordé aux Parisiens pendant le siège.

(11) Vinoy suspend six journaux parisiens. Blanqui et Flou-

rens sont condamnés à mort par contumace, Vallès à six mois
de prison.

(13) Mort subite de Charles Hugo.

(17) VH et les siens quittent Bordeaux à 18 h 30.

(18) À l'aube tentative de l'armée pour s'emparer des canons
de la Garde nationale ; résistance populaire ; VH arrive à
10 h 30 ; à midi départ du cortège funèbre pour le Père-
Lachaise où Charles va être enterré à côté des parents de VH
et de son frère Eugène ; les gardes nationaux insurgés présen-
tent les armes ; dans l'après-midi exécution sommaire par
leurs propres soldats des généraux Lecomte et Thomas ; dans
la nuit le Comité central s'installe à l'Hôtel de Ville.

(19) Quatre membres du Comité central — selon le témoi-
gnage postérieur de VH — viennent le consulter ; il leur dit :
« Prenez garde. Vous partez d'un droit pour aboutir à un
crime. »

(21) VH quitte Paris avec les siens pour Bruxelles où la suc-
cession de Charles (ses dettes) doit être réglée.

(26) Nouvelles élections municipales à Paris, majorité d'abs-
tentions dans les beaux quartiers. Lettre de VH : « De grandes
fautes ont été faites des deux côtés. Du côté de l'Assemblée
ces fautes sont des crimes. »

(28) Proclamation de la Commune par l'assemblée munici-
pale de Paris. Un journal belge annonce que VH a été nommé
membre de la Commune.

(29) VH note : « Ma nomination ne semble pas se confirmer.
Tant mieux. »

Avril   (2) Les Versaillais s'emparent de Courbevoie.

(3) Contre-attaque de la Commune en direction de Versailles ;
Flourens capturé est tué sans jugement.

(4) Duval prisonnier est fusillé sur l'ordre du général Vinoy.

(5) La Commune décrète que pour un de ses prisonniers tués,
trois des otages qu'elle détient seront fusillés (cette mesure ne
sera aucunement appliquée avant la « semaine sanglante »).

(6) Les Versaillais parviennent à la barrière de Neuilly ; Mac-
Mahon est placé à la tête des troupes gouvernementales qui
vont être grossies par les prisonniers que les Allemands libè-
rent généreusement.

(7) VH reçoit deux Parisiens, dont un neveu de Vacquerie,
membre démissionnaire de la Commune. Il note : « Cette
Commune est aussi idiote que l'Assemblée est féroce. »

(12) La Commune décide de faire démolir la colonne Ven-
dôme.

(13) Thiers se refuse à tous pourparlers avec la Commune.

(18) Lettre de VH : « La Commune, chose admirable, a été
stupidement compromise par cinq ou six meneurs déplora-
bles. »

(19) Publication dans *Le Rappel* du poème *Un cri*, voir ici
p. 130.

(21) Publication dans *Le Rappel* du poème *Pas de représailles*, voir ici p. 132.

(27) Quatre fédérés prisonniers sont assassinés par les Versaillais.

(28) Date très probablement fictive de la lettre de VH à Meurice et Vacquerie publiée dans *Actes et paroles* : voir ici p. 251.

(30) Fin de la liquidation des affaires de Charles.

Mai

(1) Création par la Commune d'un Comité de Salut public.

(5) Les Versaillais prennent Clamart.

(7) Publication dans *Le Rappel* du poème *Les Deux Trophées*, voir ici p. 141.

(9) Les Versaillais occupent le fort d'Issy.

(10) Signature à Francfort du traité de paix.

(13) Les Versaillais occupent le fort de Vanves.

(16) Destruction de la colonne Vendôme.

(18) L'Assemblée de Versailles ratifie le traité de Francfort.

(21) Entrée des Versaillais dans Paris par l'ouest.

(22) Publication dans *Le Rappel* du poème *À ceux qui reparlent de fraternité* (voir ici p. 110 sous le titre « Après avoir lu le traité de paix Bismarck »).

(23) Les Versaillais occupent les Batignolles et Montmartre, d'où ils bombardent Paris ; début des incendies (Tuileries, etc.) ; Chaudey est fusillé sur l'ordre personnel de Rigault.

(24) Les Versaillais occupent le centre de Paris ; exécution sommaire de Rigault ; exécution de six otages de la Commune (dont Mgr Darboy) ; arrestation de Rochefort par les Versaillais ; suspension du *Rappel*.

(25) Delescluze, l'un des « meneurs déplorables » de la Commune, se fait tuer sur une des dernières barricades ; massacre des dominicains d'Arcueil ; le gouvernement belge refuse l'asile aux communards ; VH écrit une lettre de protestation qui paraîtra le surlendemain : voir ici p. 258.

(26) Les Versaillais envahissent les quartiers ouvriers du nord-est de Paris et multiplient les exécutions massives ; cinquante-deux otages sont fusillés par des communards.

(27) Massacres au cimetière du Père-Lachaise (« mur des fédérés ») ; à Bruxelles, manifestation violente de quelques jeunes réactionnaires devant le domicile de Hugo.

(29) Capitulation du fort de Vincennes, dernier point de résistance des fédérés ; depuis huit jours (« semaine sanglante ») les Versaillais ont fusillé sans jugement des milliers de Parisiens (officiellement 17 000, entre 20 000 et 35 000 selon l'estimation variable des historiens) et ont fait plus de 40 000 prisonniers.

(30) Expulsion de VH par le roi des Belges.

(31) VH note : « La réaction commet à Paris tous les crimes. Nous sommes en pleine terreur blanche. »

Juin

(1) VH quitte Bruxelles avec les siens pour Luxembourg.

(6) Il constate que le gouvernement belge lui a « obéi » en rouvrant sa frontière aux communards.

(8) Il quitte Luxembourg pour Vianden.

(13) Il reçoit une lettre de Louis Blanc qui désapprouve, ainsi que Schoelcher, son offre d'asile aux communards (dans sa lettre publique du 27 mai), la jugeant « inopportune et dépassant la mesure ».

(14) Il décide d'intituler le recueil qu'il prépare *L'Année terrible*.

(15) Il vient en aide à Marie Mercier, veuve du communard Garreau.

(19) Apprenant que Meurice, arrêté par les Versaillais, a été remis en liberté, il l'invite à Vianden.

(25) « Marie Mercier est venue me raconter en détail ce qu'elle a vu des fusillades et des mitraillades de Paris. »

Juillet   (2) Élections complémentaires à Paris ; VH présenté par les radicaux n'est pas élu.

(4) « Lettre de Mme Colet me racontant les détails affreux de la victoire de l'Assemblée, qu'elle a vue de ses yeux. »

(5) « Je n'ai pas la moindre chance d'être en ce moment nommé à Paris ; le plus que la réaction puisse porter, c'est Gambetta. » Manifeste du duc de Bordeaux : « Henri V ne peut pas abandonner le drapeau blanc d'Henri IV. »

(10) Arrivée de Meurice et de sa femme à Vianden : ils y resteront une dizaine de jours.

Août : le 22, VH et les siens quittent Vianden, séjournent à Diekirch, puis à Altwies ; visite Thionville le 30 (cf. 1814 et 1815).

Septembre : le 23, ayant appris la condamnation de Rochefort à la déportation, VH quitte Altwies ; le 25 il arrive avec les siens à Paris.

Octobre : le 1er, VH obtient de Thiers, président de la République, l'assurance que Rochefort sera interné en France ; le 5, il écrit à Louise Michel « en prison à Versailles et en danger de condamnation à mort » ; le 9, s'installe rue de La Rochefoucauld ; le 31, publie une lettre aux rédacteurs du *Rappel*, autorisé à reparaître : voir ici p. 260.

Novembre : VH revoit Thiers pour lui parler d'une amnistie générale ; intervient en faveur de Maroteau, journaliste de la Commune condamné à mort. *Le Rappel* est à nouveau interdit trois semaines après sa reparution.

Décembre : Louise Michel condamnée à la déportation. VH accepte d'être candidat à une élection partielle.

1872. Janvier : déclaration de VH « au peuple de Paris » après son échec électoral : voir ici p. 266.

Février : sa fille Adèle, ramenée de La Barbade, est internée à Saint-Mandé, où elle mourra en 1915. Reparution du *Rappel*.

Mars : le 16, publication d'*Actes et paroles, 1870-1871-1872*.

Avril : le 20, publication de *L'Année terrible*.

Août : VH quitte Paris avec les siens pour Guernesey.

Octobre : François-Victor, Alice et ses enfants retournent à Paris ; VH reste seul à Hauteville-House avec Julie Chenay (et au voisinage de Juliette).

Novembre : déclaration de Thiers : « La République sera conservatrice ou ne sera pas. »

Décembre : VH commence à écrire *Quatrevingt-treize*.

1873. Avril : début d'une liaison de plusieurs années de VH avec Blanche, la femme de chambre de Juliette.

Mai : Mac-Mahon succède à Thiers comme président de la République.

Juin : VH termine *Quatrevingt-treize*.

Juillet : retour en France, installation à Auteuil.

Août : déportation de Rochefort et de Louise Michel en Nouvelle-Calédonie.

Octobre : installation de VH rue Pigalle.

Décembre : mort de François-Victor.

1874. Février : *Quatrevingt-treize*.

Mars : évasion de Rochefort qui parviendra à Londres.

Avril : installation de VH rue de Clichy.

Octobre : *Mes fils*.

1875. Février : institution du Sénat.

Avril : VH va à Guernesey pour en rapporter tous ses manuscrits.

Mai : *Actes et paroles, I, Avant l'exil*.

Novembre : *Actes et paroles, II, Pendant l'exil*.

1876. Janvier : VH élu de justesse sénateur de la Seine.

Mars : soutient sans succès au Sénat un projet de loi d'amnistie.

Juillet : *Actes et paroles, III, Depuis l'exil*.

Août : nommé président de l'Union républicaine au Sénat (extrême gauche).

1877. Février : « Nouvelle série » de *La Légende des siècles*.

Avril : mariage d'Alice, veuve de Charles, avec Édouard Lockroy. Mac-Mahon oblige Jules Simon à démissionner et le remplace par le duc de Broglie.

Mai : *L'Art d'être grand-père*.

Juin : soutenant la tentative de coup d'État de Mac-Mahon, la majorité du Sénat vote la dissolution de la Chambre des députés.

Octobre : contre Mac-Mahon, VH publie la première partie de l'*Histoire d'un crime* (cf. décembre 1851). Élections législatives qui maintiennent une majorité républicaine à la Chambre.

Novembre : démission du ministère de Broglie. Mac-Mahon se soumet : ministère Dufaure.

1878. Mars : deuxième partie de l'*Histoire d'un crime*.

Avril : *Le Pape*.

Juin : congestion cérébrale de VH ; tout en publiant encore beaucoup, il n'écrira presque plus.

Juillet-octobre : séjour à Guernesey avec les siens.

Novembre : installation dans son dernier domicile, avenue d'Eylau.

1879. Janvier : démission de Mac-Mahon.

Février : Jules Grévy président de la République. Discours de VH au Sénat pour une amnistie générale. *La Pitié suprême* (poème écrit en 1857).

1880. Avril : *Religions et Religion* (extraits du poème *Dieu* datant de 1856-1858).
Juillet : vote de l'amnistie plénière.
Octobre : *L'Âne* (poème écrit en 1856-1858).
Novembre : « Édition définitive » de *L'Année terrible*. Retour à Paris de Louise Michel.

1881. Février : hommage officiel et populaire de Paris à VH qui entre dans sa quatre-vingtième année.
Mai : *Les Quatre Vents de l'esprit* (cf. mai 1870).
Juillet : l'avenue d'Eylau devient l'avenue Victor-Hugo.

1882. Janvier : réélection triomphale au Sénat.

1883. Mai : mort de Juliette Drouet.

1885. Mai : le 22, mort de Victor Hugo ; le 31 mai et le 1er juin, fête populaire dans Paris autour de ses funérailles officielles.

DATATION DES POÈMES
DE *L'ANNÉE TERRIBLE*

Le nom du mois est en italique lorsqu'il correspond à la chronologie des poèmes dans le recueil ; le point d'interrogation signifie seulement que le manuscrit ne comporte aucune date.

PROLOGUE		1857-58 (revu en mai 70)

1870

AOÛT	SEDAN	5 juillet 71
SEPTEMBRE	I	2 janvier 72
	II	?
	III	?
	IV	novembre 70
	V	? (daté « 30 septembre 1870 » dans le recueil)
OCTOBRE	I	*octobre* 70
	II	?
	III	?
NOVEMBRE	I	?
	II	?
	III	?
	IV	janvier 71
	V	?
	VI	?
	VII	16 *novembre* 70
	VIII	17 *novembre* 70
	IX	27 juillet 71
	X	?
DÉCEMBRE	I	?
	II	?
	III	?

	IV	?
	V	?
	VI	26 novembre 70
	VII	?
	VIII	?
	IX	8 janvier 71

1871

JANVIER	I	1er *janvier* 71
	II	10 *janvier* 71
	III	?
	IV	*janvier* 71
	V	novembre 70
	VI	*janvier* 71
	VII	*janvier* 71
	VIII	?
	IX	15 *janvier* 71
	X	18 *janvier* 71
	XI	?
	XII	?
	XIII	? (daté « 27 janvier » dans le recueil)
FÉVRIER	I	? (daté « 14 février » dans le recueil)
	II	1850
	III	janvier 71
	IV	? (publié le 22 mai 71)
	V	1857-58 (revu en 70-71)
MARS	I	?
	II	8 *mars* 71
	III	3 juin 71
	IV	18 *mars* 71 (id. dans le recueil)
	V	*mars* 71
AVRIL	I	1855
	II	29 *avril* 71
	III	?
	IV	15 *avril* 71
	V	? (publié le 21 *avril* 71)
	VI	mai 71
	VII	?
	VIII	?
	IX	?
MAI	I	*mai* 71
	II	?
	III	28 juin 71
	IV	30 *mai* 71
	V	29 *mai* 71 (id. dans le recueil)
	VI	10 juin 71

JUIN		
	I	8 *juin* 71
	II	11 août 71
	III	3 juillet 71
	IV	31 mai 71
	V	1ᵉʳ *juin* 71
	VI	*juin* 71
	VII	6 décembre 71
	VIII	25 *juin* 71
	IX	6 *juin* 71
	X	?
	XI	27 *juin* 71
	XII	20 *juin* 71
	XIII	*juin* 71
	XIV	8 *juin* 71
	XV	*juin* 71
	XVI	26 *juin* 71
	XVII	*juin* 71
	XVIII	12 août 71
JUILLET	I	10 août 71
	II	13 août 71
	III	5 mai 71
	IV	8 *juillet* 71
	V	30 juin 71
	VI	23 juin 71
	VII	11 novembre 71
	VIII	*juillet* 71
	IX	27 septembre 71
	X	15 juin 71
	XI	22 août 71
	XII	19 août 71
ÉPILOGUE		28 décembre 1853

NOTICE

Participant à la vie des Parisiens assiégés par l'envahisseur allemand, Hugo devait se sentir mobilisé comme poète, à défaut de pouvoir l'être comme garde national. Peut-être dès novembre 1870, certainement dans le courant de janvier 1871, il accumule des poèmes en vue d'un recueil-témoignage. Le 12 février, il emporte à Bordeaux « divers manuscrits importants et œuvres commencées, entre autres *Paris assiégé* et le poème du *Grand-Père*, plus le premier fascicule quotidien : *Ma présence à Paris* ». On voit donc : 1°) que le recueil qui deviendra *L'Année terrible* a déjà pris forme à cette date (combien de pièces en sont écrites ? une trentaine peut-être, c'est-à-dire un tiers environ) ; 2°) que tout ce qui le met en scène par rapport à ses petits-enfants semble alors réservé à ce qui sera en 1877 *L'Art d'être grand-père*, et qu'il ne paraît pas encore prévoir d'associer Jeanne (et Georges) à son *Paris assiégé* ; 3°) qu'il songe à doubler ce recueil d'un témoignage en prose, journal et documents, comme bien d'autres écrivains en publieront dans les mois à venir.

Son action politique à Bordeaux, puis la mort de Charles l'absorbent tout entier jusqu'à la fin de mars 1871. Mais le surgissement, les péripéties, le dénouement de la Commune, qui se répercutent dans les textes qu'il publie à Bruxelles et dans les incidents qui s'ensuivent, puis son exil à Vianden, provoquent une nouvelle vague de poèmes, bien plus abondante que celle de l'hiver précédent. Le projet formé pendant le siège n'en est que renforcé — Paris étant plus que jamais le centre, le personnage mythique, le thème légendaire, dans l'actualité même de l'histoire, de son écriture poétique à cette époque. Déjà le 18 avril, il parle à Paul Meurice d'un *demi-volume*, « que je publierai bientôt sous ce titre : *Paris combattant* (question : aimeriez-vous mieux *Paris héroïque* ?): Les deux guerres, ajoute-t-il, seront dans ce livre, la guerre étrangère où j'ai été présent, la guerre civile dont j'ai été [curieux, à ce moment, ce passé !] absent. Le livre sera comme un compartiment actuel de *La Légende des siècles* ». Pourquoi « un demi-volume » ? parce qu'il n'a pas encore assez de pièces pour constituer un volume entier ? certainement ; mais aussi parce qu'il pense publier parallèlement le compte rendu de ses « actes et paroles » durant les deux guerres : trois mois plus tard (le 17 juillet), il précise que cet ouvrage fera lui aussi un « demi-volume », complémentaire de l'autre exactement. Si le rapport entre les deux fait penser au rapport entre *Napoléon-le-Petit* et *Châtiments*, il est donc bien plus étroit encore ; il y a eu simultanéité de conception, et non pas succession.

Au milieu de mai, les titres qu'il envisage pour le recueil poétique font apparaître une oscillation qui est au fond de sa pensée : d'un côté il tend à glorifier — ce serait *Paris combattant* ou *L'Épopée de Paris* —, de l'autre à plaindre — ce serait *Le Drame de Paris* ou *Paris martyr*. Enfin, onze mois après le début de la première guerre, quinze jours après la fin de la seconde, il trouve le titre qui donnera fortement le ton, et se gravera dans les esprits. « J'ai beaucoup travaillé, écrit-il à Meurice le 19 juin. Tout s'est sinistrement agrandi. Je crois que cela fera bien un volume. *Paris combattant* ne suffit plus ; le livre s'appellera *L'Année terrible*. » Il en trace l'organisation selon une belle courbe qui lui est familière, et qui le rassure : « Il commencera par *Turba* et finira, après avoir traversé la chute de l'empire et l'épopée des deux sièges, par la catastrophe actuelle, d'où je ferai sortir une prophétie de lumière. » Un mois plus tard, il dispose de plus de pièces qu'il n'en peut mettre dans ce recueil, dont les quelque six mille vers feront un volume à peu près égal à celui des *Châtiments*. Il écrira cependant encore une dizaine de poèmes, reportés parfois — pour équilibrer l'ensemble — aux débuts de cette « épopée » en douze mois, en douze chants comme l'*Énéide*...

De la mi-juillet à la fin de septembre, il se consacre en priorité au volume de prose — car là aussi il lui faudra maintenant un volume — toujours indissociable du volume de poésie. Il note le 17 juillet : « L'autre publication, qui contiendra les documents [...] sera intitulée *Actes et paroles en 1870 et 1871*. » Il commence à en envoyer la copie à Meurice dès le mois d'août et il en corrige les placards en septembre. C'est probablement l'interdiction du *Rappel* le 24 novembre qui retarda la publication de l'ouvrage (dont ce journal devait bénéficier, l'offrant en prime à ses abonnés) et par conséquent celle de *L'Année terrible*. De fait le livre intitulé finalement *Actes et paroles, 1870-1871-1872* parut juste quinze jours après la renaissance du *Rappel*, c'est-à-dire le 16 mars 1872, et l'impression de *L'Année terrible* fut alors précipitée : le 20 avril, le recueil était mis en vente.

Cette première édition — in-8°, 427 p., Michel Lévy frères — a été l'objet d'une censure si partielle qu'elle en paraît maintenant d'autant plus ridicule ; mis à part un poème entier, *Talion* (*Avril*, VI), elle n'a touché qu'à quelques vers : supprimant cinq vers à *Juin*, I, un hémistiche à *Juin*, XII, et mettant des astérisques à la place de six noms propres dans *Mai*, VI (voir les notes à ces poèmes). Mais Hugo tint à le dire, dans un avertissement qu'il n'y a plus lieu de reproduire en tête du recueil. Le voici :

L'État de siège fait partie de L'Année terrible *et il règne encore. C'est ce qui fait qu'on rencontrera dans ce volume quelques lignes de points. Cela marquera pour l'avenir la date de la publication.*

Par le même motif, plusieurs des pièces qui composent ce livre, appartenant notamment aux sections avril, mai, juin et juillet, ont dû être ajournées. Elles paraîtront plus tard.

Le moment où nous sommes passera. Nous avons la république, nous aurons la liberté.

À quelles pièces, hormis *Talion*, l'auteur faisait-il allusion au deuxième alinéa de cet avertissement ? Il ne nous reste aucune indication formelle à ce sujet. Un dossier, qui contient en son état actuel une douzaine de poèmes et quelques fragments, porte la mention « choses ajournées » — mais aussi cette double destination : « *L'Année terrible* », « ou pour la *Suite des Châtiments* ». Un autre, sous la rubrique « pour *L'Année terrible* », rassemble six ébauches et un court poème à Garibaldi. Ce que l'on peut observer au total, c'est qu'entre la fin de 1870 et le début de 1872, Hugo a écrit une cinquantaine de poèmes en plus de ceux de ce recueil, et qu'une vingtaine d'entre eux ai moins aurait pu y prendre place.

Avant d'aborder de plus près cette question, voyons quelles furent les autres éditions originales de *L'Année terrible* — expression paradoxale mais justifiée—. En juin 1872, Michel Lévy publia le recueil en un volume in-18, à moindre prix que l'in-8° « princeps » (3 francs 50 au lieu de 7 francs 50). —En juillet 1873, le même éditeur mit en vente une première édition illustrée : sur dix-huit gravures, d'après des dessins de Léopold Flameng, quatre furent censurées. — À partir d'avril 1874, toujours chez M. Lévy, nouvelle publication populaire (illustrée par Flameng et Vierge) en 35 livraisons, à raison de deux par semaine ; — censurée à nouveau pour plaire vers sur Mac-Mahon, alors président de la République (*Mai*, I), cette édition eut un succès considérable : en deux semaines, la vente passa de 30 000 exemplaires à 80 000. — En 1879, dans la collection de l'éditeur Hugues, *L'Année terrible* fut le premier volume de poésie — illustré de soixante-sept gravures, d'après des dessins de Hugo lui-même pour cinq d'entre elles : les cinq passages censurés dans l'édition « princeps » furent rétablis là pour la première fois, mais non le poème *Talion* ; néanmoins, Hugo ajouta cette phrase après l'avertissement de 1872 : « Le moment prévu par l'auteur est arrivé. Tous les vers ajournés ont été, pour la première fois, rétablis dans la présente édition. » En fait, ce n'est que l'année suivante, après l'amnistie plénière des Communards, que *L'Année terrible* parut intégralement, dans l'« édition définitive » de ses œuvres « complètes » chez Hetzel-Quantin.

C'est donc cette édition de 1880 qui est ici reproduite, comme elle l'a toujours été depuis lors (à quelques détails près).

On trouvera des renseignements historiques, des notes et des variantes dans :

— 1°) le tome VIII de la *Poésie* de Hugo, édition dite « de l'Imprimerie Nationale » (Ollendorf-Albin Michel), qui réunit *L'Art d'être grand-père* et *L'Année terrible* et parut — curieux hasard — en avril 1914 ! (Précisons que cette édition est depuis longtemps épuisée.)

— 2°) le tome III des *Œuvres poétiques* de Hugo dans la « Bibliothèque de la Pléiade » (Gallimard, 1974) où l'on trouvera, outre les deux recueils donnés au tome VIII de l'Imprimerie Nationale, *Les Chansons des rues et des bois* ; cette édition critique, établie, présentée et annotée par Pierre Albouy, est un instrument de travail indispensable.

Sous la rubrique générale *Alentours et suite de « L'Année terrible »*, Pierre Albouy a reproduit (et complété), en faisant toutes réserves sur sa composition, ce que les responsables de l'édition de l'Imprimerie Nationale avaient constitué comme « reliquat » de ce recueil : ils désignaient ainsi les groupements de pièces et de fragments, non publiés par Hugo, qu'ils joignaient à chacune de ces œuvres, choisissant parmi ce qui leur semblait faire partie de son chantier ou de ses prolongements. À ce « reliquat », P. Albouy a ajouté principalement les vingt-sept poèmes que Paul Meurice a finalement réunis en 1897 sous le titre (emprunté au dernier vers des *Feuilles d'automne*) *La Corde d'airain*, ensemble sur lequel s'achève *Toute la lyre*, recueil également conçu par Meurice (première édition en 1888). Cet ensemble comprend les trois poèmes publiés séparément par Hugo en 1872 et 1873 : *À la France de 1872*, *Alsace et Lorraine* —

qu'il avait envisagé de joindre à *L'Année terrible*, mais il ne le fit pas —, et *La Libération du territoire* — qui fut joint à *L'Année terrible* en 1873 et 1879, mais non en 1880.

Le dossier constitué par P. Albouy permet notamment de constater que Hugo a écarté de son recueil de 1872 plusieurs poèmes qui auraient pu y trouver place mais y auraient fait double emploi. Il n'est certes pas sans intérêt de pouvoir s'interroger sur les raisons de ses choix. Mais ce dossier déjà volumineux (équivalant à la moitié du recueil) devrait logiquement contenir *tous* les poèmes de 1870-1871 qui ont trait à la guerre franco-allemande, à la Commune, à leurs répercussions dans la vie et la pensée de Hugo : il faudrait alors ajouter à ce qu'a publié P. Albouy au moins une vingtaine de poèmes, non pas inédits, mais éparpillés dans différents recueils (*Les Quatre Vents de l'esprit, Dernière Gerbe, Toute la lyre, La Légende des siècles*...).

Sauf une exception en faveur d'un poème peu connu et pourtant... majeur (*Viro major*, qui n'est pas dans l'édition de la Pléiade et qu'on trouvera ici p. 293), j'ai adopté un tout autre parti : puisque Hugo a lui-même conçu et publié comme complément de *L'Année terrible* le volume *Actes et paroles, 1870-1871-1872*, à défaut de pouvoir le reproduire intégralement, j'en donne de larges extraits. Ils font apparaître plus précisément ce qu'ont été la pensée et l'activité politiques de Hugo durant cette période ; ils donnent à voir comment s'entremêlent alors sa poésie et sa prose, et permettent de mieux évaluer la singularité de celle-là en observant ce que celle-ci a de plus décidé, de plus assuré, de plus péremptoire dans l'idée et le ton.

J'aurais souhaité pouvoir joindre à ces documents une prose différente encore, celle des carnets de cette période — tels qu'ils ont été publiés au tome XVI de l'édition chronologique du Club français du livre, en 1970 ; du moins en trouvera-t-on de brefs extraits dans la chronologie, qui a été composée de manière à tenir lieu en partie d'annotation au recueil. D'abondants extraits de ces carnets ont été reproduits et annotés par Hubert Juin, sous le titre traditionnel de *Choses vues* (tome IV, collection Folio, Gallimard, 1972).

On pourra lire aussi :
1° pour une vue d'ensemble, précise et chaleureuse, sur la vie et le personnage de Hugo : le *Hugo* de Henri Guillemin dans la collection « Écrivains de toujours » (Le Seuil, 1951, rééd. 1981) ; du même auteur une préface à *L'Année terrible* (Seghers, 1971) ;
2° l'annotation de *L'Année terrible* par Jean Massin et sa présentation par Bernard Leuilliot dans l'édition du Club français du livre, tome XV, 1970 ; de Bernard Leuilliot également, l'introduction à *L'Année terrible* dans *Poésie*, tome II, « L'Intégrale », Le Seuil, 1972 ;
3° l'anthologie composée et commentée par Aragon : *Avez-vous lu Victor Hugo ?* où *L'Année terrible* est particulièrement à l'honneur (Éditeurs français réunis, 1952) ; observons à ce propos que *L'Année terrible* est peu présente dans les anthologies scolaires : telle d'entre elles — *Derniers recueils*, Hachette, 1950 — n'en cite même rien ;
4°) deux études de Pierre Albouy, recueillies dans le volume *Mythographies* (Corti, 1976) : « Victor Hugo et la Commune » et « Le mythe de Paris et la Commune » ;
5°) les articles de Guy Rosa concernant *Quatrevingt-treize* et ses rapports avec l'« année terrible », en particulier « Massacrer les massacres » (*Victor Hugo*, n°57 de *L'Arc*, 1974) ; et plus directement sur ce recueil, le texte d'une intervention

au colloque « Prophétisme et romantisme » (Varsovie, 1982) qu'on trouvera dans les *Cahiers de Varsovie* sous le titre : « Le prophète des *Châtiments* martyr de *L'Année terrible* » ;

6°) et en vue d'élargir les perspectives le tome IX de l'*Histoire littéraire de la France, 1848-1873* (Éditions sociales, 1977) à son dernier chapitre et à la bibliographie qui s'y rapporte.

VIRO MAJOR[1]

Ayant vu le massacre immense, le combat,
Le peuple sur sa croix, Paris sur son grabat,
La pitié formidable était dans tes paroles ;
Tu faisais ce que font les grandes âmes folles,
Et lasse de lutter, de rêver, de souffrir,
Tu disais : J'ai tué ! car tu voulais mourir.

Tu mentais contre toi, terrible et surhumaine.
Judith la sombre juive, Arria la romaine,
Eussent battu des mains pendant que tu parlais.
Tu disais aux greniers : J'ai brûlé les palais !
Tu glorifiais ceux qu'on écrase et qu'on foule ;
Tu criais : J'ai tué, qu'on me tue ! Et la foule
Écoutait cette femme altière s'accuser.
Tu semblais envoyer au sépulcre un baiser ;
Ton œil fixe pesait sur les juges livides,
Et tu songeais, pareille aux graves Euménides.
La pâle mort était debout derrière toi.

Toute la vaste salle était pleine d'effroi,
Car le peuple saignant hait la guerre civile.
Dehors on entendait la rumeur de la ville.

Cette femme écoutait la vie aux bruits confus,
D'en haut, dans l'attitude austère du refus.
Elle n'avait pas l'air de comprendre autre chose
Qu'un pilori dressé pour une apothéose,
Et trouvant l'affront noble et le supplice beau,
Sinistre, elle hâtait le pas vers le tombeau.
Les juges murmuraient : Qu'elle meure. C'est juste.
Elle est infâme. — À moins qu'elle ne soit auguste,
Disait leur conscience ; et les juges pensifs,
Devant oui, devant non, comme entre deux récifs,
Hésitaient, regardant la sévère coupable.

Et ceux qui comme moi te savent incapable
De tout ce qui n'est pas héroïsme et vertu,
Qui savent que si Dieu te disait : D'où viens-tu ?
Tu répondrais : Je viens de la nuit où l'on souffre ;
Dieu, je sors du devoir dont vous faites un gouffre !
Ceux qui savent tes vers mystérieux et doux,
Tes jours, tes nuits, tes soins, tes pleurs, donnés à tous,
Ton oubli de toi-même à secourir les autres,
Ta parole semblable aux flammes des apôtres ;
Ceux qui savent le toit sans feu, sans air, sans pain,
Le lit de sangle avec la table de sapin,
Ta bonté, ta fierté de femme populaire,
L'âpre attendrissement qui dort sous ta colère,
Ton long regard de haine à tous les inhumains,
Et les pieds des enfants réchauffés dans tes mains ;
Ceux-là, femme, devant ta majesté farouche,
Méditaient, et, malgré l'amer pli de ta bouche,
Malgré le maudisseur qui, s'acharnant sur toi,
Te jetait tous les cris indignés de la loi,
Malgré ta voix fatale et haute qui t'accuse,
Voyaient resplendir l'ange à travers la méduse.

Tu fus belle et semblas étrange en ces débats ;
Car, chétifs comme sont les vivants d'ici-bas,
Rien ne les trouble plus que deux âmes mêlées,
Que le divin chaos des choses étoilées
Aperçu tout au fond d'un grand cœur inclément,
Et qu'un rayonnement vu dans un flamboiement.

Décembre 1871.

NOTES

L'Année terrible

PROLOGUE

LES 7 500 000 OUI

Page 25.

1. Publié dans le journal *Le Rappel* le 6 juin 1870 sous le titre *Turba* (la foule, la populace) comme réflexion sur le plébiscite du 8 mai, ce poème est en fait un extrait d'un ensemble six fois plus long, écrit pendant l'hiver 1857-1858, et portant le titre *Le Verso de la page*. Il s'agissait de cette page historique de l'an I dont un autre poème de la même époque, *La Révolution*, devenu le « livre épique » des *Quatre Vents de l'esprit*, avait montré le recto : la décapitation de Louis XVI comme aboutissement de toutes les violences de la monarchie. Mais *Le Verso de la page* doublait d'une certaine manière un troisième poème écrit lui aussi vers ce milieu d'exil, *La Pitié suprême*, refus plus catégorique de la perpétuation des violences sociales (publié en 1879). Sans doute est-ce pour cette raison que Hugo a procédé peu à peu à son démembrement, utilisant en particulier sa fin comme épisode de *La Révolution*, et introduisant en 1871 au centre de *L'Année terrible* (*Février*, V) un long passage consécutif à celui dont il a fait ce *Prologue*. Dans sa forme complète et originaire, tel que Pierre Albouy l'a magistralement reconstitué, *Le Verso de la page* peut se lire au tome X de l'édition Massin (Club français du livre, 1969).

Page 26.

2. Ces quatre vers sur *Garibaldi* et son expédition de Sicile (les « monts de Théocrite ») sont une addition de 1870. — Dans les vers précédents : Caïus *Gracchus*, puissant orateur (« aux rostres foudroyants »), tribun de la plèbe, poursuivit au IIᵉ siècle av. J.-C. la politique de progrès social de son frère Tibérius ; *Cynégire*, frère d'Eschyle, tenta à la bataille de Marathon (Vᵉ siècle

av. J.-C.) de retenir une galère perse avec ses mains d'abord, et, celles-ci tranchées, avec ses dents ; *Schwitz* est l'un des trois cantons qui fondèrent la Confédération helvétique et celui dont elle prit le nom ; *Winkelried* défendit l'indépendance de cette Confédération contre les Autrichiens, au XIVᵉ siècle ; *Pélage*, roi des Wisigoths dans les Asturies, repoussa les Arabes au VIIIᵉ siècle ; *Manin* dirigea en 1848 l'insurrection de Venise, la rétablit comme république et soutint en 1849 un siège de cinq mois contre l'armée autrichienne ; le Français *Lautrec* gouverna le Milanais au XVIᵉ siècle comme l'Anglais *Talbot* la Normandie au XVᵉ. Ce pêle-mêle de hauts faits, depuis la Grèce antique jusqu'à l'Europe moderne, illustre de façon de plus en plus exemplaire la volonté de liberté collective, que soutient le plus souvent l'action d'un seul homme.

Page 27.

3. Les seize vers qui suivent sont une addition de 1870 (jusqu'à « amnistier le char »). — Dans les vers précédents : la « foule » à Rome, c'est le mendiant (*lazzarone*) ou l'habitant des faubourgs (*transteverin*) quand ils vénèrent un pape aussi réactionnaire que *Sixte-Quint*, artisan de la Contre-Réforme à la fin du XVIᵉ siècle ; à Paris, ce sont les catholiques massacrant au moment de la Saint-Barthélemy l'amiral de *Coligny* et l'humaniste *Ramus* ; « nous autres », à l'inverse, ce sont les républicains qui peuvent s'opposer à la tyrannie d'une assemblée populaire comme Danton, au despotisme d'une monarchie comme le député *Hampden*, qui lutta contre l'arbitraire de Charles Iᵉʳ et fut tué au combat en 1643.

Page 31.

4. Cet épilogue de seize vers est une addition de 1870. — Le lecteur aura mesuré lui-même à quel degré variable d'oubli sont tombées les gloires évoquées au cours des trois pages précédentes. Plusieurs noms reparaîtront dans la suite du recueil, et l'on retrouvera en particulier *Barra* (note p. 191), *Kosciusko* (note p. 73) et *Galgacus* (note p. 44). Dans l'ensemble, les références de Hugo étaient connues des lecteurs cultivés de son temps : empruntant aux exemples les plus scolaires de la vertu antique (notamment des suicides héroïques), mentionnant tour à tour le républicain *Brutus*, meurtrier de César, qui se tua lorsqu'il fut vaincu par Octave et Antoine ; le législateur de Sparte, *Lycurgue* ; le *Caton* qui résista à la tyrannie de César et donna dans sa défaite un modèle d'inflexibilité en choisissant de mourir (Hugo transpose à son sujet un vers célèbre de Lucain : « les dieux furent pour le parti vainqueur, Caton pour le vaincu », ce qui prend valeur prophétique en ce qui le concerne lui-même : sauf le suicide, il sera le Caton des Français et des Parisiens dans l'année terrible) ; le loyal *Régulus*, prisonnier sur parole et exécuté par les Carthaginois ; le généreux *Curtius*, qui se jeta dans un gouffre brusquement ouvert sur le forum afin que celui-ci se refermât ; *Thraséas*, stoïcien qui s'ouvrit les veines sur ordre de Néron, s'étant permis de le critiquer ; les deux épouses fidèles jusqu'à suivre leurs maris dans la mort, *Arria* et *Porcia* ; et, entremêlant à ceux-là des modèles plus proches, quelques victimes de leur modération révolutionnaire — *Condorcet*, *Chamfort*, *Adam Lux* le Mayençais qui souhaita (pour protester) partager le sort de Charlotte Corday et fut guillotiné peu après —, quelques libéraux européens, tel le général *Riego*, pendu à

Madrid en 1823 grâce à l'appui apporté par la France au roi Ferdinand VII.
Pareillement, « ce qui trouble et nuit » se trouve représenté par l'empoisonneuse
Locuste, le ministre *Pallas*, que les lecteurs de Tacite et du *Britannicus* de
Racine identifiaient sans peine ; par le jésuite espagnol *Sanchez*, casuiste atta-
qué par Pascal dans *Les Provinciales* ; et par le fameux *Carrier* qui sévit à Nan-
tes au début de la Terreur.

« J'ENTREPRENDS DE CONTER... »

Page 33.

1. Détachés du poème suivant (*Sedan*), ces vers constituent, à la suite du
Prologue, un préambule sans titre que l'itinéraire du recueil ne cesse de croiser :
poursuite d'une écriture angoissée, mais nécessaire.

AOÛT 1870

SEDAN

Page 35.

1. Un poème des *Châtiments* (I, 2) destinait Napoléon III au bagne de Tou-
lon : ce nom de ville lui donnait son titre. Les débuts désastreux d'une guerre
que l'impératrice et son entourage ont en vérité beaucoup plus désirée que
l'empereur lui-même ont eu pour aboutissement (ce qui justifie la rubrique
« *Août 1870* ») la reddition de Sedan, et l'écroulement de l'Empire, cet événe-
ment tant espéré qui tragiquement est une nouvelle catastrophe : le début de
« l'Année terrible », véritablement.

Dans la première partie de ce poème, *Galifet* (toujours amputé par Hugo : il
faut écrire Galliffet) surgit presque tout de suite à la rime ; on le retrouvera ;
mais qu'il ait pu grâce à ses états de service en Crimée et au Mexique *apparte-
nir* à Napoléon III, cela jette un jour sinistre sur son rôle prochain au prin-
temps 1871. Le coup d'État (dont un des hauts lieux fut sur les grands boule-
vards le café *Tortoni*) a la vie dure : témoin *Rouher*, ministre de la Justice
quand il se fit, président du Sénat quand il se farde. Aux hommes de décembre
1851, *Morny, Magnan, Saint-Arnaud*, saisis par la mort, succèdent dignement
ceux d'août 1870 : *Devienne*, président de la Cour de cassation ; *Magne*, minis-
tre des Finances ; *Lebœuf*, ministre de la Guerre ; *Pietri* (Joseph), préfet de
police ; *Frossard*, général dont le nom se lie à la défaite de Forbach et à la
capitulation de Metz. — Par ailleurs, on reconnaîtra en *Galantuomo* le roi
« gentilhomme », Victor-Emmanuel II, en *Joseph* l'empereur d'Autriche, et en
Wilhelm Guillaume Ier, qui n'était encore que roi de Prusse en août 1870, mais
était empereur d'Allemagne quand ce poème fut écrit, ou achevé, au début de
juillet 1871.

SEPTEMBRE 1870

I. CHOIX ENTRE LES DEUX NATIONS

Page 43.

1. *Luther* résista au pape (*Pierre*) comme le chef germain *Hermann* (en latin
Arminius) avait résisté à l'empereur de Rome au début du Ier siècle.

Page 44.

2. *Galgacus*, chef des Calédoniens (anciens Écossais), s'opposa à l'impéria-
lisme romain, comme le Romain Horatius *Coclès* s'était opposé à l'impérialisme
étrusque.

II. À PRINCE PRINCE ET DEMI

Page 45.

1. Désigner Napoléon III comme *Batave* est faire allusion à la fois au règne
de son père sur la Hollande, à sa possible bâtardise, et par suite à une certaine
parenté entre lui et le roi Guillaume, les Germains des bords de la Baltique
(*Borusses*, c'est-à-dire Prussiens) valant sans doute ceux de l'embouchure du
Rhin. Et cette parenté, autant que l'idée d'*avatar*, au sens précis de métamor-
phose divine, justifie le mythe d'une lutte du dieu *Vishnou* contre le dieu *Indra*,
quoique ce mythe n'ait aucune réalité dans les textes brahmaniques.

Page 47.

2. Le bandit *Schinderhannes* (Jean l'Écorcheur) fut aussi célèbre dans la Forêt
Noire vers 1800 que *Cartouche* dans la région parisienne au début du XVIIIe
siècle.

III. DIGNES L'UN DE L'AUTRE

Page 48.

1. Ce poème semble n'avoir pu être écrit qu'après la proclamation de Guil-
laume comme empereur d'Allemagne (18 janvier 1871). — Au vers 8, la men-
tion du *ravin d'Ollioules* (gorges près de Toulon) se rapporte au brigand Gas-
pard Bès (ou plutôt de Besse), dont Hugo avait recueilli sur place l'histoire et la
légende en 1839 ; elles lui inspirèrent déjà cette réflexion : « Le temps estompe
les figures violentes et leur donne je ne sais quoi d'héroïque. Beaucoup de
familles princières ont commencé par des Gaspard Bès. » La *maison Bancal*, à
Rodez, est le lieu d'une affaire célèbre : l'assassinat du magistrat Fualdès en
1817. De telles références sont aussi fréquentes dans les *Châtiments* que l'oppo-
sition du vrai soldat — tel ici le stratège du XVIIIe siècle *Folard* — et du bandit
— tel ici Jean Chevalier, dit *Poulailler*, pendu en 1785.

OCTOBRE 1870

I. « J'ÉTAIS LE VIEUX RÔDEUR... »

Page 52.

1. Ce livre est celui des *Châtiments* (voir chronologie novembre 1853 et 20 octobre 1870, et *Actes et paroles*, p. 239-240). Comme Ézéchiel et comme l'auteur de l'Apocalypse, Paris doit manger le livre de la violence divine.

II. « ET VOILÀ DONC LES JOURS TRAGIQUES... »

Page 53.

1. Ce poème, comme le suivant, évoque la tragédie d'Eschyle *Les Sept contre Thèbes* : elle a pour sujet la guerre fratricide des deux fils d'Œdipe, Étéocle étant assiégé dans Thèbes par Polynice et les six chefs argiens dont il fait ses alliés ; le frère ennemi, Polynice, est semblable au père dévorateur, Ugolin, le « *baron pisan* » que Dante a mis au fond de son enfer.

III. « SEPT. LE CHIFFRE DU MAL... »

Page 56.

1. À cette, ou plutôt ces portes de Troie, l'*Iliade* ne dit pas qu'il y ait eu un phare, mais elle y fait venir tour à tour Hélène et Andromaque.

NOVEMBRE 1870

II. PARIS DIFFAMÉ À BERLIN

Page 58.

1. Une note du manuscrit indique que ce poème eut pour point de départ un discours prononcé le 24 janvier 1871 à Berlin par le secrétaire de l'Académie des Sciences, Emil Du Bois Reymond. Mais les « noirs sauveurs de l'autel et du trône » ne sont-ils pas prêts à se faire entendre en France ? Transposant une fois de plus un vers célèbre de Virgile (*Géorgiques*, I, 470) où *obscenae canes* signifie « chiennes de mauvais augure », Hugo s'en prend aux « chiens obscènes » qui hurlent en tout pays et en tout temps contre le progrès des hommes.

IV. BANCROFT

Page 61.

1. On publia à Paris vers la fin d'octobre 1870 une lettre admirative pour la

Prusse adressée à Bismarck par l'historien George *Bancroft*, ministre des États-Unis à Berlin.

VII. « JE NE SAIS SI JE VAIS... »

Page 63.

1. Premier poème contre Jules Trochu, général catholique et breton, gouverneur de Paris et président du gouvernement provisoire de la Défense nationale. Hugo lui oppose les élans de *La Marseillaise*, en y mettant la vigueur du héros troyen *Entelle* (Virgile, *Énéide*, V) et du poète protestant *d'Aubigné*.

IX. À L'ÉVÊQUE QUI M'APPELLE ATHÉE

Page 66.

1. Le manuscrit porte la date du « 27 juillet », et d'après le papier Albouy a estimé qu'il faut préciser : 1871. On y lit cette épigraphe : « Dixit impius in corde suo : non est Deus. Atheus Voltaire, atheus Proudhon, atheus Hugo. Roothan. Paroles dites au Concile. (Vérifier si c'est Roothan). » Ce ne pouvait pas être Roothan, général des jésuites mort en 1853. — Quant aux ecclésiastiques nommés au fil du poème, ils se sont illustrés soit au XVIIe siècle (ainsi le père *Garasse*, violent pamphlétaire contre les incroyants), soit au XVIIIe (le bon abbé *Pluche*, le compilant abbé *Trublet*, le bénédictin *Calmet*, le jésuite *Nonnotte*) : en matière de satire, sinon de religion, Hugo recueille l'héritage de Voltaire.

DÉCEMBRE 1870

II. « VISION SOMBRE ! ... »

Page 72.

1. Les *Vendes* ne sont pas très opportunément désignés ici, puisque cette population slave, installée en Lusace, fut au cours des siècles victime de la colonisation germanique. On ne voit pas d'ailleurs que les Germains et les Gaulois se soient aussi fraternellement entraidés contre l'impérialisme romain. Ce mythe d'une fraternité antique peut seul associer les cultes celtiques de *Teutatès* aux cultes germains d'*Irmensul*, et le Hermann du Ier siècle au Gaulois *Brennus* qui entra dans Rome en 390 av. J.-C. Mais, si la portée de ce mythe est politique (avec quelque courage), sa force lui vient aussi d'une fantasmatique de l'origine dont on devine ce qu'elle a de personnel : rêve du « couple heureux » de Caïn et d'Abel, jonction du côté de Cologne et du côté de Nantes pour un sang « breton et lorrain à la fois ».

III. LE MESSAGE DE GRANT

Page 73.

1. Le général Grant, président des États-Unis de 1869 à 1877, avait envoyé au début de la guerre franco-allemande un message de neutralité bienveillante à Guillaume Ier. Hugo lui oppose l'esprit de progrès du pionnier Arthur *Penn*, de l'inventeur *Fulton*, du physicien et père fondateur *Franklin*, puis exalte l'exemple de l'anti-esclavagiste *John Brown* (voir chronologie, 1859), et dresse enfin contre lui ses plus estimables prédécesseurs : *Washington* (1789-1797), *Adams* (1797-1801), *Jefferson* (1801-1809), *Madison* (1809-1817), *Jackson* (1829-1837), et *Lincoln* (1861-1869). À ce dernier se joignent particulièrement le symbole de *Spartacus*, qui dirigea contre Rome la révolte des esclaves au Ier siècle av. J.-C., et le souvenir de *Kosciusko*, officier polonais qui combattit pour l'indépendance américaine comme *Lafayette* et *Rochambeau*, avant de revenir animer dans son pays le soulèvement de 1794 contre les Prussiens et les Russes.

IV. AU CANON LE V. H.

Page 75.

1. Voir chronologie 22 novembre 1870. On peut se demander si ce *Victor-Hugo*-là fut, selon le vœu de son père, « muet dans la guerre civile » : il put bien rester aux mains des fédérés le 18 mars 1871.

V. PROUESSES BORUSSES

Page 77.

1. Cette allusion aux *cinq milliards* d'indemnité exigés par Bismarck ne peut être antérieure à la conclusion des préliminaires du traité de paix, c'est-à-dire à la fin de février 1871 ; mais l'aspect du manuscrit permet de penser que les douze vers qui vont de « César, droit sur son char... » à « ... on a fait l'abordage » sont une addition postérieure à la première écriture du poème.

IX. À QUI LA VICTOIRE DÉFINITIVE ?

Page 83.

1. Poète légendaire de la Grèce antique comme *Linus*, *Amphion* avait construit les remparts de Thèbes en déplaçant les pierres par le pouvoir de ses chants.

JANVIER 1871

II. LETTRE À UNE FEMME

Page 87.

1. Le général *Schmitz* était le chef d'état-major de Trochu. Le père *Brumoy* est un jésuite qui avait donné en 1730 des traductions ou des résumés du *Théâtre des Grecs*, dans le goût classique.

Page 89.

2. Emprisonné pendant trente-cinq ans à la Bastille et à Vincennes (de 1749 à 1784), *Latude* est resté célèbre au XIXe siècle pour ses évasions successives.

V. SOMMATION

Page 92.

1. Deuxième poème contre Trochu (voir *Novembre*, VII).

IX. DANS LE CIRQUE

Page 98.

1. Ce poème est le seul de *L'Année terrible* antérieur à la Commune qui ait été publié juste après avoir été écrit ; c'était quelques jours avant la proclamation de l'Empire allemand ; Hugo surestimait le pouvoir d'une fable en pensant que ces vers pourraient « être utiles » (note du 17 janvier).

XII. « MAIS, ENCORE UNE FOIS... »

Page 102.

1. Troisième poème pour secouer Trochu : ç'aurait pu être afin qu'il tombât mais, en avril 1872, (quand parut *L'Année terrible*), il ne l'avait déjà que trop fait.

FÉVRIER 1871

II. AUX RÊVEURS DE MONARCHIE

Page 107.

1. Écrit à propos de la loi du 31 mai 1850 qui restreignait considérablement le suffrage « universel », ce poème a pris une actualité nouvelle après les élections

réactionnaires du 8 février 1871. Les additions des vers 1-2 et 33-36 y ont introduit alors avec éclat le mot « république ».

IV. À CEUX QUI REPARLENT DE FRATERNITÉ

Page 110.

1. Ce poème a été publié le 22 mai 1871 dans *Le Rappel*.

V. LOI DE FORMATION DU PROGRÈS

Page 110.

1. Extrait d'un passage du *Verso de la page* qui faisait suite à celui qui constitue le *Prologue* (voir note 1, p. 25). Ajouté dans l'été 1870, le premier vers visait alors la guerre qui venait d'être déclarée ; il vise en avril 1872 celle de la revanche nécessaire.

Page 112.

2. Ce « cavalier sinistre des Açores » serait-il « l'alizé inférieur qui mena Christophe Colomb en Amérique, à la grande terreur de ses compagnons se demandant si ce vent permanent qui les faisait arriver ne les empêcherait pas de revenir » ? (lettre de Hugo à Nadar, janvier 1864).

Page 116.

3. Ces quatre vers où Hugo parle de lui-même, « à voix basse » comme Rousseau, plutôt qu'à « voix haute » comme *Caton*, sont une addition de 1870-1871 ; *Horace* a déjà été évoqué plus haut sous son nom de *Flaccus*, amoureux d'une *Lydé* qu'on ne trouve pas dans ses poèmes — mais *Chloé* y paraît plus d'une fois.

Page 119.

4. *Delhy* · allusion à la révolte des cipayes et à sa répression, à l'époque où ce poème a été écrit. À la suite Hugo a supprimé une quinzaine de vers sur l'esclavage aux États-Unis devenus trop anachroniques, et ajouté deux vers d'actualité : « Fête au nord... »

MARS 1871

II. LA LUTTE

Page 121.

1. Ce poème est adressé allusivement à Garibaldi, avec lequel Hugo se trouve en communauté de lutte mais aussi d'exil — Guernesey correspondant (comme le rappellera explicitement le poème V de *Mars*) à *Caprera*, l'île où s'est plus d'une fois retiré le vieux champion de la liberté de l'Italie. Voir ici *Actes et paroles*, p. 248.

III. LE DEUIL

Page 123.

1. Le *martyr de Sion* (Jérusalem), c'est Jésus-Christ.

AVRIL 1871

I. LES PRÉCURSEURS

Page 127.

1. Ces strophes écrites en 1855 faisaient partie d'un ensemble dont s'est déta-
ché, pour *Les Contemplations*, le poème *Les Mages*. En mai 1870, Hugo a isolé
du restant quatre poèmes, semble-t-il, sans doute en vue du recueil qu'il prépa-
rait alors ; finalement, il en publie un ici, les trois autres ne paraîtront que
posthumes, dans *Toute la lyre*.

VI. TALION

Page 135.

1. Alors que les deux poèmes précédents ont été publiés dès avril 1871 dans
Le Rappel, celui-ci est le seul du recueil qui ait été entièrement censuré en 1872
et n'ait pu y paraître qu'en 1880 ; c'est aussi le seul qui mette en parallèle avec
autant de précisions nominales les Versaillais et les communards. Même pour la
responsabilité des incendies de Paris en mai 1871 — date du manuscrit —, si la
Commune eut ses *Érostrate* (fou qui se rendit célèbre en incendiant l'une des
sept « merveilles du monde », le temple d'Éphèse), Versailles eut ses *Omar* (ca-
life qui fit brûler la bibliothèque d'Alexandrie). En désignant les chefs de l'un et
l'autre bord, Hugo s'applique à tenir la balance égale. Au général *Vinoy*, qui
commanda l'armée versaillaise jusqu'au 14 avril, est associé *Billioray*, qui, mem-
bre du Comité de Salut public, s'occupa surtout du programme social de la
Commune ; dans l'ordre inverse, à *Ferré*, délégué de la Commune à la Sûreté
générale et signataire à ce titre de l'ordre d'exécution de six otages le 24 mai, est
associé le général marquis de *Galliffet*, massacreur de milliers de fédérés pen-
dant la « semaine sanglante ». L'équilibre se révèle contestable, en fait, et d'au-
tant plus qu'un cinquième partisan du talion est inséré entre ces deux couples
apparemment symétriques : le blanquiste *Rigault*, d'abord délégué à la préfec-
ture de police, puis procureur de la Commune, qui fit arrêter et fusiller *Chau-
dey*, maire du IXe arrondissement de septembre à novembre 1870, puis adjoint
au maire de Paris, Jules Ferry, et soupçonné à ce titre d'avoir fait tirer sur la
foule le 22 janvier 1871 (cf. aussi p. 239 et note 5). Du côté des victimes une
même inégalité s'introduit, outre qu'il faudrait en fin de compte y mettre aussi
Billioray mort en déportation en 1876, Rigault massacré le 24 mai, et Ferré

fusillé le 28 novembre 1871 : si l'arrestation de *Lockroy* (journaliste au *Rappel*
puis député de Paris qui tenta de s'entremettre entre Versailles et la Commune)
fait suite à celle de Chaudey comme l'exécution sommaire de *Duval* (général
des fédérés fusillé sur l'ordre de Vinoy le 4 avril) à celle du général *Lecomte*
(fusillé par ses propres soldats le 18 mars), si donc le premier meurtre est
imputé à la Commune et la première vengeance à Versailles, l'équation Bon-
jean pour Duval = Duval pour Lecomte (*Bonjean*, président de la Cour de
cassation étant l'un des six otages fusillés le 24 mai) fait si l'on peut dire pré-
dominer la Commune dans le système de l'« affreux talion ». Mais pour une
unité seulement, et par la suite ce déséquilibre se retourne au détriment des
Versaillais : auteurs du premier meurtre (celui d'un « colonel » — Hugo dési-
gne probablement Flourens, que la Commune avait en fait nommé général
—), forcenés d'une « justice » plus féroce encore que les rigueurs du talion
(pour « un archevêque » — Mgr Darboy — « le plus de gens » possible). Si
Hugo ne peut se mettre du côté des « malfaiteurs » de la Commune, il se sent
moins à l'aise encore du côté d'un « nous » qui le confondrait avec ceux qui
leur répondent « à coups de crimes » : il n'a de place comme sujet que dans
l'ordre de l'énonciation ; dans celui de l'énoncé, sa subjectivité prend finale-
ment la forme du « on » des sept derniers vers.

MAI 1871

I. LES DEUX TROPHÉES

Page 141.

1. Troisième poème publié par Hugo pendant la Commune (le 7 mai dans *Le
Rappel*). Sur la valeur que tout son passé le faisait attacher aux deux monuments
en question, voir la chronologie (1823, 1827, 1830, 1837). Les canons versaillais
qui tiraient depuis la barrière de Neuilly endommagèrent l'Arc de Triomphe
durant le mois d'avril. Sur l'autre « trophée » il paraît nécessaire de citer ici le
texte du décret du 12 avril (exécuté le 16 mai) : « La Commune de Paris, consi-
dérant que la colonne impériale de la place Vendôme est un monument de
barbarie, un symbole de force brute et de fausse gloire, une affirmation du
militarisme, une négation du droit international, une insulte permanente des
vainqueurs aux vaincus, un attentat perpétuel à l'un des trois grands principes
de la République française, la Fraternité, décrète : Article unique. La colonne
de la place Vendôme sera démolie. »

Page 144.

2. Des combats contre l'envahisseur eurent lieu à Charenton en mars 1814 —
mais non à Bicêtre semble-t-il : curieux voisinage, au demeurant, comme sym-
boles d'héroïsme, si l'on songe que Bicêtre était entre autres choses, à cette
époque, un asile pour aliénés. — Les quatre vers précédents ont été censurés en
1874 — Mac-Mahon étant président de la République.

III. PARIS INCENDIÉ

Page 152.

1. On ne saurait être plus nettement manichéiste, ce qui éloigne fort le recueil du thème de l'égalité des torts dans la guerre civile : Paris-*Ormus* est la cité du bien victime de Rome-*Arimane.* En sorte que les vrais coupables de ces incendies sont, sinon les Versaillais, du moins ce qu'ils représentent, le mal incarné dans les tyrans et les prêtres qu'évoque un certain nombre de noms à la fin du poème — notamment ceux des inquisiteurs *Torquemada* et *Cisneros*, des jésuites *Sanchez* et *Escobar*, du pape *Borgia* ou du préfet romain *Rufin* qui favorisa l'union de l'Église et de l'Empire à Constantinople à la fin du IVᵉ siècle.

IV. « EST-IL JOUR ?... »

Page 158.

1. Un célèbre tyran de Sicile au VIᵉ siècle av. J.-C., Phalaris, enfermait ses victimes dans un taureau d'airain qu'il faisait chauffer jusqu'à ce qu'ils y périssent.

VI. EXPULSÉ DE BELGIQUE

Page 160.

1. Ces quatre noms ont été censurés en 1872 (voir notice p. 289). Le général de *Cissey* ne fut pas moins féroce durant la semaine sanglante que le général *Vinoy* (déjà désigné p. 135) ; mais *Duval* et *Riggult* (cf. *ibid.*) ne purent ni ne voulurent rivaliser avec eux ; ils étaient plus proches en vérité de John Brown (voir chronologie, décembre 1859) que du conquistador *Pizarre.*

Page 161.

2. Dans l'*Ile-aux-Pins*, proche de la Nouvelle-Calédonie, près de trois mille communards furent déportés ; à la prison *Mazas* furent enfermés les trois cents otages de la Commune, mais les Versaillais y firent plus de victimes, et c'est bien ce que veut dire Hugo. S'il est déjà bien informé sur ce point, il l'est beaucoup moins en ce qui concerne *Johannard* et *Serisier* (qu'il faut écrire Sérizier) : se fiant à la presse (belge en particulier), il croit que le premier, délégué de la Commune auprès du général La Cécilia, a fait fusiller « un enfant de quinze ans » — or il s'agit de l'exécution après jugement, sous la responsabilité de La Cécilia, d'un espion versaillais de vingt-deux ou vingt-trois ans (voir note 4 de la p. 258) ; quant à Sérizier, colonel des fédérés qui avait protégé contre la foule le général Chanzy le 19 mars, il était accusé du massacre des dominicains d'Arcueil le 25 mai — or il s'en est vigoureusement déclaré innocent et tous les témoignages l'en disculpent. Il est particulièrement peu honorable pour Hugo de l'avoir si vite qualifié d'infâme et d'avoir laissé imprimer ce vers dans *L'Année terrible*, alors que cet homme courageux venait d'être condamné à mort (il fut exécuté le 25 mai 1872).

Page 163.

3. Un obscur sénateur belge, le comte de *Ribeaucourt*, approuva le 30 mai 1871 la mesure d'expulsion prise contre « l'individu dont il s'agit ».

4. Ces deux noms étaient censurés dans l'édition de 1872. Inutile de revenir sur Galliffet : Hugo en l'occurrence a bien choisi sa cible — et le comparer au général russe *Mouraviev*, dit « le Pendeur », qui fit ses premières armes contre les Polonais en 1831, s'illustra contre les étudiants russes en 1861, et parvint au sommet de sa renommée en Pologne dans les années 1863-1864, ce n'est pas une injustice.

JUIN 1871

I. « UN JOUR JE VIS LE SANG... »

Page 166.

1. Le président du Parlement de Paris, *Harlay*, gallican violent au moins en paroles, le maréchal marquis de *Montrevel* et l'intendant du Languedoc Lamoignon de *Bâville*, célèbres tous deux par leur férocité contre les Camisards, n'étaient pas « de ce siècle », mais bien de celui de Louis-le-Grand. De même le maréchal comte de *Tavanne*, l'un des responsables de la Saint-Barthélemy, et *Lynch*, le juge légendaire de Virginie bien antérieur à la constitution des États-Unis, appartiennent au passé... Mais non le général autrichien *Haynau* qui réprima la révolte des Piémontais en 1845 et qui écrasa les Hongrois en 1849, ni même le roi Ferdinand II de Sicile surnommé *Bomba* parce que la bombe fut sa seule réponse à Messine révoltée en 1848, ni — à en croire Hugo — le prêtre violeur et assassin condamné à mort par contumace en 1822, et qui s'appelait *Mingrat*. Tout cela était d'autant plus clair pour un lecteur de 1872 qu'il y retrouvait les figures emblématiques des criminels poursuivis par les *Châtiments*. La censure laissa passer tout — sauf cinq vers trop explicites (« Un crime nouveau... » jusqu'à « ... la honte surnage »).

XII. LES FUSILLÉS

Page 179.

1. Le second hémistiche de ce vers fut censuré en 1872.

XV. « TOUJOURS LE MÊME FAIT... »

Page 187.

1. À l'époque même de la crucifixion de Jésus, l'empereur Tibère avait à *Caprée* (aujourd'hui Capri) un palais pour ses plaisirs.

XVII. « PARTICIPE PASSÉ... »

Page 191.

1. Le 11 avril 1872 Hugo écrivait à Meurice : « Je trouverais bien que le nom de Gambetta fût dans ce livre. Il y était, dans la pièce que voici, et que j'avais retranchée avec beaucoup d'autres pour ne pas trop allonger [...]. Pourtant quatre pages de plus ou de moins importent peu. » Poétiquement allié à la satire, l'hommage se forme sur un calembour : la jambe de *Gamb*etta fut plus ferme que celle de Trochu. L'esprit de Gavroche est bien actif dans ce poème, comme le fut le vieil Hugo dans Paris assiégé (cf. *Janvier*, II) ; et comme le fut, né à Palaiseau, mort à Cholet en criant « Vive la République ! », le petit tambour de 1793, Joseph *Bara*.

JUILLET 1871

I. LES DEUX VOIX

Page 196.

1. Thomas More (*Morus*), auteur d'*Utopia*, exécuté sur l'ordre de Henri VIII dont il avait blâmé le divorce. Autre modèle, sept vers plus bas : *Turgot*, le ministre réformateur de la fin du règne de Louis XV — en qui Victor Hugo peut reconnaître quelque chose de lui-même puisque « Turgot a tort »... et qu'il fut pourtant moins terre à terre que *Terray*, son cupide prédécesseur.

Page 198.

2. Anti-esclavagiste obstiné, *Wilberforce* parvint à faire abolir par le Parlement britannique, en 1807, la traite des Noirs.

II. FLUX ET REFLUX

Page 198.

1. La victoire prussienne de *Forbach*, le 6 août 1870, après avoir brisé l'empereur Napoléon III, permit de forger l'empereur Guillaume Ier.

IV. LES CRUCIFIÉS

Page 203.

1. Pour le poète-prophète Hugo, le prêtre juif qui condamna Jésus et le sophiste grec qui dénigra Homère se valent : *Zoïle* et *Caïphe* représentent deux façons de haïr la grandeur.

V. FALKENFELS

Page 203.

1. Le château en ruine de Falkenstein, dans la vallée de l'Our, fut l'un des buts de promenade favoris de Hugo à Vianden. Cette ruine était habitée par le descendant de ses anciens seigneurs, un comte devenu paysan. Hugo modifie ce nom en *Falkenfels* pour éviter d'impliquer dans sa fiction un personnage réel, qu'il ne connaissait en fait que par ouï-dire. Cette fiction transpose très remarquablement la légende du « marquis Fabrice », qu'il avait composée en 1857 (*La Légende des siècles*, XVIII, 3).

VIII. À HENRI V

Page 207.

1. Voir la chronologie à 1820 (octobre) et au 5 juillet 1871.

IX. LES PAMPHLÉTAIRES D'ÉGLISE

Page 207.

1. Hugo ne daigne pas plus qu'au poème VII de *Juin* nommer ici les écrivains qui suscitent sa fureur (on verra plus loin : « toi vil bouffon, toi cuistre »... il ne peut s'agir que de Veuillot, de Barbey, et d'autres bedeaux non moins chacals, mais plus méprisables encore). Mais, à côté des massacreurs illustres du passé (*Besme*, assassin de l'amiral de Coligny, *Laffemas* et *Laubardemont*, magistrats sans pitié au service de Richelieu, *Oppède*, bourreau des Vaudois au XVIᵉ siècle, *Trestaillon*, chef d'une bande de terroristes dans la région de Nîmes après les Cent Jours, et d'autres déjà vus ici), il évoque ceux du présent, Galliffet bien sûr, et ce « monsieur *Gaveau* », qui était commandant, et qui entre deux séjours à l'asile requit pour le gouvernement aux Conseils de guerre. Leurs victimes sont représentées par *Rochefort* (voir la chronologie, *passim* en 1870-1872) et *Flourens* (*ibid* ; ce tout jeune professeur au Collège de France, général de la Commune, fut assassiné par un gendarme le jour même (3 avril 1871) où paraissait son livre *Paris livré*).

X. « Ô CHARLES, JE TE SENS... »

Page 212.

1. « Martyr » peut-être parce qu'on attribua la mort du fils aîné de Hugo aux conséquences des privations qu'il avait subies pendant le siège ; sans doute aussi parce qu'il fut comme son père, dès 1848, un « témoin » actif et courageux de l'histoire de son siècle. — Ces strophes ont constitué originairement la principale partie du poème III de *Mars*. Déplacées ici, elles forment la première des quatre pièces qui concluent le recueil.

Actes et paroles, 1870-1871-1872

PARIS

Page 229.

1. Le premier texte du recueil — ici publié — est présenté comme celui de l'allocution de Hugo, le 5 septembre 1870, à la foule qui l'accueillit à la gare du Nord.

Page 232.

2. Ces deux œuvres sont les manifestations les plus marquantes du nationalisme allemand, tel qu'il se forma dans la révolte intellectuelle, populaire et libérale contre l'impérialisme napoléonien. Les *Sonnets cuirassés* de Friedrich Rückert ont paru en 1814 dans ses *Poésies allemandes* ; la même année, le père de Theodor *Körner* (jeune dramaturge tué au combat en 1813) publia le recueil de vers de son fils, *La Lyre et l'Épée*, dont le dernier poème, *Le Chant de l'Épée*, a été comparé à *La Marseillaise.*

Page 236.

3. *Aux Parisiens.* Présentation (pour donner à ces en-têtes un caractère impersonnel, Hugo y parle de lui à la troisième personne) : « On demanda à M. Victor Hugo d'aller par toute la France jeter lui-même et reproduire sous toutes les formes de la parole ce cri de guerre [celui de l'appel « aux Français »]. Il avait promis de partager le sort de Paris, il resta à Paris. [...] Quelques symptômes de division éclatèrent. M. Victor Hugo, après avoir parlé aux Allemands pour la paix, puis aux Français pour la guerre, s'adressa aux Parisiens pour l'union. »

4. *Urbi et orbi* : « à la ville et au monde » : ce n'est pas sans intention que Hugo déplace, voire inverse le sens de la formule des bénédictions pontificales (pour lesquelles la « ville », c'est Rome).

Page 239.

5. *Gustave Chaudey* : journaliste politique, républicain de 1848, proudhonien et membre de l'Internationale qui participa au Congrès de la Paix à Lausanne en septembre 1869 (voir aussi chronologie et note 1 de la page 135).

Page 240.

6. Enrico *Cernuschi*, économiste italien qui participa à la révolution lombarde en 1848, se réfugia en France et devint directeur de la Banque de Paris. Le 28 janvier 1871, Hugo note qu'il « se fait naturaliser citoyen français ».

BORDEAUX

Page 245.

1. *La question de Paris.* Voir chronologie au 6 mars 1871.

Page 248.

2. Le général *Bordone* fut le chef d'état-major de Garibaldi en décembre 1870-janvier 1871. Provoqué par la majorité monarchiste de l'Assemblée, Hugo s'est laissé emporter dans sa glorification de Garibaldi ; lui adjoindre au moins Faidherbe et Chanzy n'eût été que justice et n'eût pas amoindri ses mérites. Le vicomte de *Lorgeril*, député des Côtes-du-Nord, dont les interventions tonitruantes sont moins extraordinaires qu'on ne pourrait le croire (pour l'opinion bien-pensante, jusque vers 1880, Hugo n'a jamais été qu'un écrivain barbare), ledit vicomte publia lui aussi un recueil de poèmes en avril 1872 : quoiqu'il fût sans doute plus français que celui de Hugo, cela n'a pas suffi à sa gloire.

BRUXELLES

Page 251.

1. *28 avril* : il est bien probable que cette lettre est antidatée. Hugo la présente en ces termes dans *Actes et paroles* : « La lettre suivante, qui n'a pu paraître sous la Commune par des raisons que tout le monde sait, trouve naturellement sa place ici, à sa date. » Il semble laisser entendre que la suspension du *Rappel* a empêché la publication de la lettre au moment où il l'aurait écrite. Or, si elle avait été du 28 avril, *Le Rappel* aurait pu la publier, puisqu'il ne fut suspendu que le 24 mai (le 7 mai, Hugo y fit paraître *Les Deux Trophées* et le 22 le poème IV de *Février*). D'ailleurs, le 29 juillet 1871, Hugo précise à Paul Meurice que cette lettre « ne sera pas la conclusion » du recueil, « vu qu'elle a pour date *mai* ». Les « raisons que tout le monde sait » ne peuvent donc être la suspension du *Rappel*. Il apparaît en revanche qu'en mars 1872, au moment où paraît *Actes et paroles*, Hugo désire que « tout le monde » sache ce qu'il a pensé (ou ce qu'il voudrait avoir pensé) quand une conciliation entre Versailles et la Commune était encore possible en théorie. Il apparaît aussi que, s'il l'a pensé, il n'a pas à ce moment-là vraiment désiré le faire savoir : peut-être parce qu'il n'avait aucun espoir d'être entendu, et qu'il avait plus d'inclination à se situer au-dessus de la mêlée qu'à se déclarer alors favorable aux principes de la Commune.

Page 254.

2. Dans l'édition originale, les verbes « suivent » et « guident » n'ont pas de complément. Il me paraît préférable de rétablir ici, comme l'a fait l'édition de l'Imprimerie nationale, les mots « foule » et « peuple » (cf. le *Prologue* de *L'Année terrible*).

Page 258.

3. *Rigault* a été effectivement fusillé par les soldats versaillais le 24 mai, soit la veille du jour où Hugo écrit cette lettre ; quant à *Billioray*, que les Versaillais crurent d'abord avoir fusillé à Grenelle, il fut finalement arrêté et mourut en déportation en 1876.

4. On ne peut pas s'étonner qu'à Bruxelles, le 25 mai, jour de la rédaction de cette lettre, Hugo ait été aussi mal informé sur la Commune ; mais on peut être

surpris qu'il n'ait corrigé en 1872 qu'un seul point dans ses affirmations d'alors. Il avait écrit au début de cet alinéa : « Johannard et *La Cécilia* » ; ce dernier, général au service de la Commune, vint lui-même à Vianden, en juillet, expliquer à Hugo ce qu'il en était de cette histoire d'enfant fusillé ; il lui confirma ses rectifications (voir note 2 de la p. 161) dans une lettre que Hugo publia à la note VI d'*Actes et paroles*. Mais pourquoi n'a-t-il supprimé ici que le nom de La Cécilia, et maintenu, en dépit de cette lettre, celui de *Johannard* et la désignation de sa prétendue victime ? — Quant aux sept membres de la Commune qui sont mentionnés, pour l'équilibre, du côté des victimes, un seul d'entre eux a été tué lors de la « semaine sanglante » (sur une barricade) : le général *Dombrowski* ; seul aussi *Amouroux* fut arrêté et déporté ; les autres purent se réfugier à l'étranger : *Vallès*, *Bocquet* (et non Bosquet), *Brunel* (et non Brunet) en Angleterre ; *Le-français* en Suisse ; le docteur *Parisel* aux États-Unis.

Page 259.

5. *Pro jure contra legem* : « pour le droit contre la loi » ; cette maxime simplifie la pensée de Hugo, qui aurait dû, en bonne logique, être du côté de la Commune dès mars 1871 si elle avait été sa seule règle d'action politique (cf. p. 143) ; il la reprendra à son compte dans sa préface aux *Actes et paroles, I, Avant l'exil*, en mai 1875, précisément sous le titre *Le Droit et la Loi* : mais elle s'applique à ses « paroles », prononcées dans le cadre de la loi. (Ici même, la loi « permet », elle n'impose pas le refus de l'asile.)

POST-SCRIPTUM

Page 260.

1. En décembre 1871, Hugo ajouta au volume qu'il avait établi en juillet ce *post-scriptum*, qui contenait, outre le texte ici publié, sa lettre à l'avocat de Maroteau (cf. chronologie, novembre 1871) « pour demander la vie des condamnés à mort », et sa lettre à un journal du Midi « pour constater les progrès de la réaction monarchique et les périls de la situation ».

DERNIERS FAITS

Page 266.

1. « Comme l'impression de ce recueil se terminait, il s'est produit un fait considérable, l'élection complémentaire du 7 janvier à Paris, et ce fait doit prendre place dans ce livre. » Le 28 décembre 1871, Hugo signa avec le Comité électoral de la rue de Bréa une déclaration qui présentait comme « un des actes les plus considérables de sa vie » son accord pour un « mandat contractuel » : il s'engageait à soutenir, sous peine d'avoir à donner sa démission, un programme précis — exigeant notamment la proclamation définitive de la République, l'élection d'une assemblée constituante qui siégerait à Paris, la liberté absolue d'association, la séparation absolue de l'Église et de l'État, l'instruction primaire gratuite, obligatoire et laïque.

2. *Vae victis* : « malheur aux vaincus » : mot légendaire du chef gaulois Brennus, quand il imposa lourdement la ville de Rome qu'il avait conquise. Dans la phrase suivante : l'Italien *Beccaria*, au XVIIIᵉ siècle, plaida pour plus d'humanité dans la justice, comme l'Espagnol *Las Casas*, au XVIᵉ siècle, pour plus d'humanité dans la colonisation.

VIRO MAJOR

Page 293.

1. « Plus grande qu'un héros » (au mot *viro* s'attache l'idée d'homme énergique et brave ; la valeur proprement virile du *vir*, la *virtus*, s'affirme surtout dans la guerre). Ce poème, qui ne figure pas dans les « reliquats » ou « alentours » habituels de *L'Année terrible*, se trouve un peu perdu et effacé dans *Toute la lyre* (I, 39). Écrit en décembre 1871, il n'a pas été publié par son auteur. Dommage. Considérant de qui il parle et comment il le fait, il m'a paru mériter la place que je lui donne. Jamais Hugo n'est allé plus loin, ni dans la vigueur du verbe, ni dans l'exaltation de la vertu féminine, ni dans la compréhension de la violence révolutionnaire. Et la force de l'éloge ne perd rien à avoir un accent personnel : c'est proprement un témoignage.

Hugo fit la connaissance de Louise Michel en septembre 1870 ; elle lui avait envoyé des poèmes à Guernesey ; elle se donnait volontiers le nom d'Enjolras — l'inspirateur des républicains insurgés dans *Les Misérables*. En décembre 1870, Hugo intervint pour la faire libérer de prison. Après la Commune, en octobre et en novembre 1871, elle lui écrivit, de ses geôles de Versailles et d'Arras.

Fille bâtarde d'une servante et d'un bourgeois, elle portait le nom de sa mère ; Hugo le lui rend comme celui d'un archange. Institutrice libre (elle avait refusé de prêter serment à l'empereur), elle vint enseigner à Paris en 1855 ; elle avait alors vingt-cinq ans. Elle noua peu à peu des relations avec les militants de gauche, bientôt ceux de l'Internationale, tout en se consacrant à des œuvres d'entraide aux ouvrières et à leurs enfants. Présidente du Comité de vigilance du XIIIᵉ arrondissement, elle fut de ceux, et de celles, qui le 22 janvier 1871, devant l'Hôtel de Ville, ripostèrent à la fusillade des mobiles bretons. Ambulancière mais surtout combattante, elle s'exposa jusqu'au dernier jour dans les rangs des « communeux » ; elle aurait pu échapper à la répression, mais, sa mère ayant été arrêtée, elle se livra aux Versaillais. Comparaissant le 16 décembre devant le conseil de guerre, elle déclara qu'elle ne se défendrait pas, prit toute la responsabilité de ses actes (s'accusant même, par solidarité semble-t-il, d'avoir participé aux incendies de Paris) ; et si elle ne dit pas exactement « j'ai tué », elle défia ses juges en leur lançant : « J'appartiens tout entière à la Révolution sociale [...]. Si vous n'êtes pas des lâches, tuez-moi. » Déportée en Nouvelle-Calédonie de 1873 jusqu'à l'amnistie, de retour en France en novembre 1880, désormais militante anarchiste, elle sera plusieurs fois condamnée, emprisonnée en 1882 et 1883-1886 notamment, et mourra en pleine activité, en 1905.

LISTE DES NOMS PROPRES

mentionnés plus d'une fois dans les textes de Hugo ici rassemblés
et objets d'une précision
dans une note appelée à la page indiquée.

Table 317

Ce volume,
le cent quatre-vingt-quatorzième de la collection Poésie
composé par SEP 2000,
a été achevé d'imprimer sur les presses
de l'imprimerie Bussière à Saint-Amand (Cher),
le 3 janvier 1985.
Dépôt légal : janvier 1985.
Numéro d'imprimeur : 120.
ISBN 2-07-032277-7 / Imprimé en France.

35017